Vorwort

Liebe Leserin, lieber Leser,

Sie reisen nach Großbritannien und suchen die passende Sprachbegleitung? Egal ob Sie sich fragen, wie das englische Wort für Vollpension lautet, oder ob Sie auf Englisch erklären wollen, dass Ihr Auto nicht anspringt: Der PONS Pocket-Sprachführer hilft Ihnen in jeder Situation weiter.

Sie finden die wichtigsten vorformulierten Sätze für die Reise in neun thematisch gegliederten Kapiteln. Und wenn es mal besonders schnell gehen muss, schlagen Sie einfach im Wörterbuchteil nach: Von A wie Abendessen bis Z wie Zwischenlandung haben wir den wichtigsten Reisewortschatz für Sie zusammengestellt.

Lassen Sie den Sprachführer sprechen und genießen Sie Ihre Reise.

Eine schöne Zeit wünscht Ihnen

Ihre

PONS Redaktion

Inhalt

Aussprache

ˈ	vor einer Silbe bedeutet, dass die nachfolgende Silbe betont ist. Bei einer Hauptbetonung steht das Zeichen oben vor der Silbe, bei einer Nebenbetonung unten; z. B. [ˈtelɪˌvɪʒn].	
:	bedeutet, dass der vorhergehende Laut lang zu sprechen ist.	
‿	zwischen zwei Wörtern bedeutet, dass man den letzten Buchstaben des ersten Wortes zum nächsten Wort hinüberzieht: this is [ðɪs‿ɪz].	
ɪ	wie Liste	film [fɪlm]
e	wie Bäcker	well [wel]
ʌ	kürzeres a, wie in Stadt	but [bʌt], London [ˈlʌndən]
ʊ	wie Ruck	look [lʊk]
uː	langes u wie Puma	room [ruːm]
iː	langes i wie Wien	bean [biːn]
ɑː	langes a, etwa wie in Bahn	sardine [sɑːˈdiːn]
aɪ	wie Mai, dein	nice [naɪs]
æ	ganz offener ä-Laut, etwa zwischen Bäcker und backen	happy [ˈhæpɪ], ham [hæm]
eɪ	nicht wie klein, sondern e-i, d. h. von [e] zu [ɪ] gleiten	station [ˈsteɪʃn], way [weɪ]

eə	ä-Laut wie in **Bär**, dann zu [ə] gleiten	there [ðeə]
ə	kurzes, schwaches, nur angedeutetes e, etwa wie in bitt**e**, dank**e**	about [ə'baʊt], welcome ['welkəm]
ɜː	ähnlich wie das ö in **Mö**rder, Lippen nicht runden	German ['dʒɜːmən], Germany ['dʒɜːmənɪ]
ɪə	auf das [ɪ] gleich ein kurzes [ə] folgen lassen, ähnlich wie in h**ier**	here [hɪə]
ʊə	auf das [ʊ] gleich ein kurzes [ə] folgen lassen	poor [pʊə]
ɒ	kurzes offenes o, etwa wie in **o**ffen, K**o**pf	John [dʒɒn], not [nɒt]
ɔː	langes offenes o, etwa wie in H**o**rn	hall [hɔːl], all [ɔːl]
ɔɪ	offenes kurzes o, dann zu i gleiten, wie in h**eu**te	boy [bɔɪ], Roy [rɔɪ]
əʊ	auf das [ə] sofort ein u folgen lassen: əʊ	hello [hə'ləʊ]
aʊ	wie in M**au**s	now [naʊ]
ŋ	wie in la**ng**, kra**nk**	England ['ɪŋglənd]
r	Zunge an den Gaumen heben und leicht zurückbiegen	Robert ['rɒbət], from [frɒm]
s	wie in rei**ß**en, la**ss**en	salad ['sæləd], sir [sɜː]

z	wie in lesen, reisen	is [ɪz], houses ['haʊzɪz]
θ	[s] gesprochen mit der Zungenspitze zwischen den Zähnen	thank you ['θæŋkjʊ]
ð	[z] gesprochen mit der Zungenspitze zwischen den Zähnen	this [ðɪs], there [ðeə]
ʃ	wie in **Tisch**	ship [ʃɪp], she [ʃiː]
tʃ	t mit nachfolgendem [ʃ]	cheese [tʃiːz]
ʒ	wie in **Garage, Loge**	television ['telɪˌvɪʒn]
dʒ	d und gleich anschließender [ʒ]-Laut, wie in **Ingenieur**	John [dʒɒn], German ['dʒɜːmən]
v	wie in **Wein, Wasser, Violine**	invitation [ˌɪnvɪ'teɪʃn]
w	nicht wie dt. w, sondern mit vorgestülpten Lippen ein kurzes u bilden, dann schnell zum nachfolgenden Laut übergehen	way [weɪ], welcome ['welkəm]

Beachten Sie: Ein **d** am Wortende darf nicht wie ein **t** ausgesprochen werden, sondern muss deutlich als **d** hörbar sein: col**d** [kəʊld]. Ebenso darf ein **g** am Wortende nicht wie ein **k** ausgesprochen werden, sondern muss deutlich als **g** hörbar sein: e**gg** [eg].

Zum Einstieg

Das Wichtigste in Kürze

Ja.
Yes. [jes]

Nein.
No. [nəʊ]

Bitte.
Please. [pli:z]

Danke!
Thank you. [ˈθæŋkjʊ]

Wie bitte?
Pardon? [ˈpɑ:dn]

Selbstverständlich!
Of course. [əv ˈkɔ:s]

Einverstanden!
Agreed! [əˈgri:d]

Okay!
OK! [ˌəʊˈkeɪ]

In Ordnung!
OK! [ˌəʊˈkeɪ]

Verzeihung!
Excuse me. [ɪkˈskju:z ˌmi:]

Einen Augenblick, bitte!
Just a minute, please. [ˌdʒʌst‿ə ˈmɪnɪt ˌpli:z]

Genug!
That's enough! [ðæts‿ɪˈnʌf]

Hilfe!
Help! [help]

Wer?
Who? [huː]

Was?
What? [wɒt]

Welcher/Welche/Welches?
Which? [wɪtʃ]

Wem?
Who ... to? [huː tuː]

Wen?
Who? [huː]

Wo?
Where? [weə]

Wo ist/Wo sind ...?
Where's/Where are ...? [weəz/ˈweərə]

Woher?
Where ... from? [weə ˈfrɒm]

Wohin?
Where ... to? [weə ˈtʊ]

Warum?
Why? [waɪ]

Wozu?
What ... for? [ˌwɒt ˈfɔː]

Wie?
How? [haʊ]

Wie viel?
How much? [ˌhaʊ ˈmʌtʃ]

Wie lange?
How long? [ˌhaʊ ˈlɒŋ]

Wann?
When? [wen]

Ich möchte...
I'd like ... [ˌaɪd ˈlaɪk]

Gibt es ...?
Is there ...?/Are there ...? [ˈɪz ðeə/ˈɑ:ðeə]

Zahlen – Maße – Gewichte

0	nought [nɔ:t], zero [ˈzɪərəʊ]
1	one [wʌn]
2	two [tu:]
3	three [θri:]
4	four [fɔ:]
5	five [faɪv]
6	six [sɪks]
7	seven [ˈsevn]
8	eight [eɪt]
9	nine [naɪn]
10	ten [ten]
11	eleven [ɪˈlevn]
12	twelve [twelv]
13	thirteen [ˌθɜ:ˈti:n]
14	fourteen [ˌfɔ:ˈti:n]
15	fifteen [ˌfɪfˈti:n]
16	sixteen [ˌsɪksˈti:n]
17	seventeen [ˌsevnˈti:n]
18	eighteen [ˌeɪˈti:n]
19	nineteen [ˌnaɪnˈti:n]

20	twenty ['twentɪ]
21	twenty-one [ˌtwentɪ'wʌn]
22	twenty-two [ˌtwentɪ'tu:]
23	twenty-three [ˌtwentɪ'θri:]
24	twenty-four [ˌtwentɪ'fɔ:]
25	twenty-five [ˌtwentɪ'faɪv]
26	twenty-six [ˌtwentɪ'sɪks]
27	twenty-seven [ˌtwentɪ'sevn]
28	twenty-eight [ˌtwentɪ'eɪt]
29	twenty-nine [ˌtwentɪ'naɪn]
30	thirty ['θɜ:tɪ]
31	thirty-one [ˌθɜ:tɪ'wʌn]
32	thirty-two [ˌθɜ:tɪ'tu:]
40	forty ['fɔ:tɪ]
50	fifty ['fɪftɪ]
60	sixty ['sɪkstɪ]
70	seventy ['sevntɪ]
80	eighty ['eɪtɪ]
90	ninety ['naɪntɪ]
100	a (one) hundred [ə ('wʌn) 'hʌndrəd]
101	a (one) hundred and one [ə ('wʌn)'hʌndrəd‿ənd 'wʌn]
200	two hundred ['tu: 'hʌndrəd]
300	three hundred ['θri: 'hʌndrəd]
1000	a (one) thousand [ə ('wʌn)'θaʊzənd]
2 000	two thousand ['tu: 'θaʊzənd]
3 000	three thousand ['θri: 'θaʊzənd]
10 000	ten thousand ['ten 'θaʊzənd]
100 000	a (one) hundred thousand [ə ('wʌn) 'hʌndrəd 'θaʊzənd]
1 000 000	a (one) million [ə ('wʌn) 'mɪljən]

1.	first [fɜːst]
2.	second ['sekənd]
3.	third [θɜːd]
4.	fourth [fɔːθ]
5.	fifth [fɪfθ]
6.	sixth [sɪksθ]
7.	seventh ['sevnθ]
8.	eighth [eɪtθ]
9.	ninth [naɪnθ]
10.	tenth [tenθ]
1/2	a half [ə 'hɑːf]
1/3	a (one) third [ə ('wʌn) 'θɜːd]
1/4	a (one) quarter [ə ('wʌn) 'kwɔːtə]
3/4	three-quarters ['θriː'kwɔːtəz]
3,5 %	three point five per cent ['θriː pɔɪnt 'faɪv pə'sent]
27 °C	twenty-seven degrees Centigrade [ˌtwentɪ'sevn dɪ'griːz 'sentɪgreɪd]
-5 °C	minus five degrees Centigrade ['maɪnəs 'faɪv dɪ'griːz 'sentɪgreɪd]
1999	nineteen ninety-nine [ˌnaɪn'tiːn 'naɪntɪ'naɪn]
2000	two thousand ['tuː 'θaʊzənd]
2018	two thousand and eighteen ['tuː 'θaʊzənd‿ənd ˌeɪ'tiːn]

Millimeter	millimetre ['mɪlɪˌmiːtə]
Zentimeter	centimetre ['sentɪˌmiːtə]
Meter	metre ['miːtə]
Kilometer	kilometre ['kɪləˌmiːtə]
Meile	mile [maɪl]
Seemeile	nautical mile ['nɔːtɪkl ˌmaɪl]
Quadratmeter	square metre [ˌskweə 'miːtə]
Liter	litre ['liːtə]
Gramm	gram(s) [græm(z)]
Pfund	pound(s) [paʊnd(z)]
Kilogramm	kilogram(s) ['kɪləgræm(z)]

Zeitangaben

Uhrzeit

Wie viel Uhr ist es?
What time is it? [wɒt 'taɪm‿ɪz‿ɪt]

Es ist (genau/ungefähr) ...
It's (exactly/about) ... [ɪts (ɪg'zæktlɪ/ə'baʊt)]

3 Uhr.
three o'clock. ['θriː‿ə'klɒk]

5 nach 3.
five past three. ['faɪv pɑːst 'θriː]

3 Uhr 10.
ten past three. ['ten pɑːst 'θriː]

Viertel nach 3.
quarter past three. ['kwɔːtə pɑːst 'θriː]

halb 4.
half past three. [ˈhɑːf pɑːst ˈθriː]

Viertel vor 4.
quarter to four. [ˈkwɔːtə tə ˈfɔː]

5 vor 4.
five to four. [ˈfaɪv tə ˈfɔː]

12 Uhr Mittag/Mitternacht.
noon/midnight. [nuːn/ˈmɪdnaɪt]

Um wie viel Uhr?/Wann?
What time? [ˌwɒt ˈtaɪm]/When? [wen]

Um 1 Uhr.
At one o'clock. [ət ˈwʌn‿əˈklɒk]

Um 2 Uhr.
At two o'clock. [ət ˈtuː‿əˈklɒk]

Gegen 4 Uhr.
At about four o'clock. [ət‿əˈbaʊt ˈfɔːr‿əˈklɒk]

In einer Stunde.
In an hour's time [ɪn‿ən‿ˈaʊəz ˈtaɪm]

In zwei Stunden.
In two hours' time. [ɪn ˈtuː ˈaʊəz ˈtaɪm]

Nicht vor 9 Uhr morgens.
Not before nine a.m. [ˈnɒt bɪˈfɔː ˈnaɪn‿ˈeɪˈem]

Nach 8 Uhr abends.
After eight p.m. [ˈɑːftər‿ˈeɪt ˈpiːˈem]

Zwischen 3 und 4.
Between three and four. [bɪˈtwiːn ˈθriː‿ənd ˈfɔː]

Wie lange?
How long? [ˈhaʊ ˈlɒŋ]

Zwei Stunden (lang).
For two hours. [fə ˈtuː ˈaʊəz]

Von 10 bis 11.
From ten to eleven. [frəm ˈten tʊ‿ɪˈlevn]

Bis 5 Uhr.
Till five o'clock. [tɪl ˈfaɪv‿əˈklɒk]

Seit wann?
Since when? [sɪns ˈwen]

Seit 8 Uhr morgens.
Since eight a.m. [sɪns‿ˈeɪt‿ˈeɪˈem]

Seit einer halben Stunde.
For half an hour. [fə ˈhɑːf‿ən‿ˈaʊə]

Seit acht Tagen.
For a week. [fər‿ə ˈwiːk]

Abenddämmerung	dusk [dʌsk], twilight [twaɪlaɪt]
abends	in the evening [ɪn ðiː‿ˈiːvnɪŋ]
am Sonntag	on Sunday [ɒn ˈsʌndeɪ]
am Wochenende	at the weekend [ət ðə ˌwiːkˈend]
bald	soon [suːn]
diese Woche	this week [ˌðɪs ˈwiːk]
früh	early [ˈɜːlɪ]
früher	(*eher*) earlier [ˈɜːlɪə]
gegen Mittag	about noon/midday/lunchtime [əˈbaʊt ˈnuːn/ˈmɪddeɪ/ˈlʌntʃtaɪm]
gestern	yesterday [ˈjestədɪ]
heute	today [təˈdeɪ]
heute Morgen/Abend	this morning/this evening [ðɪs ˈmɔːnɪŋ/ðɪs‿ˈiːvnɪŋ]
in einer Woche	today week [təˈdeɪ ˈwiːk]

in 14 Tagen	in a fortnight's time [ɪn‿ə 'fɔ:tnaɪts 'taɪm]
innerhalb einer Woche	within a week [wɪ'ðɪn‿ə 'wi:k]
jeden Tag	every day ['evrɪ 'deɪ]
jetzt	now [naʊ]
kürzlich	recently ['ri:sntlɪ]
letzten Montag	last Monday ['lɑ:st 'mʌndɪ]
manchmal	sometimes ['sʌmtaɪmz]
mittags	at lunchtime [ət 'lʌnʃtaɪm]
morgen	tomorrow [tə'mɒrəʊ]
Morgendämmerung	dawn [dɔ:n]
morgen früh/Abend	tomorrow morning/tomorrow evening [tə'mɒrəʊ 'mɔ:nɪŋ/ tə'mɒrəʊ‿i:vnɪŋ]
morgens	in the morning [ɪn ðə 'mɔ:nɪŋ]
nachmittags	in the afternoon [ɪn ðɪ‿ˌɑ:ftə'nu:n]
nächstes Jahr	next year ['nekst jɪəʳ]
nachts	at night [ət 'naɪt]
Sonnenaufgang	sunrise [sʌnraɪz]
Sonnenuntergang	sunset [sʌnset]
spät	late [leɪt]
später	later ['leɪtə]
stündlich	every hour, hourly ['evrɪ‿'aʊə, 'aʊəlɪ]
täglich	every day, daily ['evrɪ 'deɪ, 'deɪlɪ]
tagsüber	during the day ['djʊərɪŋ ðə 'deɪ]
übermorgen	the day after tomorrow [ðə 'deɪ‿'ɑ:ftə tə'mɒrəʊ]
um diese Zeit	about this time [ə'baʊt ðɪs 'taɪm]
von Zeit zu Zeit	from time to time [frəm 'taɪm tə 'taɪm]
niemals	never ['nevə]
vor zehn Minuten	ten minutes ago ['ten 'mɪnɪts‿ə'gəʊ]

vorgestern	the day before yesterday [ðə 'deɪ bɪ'fɔː 'jestədɪ]
vormittags	during the morning ['djʊərɪŋ ðə 'mɔːnɪŋ]

Wochentage

Montag	Monday ['mʌndɪ]
Dienstag	Tuesday ['tjuːzdɪ]
Mittwoch	Wednesday ['wenzdɪ]
Donnerstag	Thursday ['θɜːzdɪ]
Freitag	Friday ['fraɪdɪ]
Samstag	Saturday ['sætədɪ]
Sonntag	Sunday ['sʌndɪ]

Monate

Januar	January ['dʒænjʊərɪ]
Februar	February ['februərɪ]
März	March [mɑːtʃ]
April	April ['eɪprəl]
Mai	May [meɪ]
Juni	June [dʒuːn]
Juli	July [dʒuː'laɪ]
August	August ['ɔːgəst]
September	September [sep'tembə]
Oktober	October [ɒk'təʊbə]
November	November [nəʊ'vembə]
Dezember	December [dɪ'sembə]

Jahreszeiten

Frühling	spring [sprɪŋ]
Sommer	summer ['sʌmə]
Herbst	autumn (*Am* fall) ['ɔ:təm (fɔ:l)]
Winter	winter ['wɪntə]

Feiertage

Neujahr	New Year's Day ['nju: ˌjɪəz 'deɪ]
Karfreitag	Good Friday ['gʊd 'fraɪdɪ]
Ostern	Easter ['i:stə]
Ostermontag	Easter Monday ['i:stə 'mʌndɪ]
Erster Montag im Mai	May Day Holiday (*GB*) ['meɪ ˌdeɪ 'hɒlɪdeɪ]
Letzter Montag im Mai	Spring Bank Holiday (*GB*) ['sprɪŋ ˌbæŋk 'hɒlɪdeɪ]
4. Juli	Independence Day (*US*) [ˌɪndɪ'pendəns ˌdeɪ]
Letzter Montag im August	August Bank Holiday (*GB*) ['ɔ:gəst ˌbæŋk 'hɒlɪdeɪ]
Letzter Donnerstag im November	Thanksgiving (*US*) ['θæŋksˌgɪvɪŋ]
Heiliger Abend	Christmas Eve ['krɪsməs‿'i:v]
Weihnachten	Christmas ['krɪsməs]
1. Weihnachtsfeiertag	Christmas Day ['krɪsməs 'deɪ]
2. Weihnachtsfeiertag	Boxing Day ['bɒksɪŋ ˌdeɪ]
Silvesterabend	New Year's Eve ['nju: ˌjɪəz‿'i:v]

Datum

Den Wievielten haben wir heute?
What's the date (today)? ['wɒts ðə 'deɪt (tə'deɪ)]

Heute ist der 1. Mai.
Today's the first of May (May the first).
[tə'deɪz ðə 'fɜːst‿əv 'meɪ ('meɪ ðə 'fɜːst)]

Wetter

Was für ein herrliches/schreckliches Wetter!
What wonderful/terrible weather! ['wɒt wʌndəfl/'terəbl weðə]

Es ist kalt/heiß/schwül.
It's cold/hot/close. [ɪts 'kəʊld/'hɒt/'kləʊs]

Es ist neblig/windig.
It's foggy/windy. [ɪts 'fɒgɪ/'wɪndɪ]

Es bleibt schön/schlecht.
It's going to stay fine/bad. [ɪts 'gəʊɪŋ tə steɪ 'faɪn/'bæd]

Es wird wärmer/kälter.
It's going to get warmer/colder. [ɪts 'gəʊɪŋ tə get 'wɔːmə/'kəldə]

Es wird regnen/schneien.
It's going to rain/snow. [ɪts' gəʊɪŋ tə reɪn/'snəʊ]

Es regnet in Strömen.
It's pouring (down). [ɪts 'pɔːrɪŋ (daʊn)]

Wie viel Grad haben wir heute?
What's the temperature today? [wɒts ðə 'temprətʃə tə'deɪ]

Es ist 20 Grad (Celsius).
It's twenty degrees (Centigrade). [ɪts 'twentɪ dɪ'griːz ('sentɪgreɪd)]

Ein Sturm tobt/wütet.
It's blowing a gale. [ɪts ˈbləʊɪŋ‿ə geɪl]

Wie ist der Straßenzustand in ...?
What are the roads like in ...? [wɒt‿ə ðə ˈrəʊdz laɪk‿ɪn]

Die Straßen sind glatt.
The roads are icy. [ðə ˈrəʊdz‿ər‿ˈaɪsɪ]

Die Sicht beträgt nur 20 m/weniger als 50 m.
Visibility is only 20 metres/less than 50 metres.
[ˌvɪzɪˈbɪlətɪ‿ɪz‿ˈəʊnlɪ ˈtwentɪ ˈmiːtəz/les ðən ˈfɪftɪ ˈmiːtəz]

bewölkt	cloudy [ˈklaʊdɪ]
Blitz	lightning [ˈlaɪtnɪŋ]
Bö	gust of wind [ˌgʌst‿əv ˈwɪnd]
Donner	thunder [ˈθʌndə]
Ebbe	low tide [ˈləʊ ˈtaɪd]
Eis	ice [aɪs]
feucht	damp [dæmp]
Flaute	calm [kɑːm]
Flut	high tide [ˈhaɪ ˈtaɪd]
Frost	frost [frɒst]
Gewitter	thunderstorm [ˈθʌndəstɔːm]
Hagel	hail(stones) [heɪl (stəʊnz)]
heiß	hot [hɒt]
Hitze	heat [hiːt]
Hitzewelle	heatwave [ˈhiːtweɪv]
kalt	cold [kəʊld]
Luft	air [eə]
nass	wet [wet]
Nebel	fog [fɒg]
Nieselregen	drizzle [ˈdrɪzl]
Regen	rain [reɪn]

Regenschauer	shower [ˈʃaʊə]
regnerisch	rainy [ˈreɪnɪ]
Schnee	snow [snəʊ]
Schneematsch	slush [slʌʃ]
Schneeregen	sleet [sli:t]
Schneesturm	blizzard [blɪzəd]
schwül	humid [ˈhju:mɪd]
Sonne	sun [sʌn]
Sonnenschein	sunshine [ˈsʌnʃaɪn]
sonnig	sunny [ˈsʌnɪ]
Sturm	storm [ˈstɔ:m], gale [geɪl]
Temperatur	temperature [ˈtemprɪtʃə]
warm	warm [wɔ:m]
wechselhaft	changeable [ˈtʃeɪnʒəbl]
Wettervorhersage	weather forecast [ˈweðə ˌfɔ:kɑ:st]
Wind	wind [wɪnd]
Windstärke	wind-force [ˈwɪndfɔ:s]
Wolke	cloud [klaʊd]
Wolkenbruch	cloudburst [klaʊdbɜ:st]

Reiseplanung

Hotelbuchung per E-Mail

Sehr geehrte Damen und Herren,
am 24. und 25. Juni benötige ich für zwei Nächte ein Einzel-/Doppel-/Zweibettzimmer. Bitte teilen Sie mir mit, ob Sie ein Zimmer frei haben und was es pro Nacht (einschließlich Abendessen) kostet.
Mit freundlichen Grüßen

Dear Sir or Madam,
I would like to book a single/double/twin-bedded room for 2 nights on the 24 and 25 June. Please let me know if you have any vacancies and the total cost per night (plus dinner).
Yours faithfully,

Mietwagen per E-Mail

Sehr geehrte Damen und Herren,
für den Zeitraum vom 20.–25. Juli möchte ich ab Flughafen Manchester einen Kleinwagen/Mittelklassewagen/eine 7-sitzige Großraumlimousine mieten. Ich fliege von London Heathrow ab und ich möchte deshalb dort den Leihwagen abgeben. Bitte teilen Sie mir Ihre Tarife mit und welche Unterlagen ich benötige.
Mit freundlichen Grüßen

Dear Sir/Madam,
I would like to hire a small car/medium-sized car/7-seater people carrier from July 20 – 25 from Manchester Airport. I depart from Heathrow Airport, London so wish to leave the car there. Please inform me of your rates and what documents I shall require.
Yours faithfully,

Allgemeine Fragen

Ich habe vor, meinen Urlaub in ... zu verbringen. Können Sie mir bitte Informationen über Unterkünfte in der Gegend geben?
I am planning to spend my holiday in ... . Can you give me details of accommodation in the area? [aɪ æm ˈplænɪŋ tə spend maɪ ˈhɒlɪdeɪ ɪn ... kənˌjʊ gɪv mɪ ˈdiːteɪlz ɒv əkɒməˈdeɪʃn ɪn ðɪˈeərɪə]

Welche Gegend empfiehlt sich für Ferien auf einem Boot?
Where is the best place to go on a boating holiday?
[weə ɪz ðə best pleɪs tə gəʊ ɒn ə ˈbəʊtɪŋ ˌhɒlɪdeɪ]

An welche Art von Unterkunft haben Sie gedacht?
What sort of accommodation are you looking for?
[wɒt sɔːt əv əkɒməˈdeɪʃn ɑːˌjʊ ˈlʊkɪŋ fɔː]

Hotel
a hotel [ə həʊˈtel]

Pension
guest house [ˈgesthaʊs]

Fremdenzimmer
bed-and-breakfast [ˈbedn ˈbrekfəst]

Ferienwohnung
self-catering accommodation [ˈselfˈkeɪtərɪŋ əkɒməˈdeɪʃn]

Fragen zur Unterkunft

Hotel – Pension – Privatzimmer

Ich suche ein Hotel, jedoch nicht zu teuer – etwas in der mittleren Preislage.
I'd like to stay in a hotel, but nothing too expensive – something in the mid-price range. [aɪd laɪk tə steɪ ɪn ə heʊˈtel bʌt ˈnʌθɪŋ tuː ɪkˈspensɪv ˈsʌmθɪŋ ɪn ðə mɪd praɪs reɪndʒ]

Ich suche ein Hotel mit Hallenbad/Golfplatz/Tennisplätzen.
I'd like to stay in a hotel with a swimming pool/a golf course/tennis courts. [aɪd laɪk tə steɪ ɪn ə heʊˈtel wɪð ə ˈswɪmɪŋ puːl/ə ˈgɒlf kɔːs/ˈtenɪs kɔːts]

Können Sie mir ein schönes Fremdenzimmer mit Frühstück empfehlen?
Can you recommend a good bed-and-breakfast?
[ˈkən jʊ ˌrekəˈmend ə gʊd ˈbedn ˈbrekfəst]

Für wie viele Leute soll es sein?
How many people does it sleep? [haʊ ˈmenɪ ˈpiːpl dʌz ɪt ˈsliːp]

Sind dort Hunde erlaubt?
Are dogs allowed? [ɑː dɒgz əˈlaʊd]

Ist es möglich, ein weiteres Bett in einem der Zimmer aufzustellen?
Is it possible to put an extra bed in one of the rooms?
[ɪz ɪt ˈpɒsɪbl tə pʊt ən ˈekstrə bed ɪn wʌn əv ðə ruːmz]

Wie viel kostet das pro Woche?
How much does that cost per week?
[haʊ mʌtʃ dəz ðæt kɒst pɜː wiːk]

Ferienhäuser/Ferienwohnungen

Ich suche eine Ferienwohnung oder einen Bungalow.
I'm looking for a self-catering flat or bungalow.
[aɪm 'lʊkiŋ fər‿ə 'selfkeɪtərɪŋ flæt ɔ: 'bʌngələʊ]

Können Sie mir einen kinderfreundlichen Ferienbauernhof empfehlen?
Can you recommend a farmhouse, suitable for children?
['kən jʊ ˌrekə'mend ə 'fɑ:mhaʊs 'sju:təbl fə 'tʃɪldrən]

Gibt es ...?
Is there ...? [ɪz ðeə]

ein Kinderbett
a baby's cot [ə 'beɪbɪz kɒt]

einen Hochstuhl
a high chair [ə 'haɪ tʃeə]

einen Fernseher
a TV [ə ti:vi:]

ein Telefon
a telephone [ə 'telɪfəʊn]

eine Waschmaschine
a washing machine [ə 'wɒʃɪŋ mə'ʃi:n]

eine Spülmaschine
a dishwasher [ə 'dɪʃwɒʃə]

eine Mikrowelle
a microwave [ə 'maɪkrəʊweɪv]

Sind die Stromkosten im Preis eingeschlossen?
Is electricity included in the price?
[ɪz elek'trɪsɪtɪ ɪn'klu:dɪd ɪn ðə praɪs]

Werden Bettwäsche und Handtücher gestellt?
Are bed linen and towels provided?
[ɑː ˈbedˌlɪnɪn ənd ˈtaʊəlz prəˈvaɪdɪd]

Wie viel muss ich anzahlen und wann ist die Anzahlung fällig?
How much deposit do you require and how long in advance?
[haʊ mʌtʃ dɪˈpɒzɪt du jʊ rɪˈkwaɪə ənd haʊ lɒŋ ɪn ədˈvɑːns]

Wo und wann kann ich die Schlüssel abholen?
Where and when should I pick up the keys?
[weə ənd wen ʃʊd aɪ pɪk ʌp ðə kiːz]

Camping

Ich suche einen kleinen Campingplatz in ... Können Sie mir irgend etwas empfehlen?
I'm looking for a smallish campsite in ... Do you have anywhere you can recommend? [aɪm ˈlʊkɪŋ fər‿ə ˈsmɔːlɪʃ ˈkæmpsaɪt ɪn ... du jʊ hæv ˈenɪweə jʊ kən ˌrekəˈmend]

Im Gespräch

Begrüßung und Verabschiedung

Guten Morgen/Tag!
Good morning/afternoon!
[gʊd ˈmɔːnɪŋ/ˌɑːftəˈnuːn]

Guten Abend!
Good evening. [gʊd‿ˈiːvnɪŋ]

Hallo!/Grüß dich!
Hello/Hi! [həˈləʊ/haɪ]

Wie ist Ihr Name?/Wie heißt du?
What's your name? [wɒts jɔː ˈneɪm]

Ich heiße ...
My name's ... [maɪ neɪmz]

Wie geht es Ihnen?/Wie geht's?
How are you?
[haʊ‿ˈɑː jʊ/haʊ‿ə ˈjʊ]

Danke. Und Ihnen/dir?
Fine thanks. And you? [ˈfaɪn θæŋks. ənd ˈjʊ]

Auf Wiedersehen!
Goodbye/Bye-bye! [ˌgʊdˈbaɪ/ˌbaɪˈbaɪ]

Bis bald!
See you soon! [ˈsiː jʊ ˈsuːn]

Bis später!
See you later! [ˈsiː jʊ ˈleɪtə]

Bis morgen!
See you tomorrow! [ˈsiː jʊ təˈmɒrəʊ]

Gute Nacht!
Good night! [ˌgʊd ˈnaɪt]

Tschüs!
Cheerio! [ˌtʃɪərɪˈəʊ]

Gute Reise!
Have a good journey. [ˈhævˬə gʊd ˈdʒɜːnɪ]

Höflichkeit

Bitte und Dank

Bitte.
Please. [pliːz]

Ja, bitte.
Yes, please. [ˌjes ˈpliːz]

Nein, danke!
No, thank you. [ˌnəʊ ˈθæŋkjʊ]

Gestatten Sie?
May I? [ˈmeɪˬaɪ]

Hätten Sie was dagegen, wenn ich ...?
Do you mind if I ...?
[du jʊ maɪnd ɪf aɪ]

Können Sie mir bitte helfen?
Can you help me, please?
[ˈkən jʊ ˈhelp mɪ pliːz]

Danke!
Thank you. [ˈθæŋkjʊ]

Danke, sehr gern!
Yes, thank you.
[ˈjes ˈθæŋkjʊ]

Das ist nett, danke.
That's very kind of you, thank you.
[ðæts ˈverɪ ˈkaɪnd‿əv jʊ ˈθæŋkjʊ]

Bitte sehr./Gern geschehen.
Don't mention it./You're welcome.
[dəʊnt ˈmenʃn‿ɪt/jɔː ˈwelkəm]

Entschuldigung

Entschuldigung!
I'm sorry!
[aɪm ˈsɒrɪ]

Es war nicht so gemeint.
I didn't mean it.
[aɪ ˈdɪdnt ˈmiːn‿ɪt]

Ich bitte um Verzeihung!
I beg your pardon!
[aɪ beg jɔː ˈpɑːdn]

Das ist leider nicht möglich.
I'm afraid that's impossible.
[aɪm‿əˈfreɪd ðæts‿ɪmˈpɒsəbl]

Herkunft und Aufenthalt

Woher kommen Sie/kommst du?
Where are you from?
[ˈweərə jʊ ˈfrɒm]

Ich bin aus ...
I'm from ...
[aɪm frəm]

Sind Sie/Bist du schon lange hier?
Have you been here long?
[həv jʊ bɪn hɪə ˈlɒŋ]

Ich bin seit ... hier.
I've been here since ...
[aɪv ˈbɪn hɪə sɪns]

Wie lange bleiben Sie/bleibst du?
How long are you staying?
[ˈhaʊ ˈlɒŋ‿ə jʊ ˈsteɪɪŋ]

Sind Sie/Bist du zum ersten Mal hier?
Is this your first time here?
[ɪz ðɪs jɔː ˈfɜːst ˈtaɪm hɪə]

Wie finden Sie es?
What do you think of it?
[wɒt djʊ θɪŋk əv ɪt]

Verständigungsschwierigkeiten

Wie bitte?
Pardon? [ˈpɑːdn]

Ich verstehe Sie nicht. Bitte wiederholen Sie es.
I don't understand. Would you repeat that, please?
[aɪ ˈdəʊnt‿ʌndəˈstænd. ˈwʊd jʊ rɪˈpiːt ðæt pliːz]

Bitte sprechen Sie etwas langsamer.
Would you speak a bit more slowly, please?
[ˈwʊd jʊ spiːk‿əˈbɪt mɔː ˈsləʊlɪ pliːz]

Ich verstehe.
I understand.
[aɪ‿ˌʌndəˈstænd]

Sprechen Sie/Sprichst du ...
Do you speak ...
[djʊ spiːk]

Deutsch?
German? [ˈdʒɜːmən]

Englisch?
English? [ˈɪŋglɪʃ]

Französisch?
French? [ˈfrenʃ]

Ich spreche nur wenig ...
I only speak a bit of ... [aɪ‿ˈəʊnlɪ spiːk‿əˈbɪt‿əv]

Kannst du/Können Sie das für mich übersetzen?
Can you translate that for me, please?
[ˈkən jʊ trænzˈleɪt ðæt fə mɪ pliːz]

Wie heißt das auf ...?
How do you say that in ...?
[haʊ də jʊ seɪ ðæt in]

Schreiben Sie es mir bitte auf!
Would you write it down for me, please?
[ˈwʊd jʊ raɪt‿ɪt ˈdaʊn fə mɪ pliːz]

Unterwegs

Fragen nach dem Weg

Ortsangaben

links	left [left]
rechts	right [raɪt]
geradeaus	straight on [ˌstreɪt‿ˈɒn]
vor	in front of [ɪn ˈfrʌnt‿əv]
hinter	behind [bɪˈhaɪnd]
auf der rechten/ linken Seite	on the right-hand/left-hand side [ɒn ðə raɪthænd/lefthænd saɪd]
neben	next to [ˈnekstʊ]
(schräg) gegenüber	(diagonally) opposite [(daɪˈægənəlɪ)ˈɒpəzɪt]
hier	here [hɪə]
Ecke	corner [kɔ:nə]
dort	there [ðeə]
nah	near [nɪə]
in der Nähe (von)	in the vicinity (of) [ɪn ðə vɪˈsɪnɪtɪ (əv)]
weit	far [fɑ:]
nach	after [ˈɑ:ftə]
Ampel	traffic lights [ˈtræfɪk ˌlaɪts]
zwischen	between [bɪˈtwi:n]
Straße	street, road [stri:t, rəʊd]
Gasse	alley, lane [ˈælɪ, leɪn]
Kreuzung	crossroads, junction [ˈkrɒsrəʊdz, ˈdʒʌŋkʃn]
Kurve	bend [bend]

Wegbeschreibung

Entschuldigung, wie komme ich bitte nach ...?
Excuse me, how do I get to ..., please?
[ɪksˈkjuːz‿ˈmiː ˈhaʊ dʊ‿aɪ get tʊ … ˌpliːz]

Immer geradeaus bis ...
Straight on until you get to ... [ˈstreɪt‿ˈɒn‿ənˈtɪl jʊ get tʊ]

Dann bei der Ampel links/rechts abbiegen.
Then turn left/right at the traffic lights.
[ˈðen tɜːn ˈleft/ˈraɪt ət ðə ˈtræfɪk ˌlaɪts]

Folgen Sie den Schildern.
Follow the signs. [ˈfɒləʊ ðə ˈsaɪnz]

Wie weit ist das?
How far is it? [ˈhaʊ ˈfɑːr‿ɪz‿ɪt]

Ungefähr zwei Kilometer.
About two kilometres. [əˈbaʊt tuː ˈkɪləˌmiːtəz]

Es ist ganz in der Nähe.
It's very near here. [ɪts verɪ nɪə hɪə]

Bitte, ist das die Straße nach ...?
Excuse me, is this the road to ...? [ɪksˈkjuːz‿ˈmiː ɪz ˈðɪs ðə rəʊd tʊ]

Bitte, wo ist ...?
Excuse me, where's ..., please? [ɪksˈkjuːz ˈmiː ˈweəz … pliːz]

Tut mir leid, das weiß ich nicht.
I'm sorry, I don't know. [aɪm ˈsɒrɪ aɪ ˈdəʊnt ˈnəʊ]

Gehen Sie geradeaus.
Go straight on. [gəʊ ˈstreɪt‿ˈɒn]

Gehen Sie nach links/nach rechts.
Turn left/right. [tɜːn ˈleft/ˈraɪt]

Erste/Zweite Straße links/rechts.
The first/second street on the left/right.
[ðə ˈfɜːst/ˈseknd striːt ɒn ðə ˈleft/ˈraɪt]

Überqueren Sie ...
Cross ... [ˈkrɒs]

die Brücke.
the bridge. [ðə ˈbrɪdʒ]

den Platz.
the square. [ðə ˈskweə]

die Straße.
the street. [ðə ˈstriːt]

Bitte zeigen Sie mir auf der Karte.
Please show me on the map. [pliːz ʃəʊ mɪ‿ɒn ðə ˈmæp]

Es ist ganz am Ende/Anfang ...
It's right at the end/beginning ... [ɪts raɪt ət ðɪ‿ˈend/bɪˈgɪnɪŋ]

Sie nehmen am besten den Bus Nr. ...
The best thing would be to take the number ... bus.
[ðə best θɪŋ wʊd biː tə teɪk ðə ˈnʌmbə ... bʌs]

An der Grenze

Passkontrolle

Ihren Pass, bitte!
Your passport, please. [jɔː ˈpɑːspɔːt pliːz]

Haben Sie ein Visum?
Have you got a visa? [həv jʊ gɒt‿ə ˈviːzə]

Kann ich das Visum hier bekommen?
Can I get a visa here? [kən‿aɪ get‿ə ˈviːzə ˈhɪə]

Zollkontrolle

Haben Sie etwas zu verzollen?
Have you got anything to declare? [həv jʊ gɒt‿ˈenɪθɪŋ tə dɪˈkleə]

Fahren Sie bitte rechts/links heran.
Pull over to the right/the left, please.
[ˈpʊl ˈəʊvə tə ðə ˈraɪt/ðə ˈleft pliːz]

Öffnen Sie bitte den Kofferraum/diesen Koffer.
Open the boot (*Am* trunk)/this case, please.
[ˈəʊpən ðə ˈbuːt (ˈtrʌnk)/ˈðɪs ˈkeɪs pliːz]

Muss ich das verzollen?
Do I have to pay duty on this? [ˈdʊ‿aɪ hæv‿tə peɪ ˈdjuːtɪ ɒn ðɪs]

Personalien

Familienname	surname [ˈsɜːneɪm]
Familienstand	marital status [ˈmærɪtl ˈsteɪtʌs]
ledig	single [ˈsɪŋgl]
verheiratet	married [ˈmærɪd]

verwitwet	*(Frau)* widow [ˈwɪdəʊ], *(Mann)* widower [ˈwɪdəʊə]
Geburtsdatum	date of birth [ˈdeɪt‿əv ˈbɜːθ]
Geburtsname	maiden name [ˈmeɪdn neɪm]
Geburtsort	place of birth [ˈpleɪs‿əv ˈbɜːθ]
Personalien	particulars [pəˈtɪkjʊləz]
Staatsangehörigkeit	nationality [ˌnæʃəˈnælɪtɪ]
Vorname	Christian name, first name [ˈkrɪstjən neɪm, ˈfɜːst neɪm]
Wohnort	place of residence [ˌpleɪs‿əv ˈrezɪdəns]

Grenze

Ausreise	on leaving the country [ɒn ˈliːvɪŋ ðə ˈkʌntrɪ]
Einreise	on entering the country [ɒn ˈentəɪŋ ðə ˈkʌntrɪ]
EU-Bürger	EU citizen [iː jʊː ˈsɪtɪzn]
Führerschein	driving licence [ˈdraɪvɪŋ ˈlaɪsns]
Grenze, Grenzübergang	border [ˈbɔːdə]
grüne Versicherungskarte	green card [ˈgriːn ˈkɑːd]
gültig	valid [ˈvælɪd]
internationaler Impfpass	international vaccination certificate [ˌɪntəˈnæʃənl ˌvæksɪˈneɪʃn səˈtɪfɪkɪt]
Nationalitätskennzeichen	international car index mark [ˌɪntəˈnæʃənl ˈkɑːr‿ˌɪndeks mɑːk]
Nummernschild	number plate [ˈnʌmbə pleɪt]
Passkontrolle	passport control [ˈpɑːspɔːt kənˈtrəʊl]
Personalausweis	identity card [aɪˈdentɪtɪ kɑːd]
Reisepass	passport [ˈpɑːspɔːt]
Visum	visa [ˈviːzə]

Zoll	(*Amt*) customs ['kʌstəmz]; (*Gebühr*) duty ['dju:tɪ]
zollfrei	duty-free ['dju:tɪ 'fri:]
Zollgebühren	duties ['dju:tɪz]
zollpflichtig	liable to duty ['laɪəbl tə 'dju:tɪ]

Auto und Motorrad

Reisewege, Vorschriften ...

Ausfahrt	exit ['egzɪt]
Autobahn	motorway ['məʊtəweɪ]
Autobahngebühren	motorway toll ['məʊtəweɪ təʊl]
Bußgeld	fine [faɪn]
Fahrspur	lane [leɪn]
Geschwindigkeits-begrenzung	speed limit [spi:d 'lɪmɪt]
Hauptstraße	main street ['meɪn 'stri:t]
Kreisverkehr	roundabout [raʊndə'baʊt]
Landstraße	country road, B road ['kʌntrɪ ˌrəʊd, 'bi:rəʊd]
Promillegrenze	legal alcohol limit ['lɪ:gl 'ælkəhɒl 'lɪmɪt]
Radarkontrolle	radar speed check ['reɪdɑ: 'spi:d tʃek]
Rastplatz	service station ['sɜ:vɪs steɪʃn]
Raststätte	services ['sɜ:vɪsɪz]
Schnellstraße	dual carriageway ['djʊəl kærɪdʒ'weɪ]
Stau	traffic jam, tailback, gridlock ['træfɪk dʒæm, teɪlbæk, grɪdlɒk]
Straßenbenutzungsgebühr	road toll [rəʊd təʊl]
trampen	hitchhike ['hɪtʃhaɪk]
Wegweiser	sign [saɪn]

Hinweise und Informationen

Bypass	**Umgehungsstraße**
Car Park	**Parkplatz**
Caution	**Achtung, Vorsicht**
Change Lane	**Fahrbahn wechseln**
Children Crossing	**Schulkinder überqueren**
Closed to all Vehicles	**Gesperrt für alle Fahrzeuge**
Crossing – No Gates	**Unbeschränkter Bahnübergang**
Danger	**Gefahr**
Dangerous Bend	**Gefährliche Kurve**
Dangerous Junction	**Gefährliche Einmündung**
Dead End	**Sackgasse**
Diversion	**Umleitung**
Drive Slowly	**Langsam fahren**
Dual Carriageway	**Schnellstraße**
Exit	**Ausfahrt**
Get in Lane	**Bitte einordnen**
Give Way	**Vorfahrt beachten**
Hairpin Bend	**Haarnadelkurve**
Hospital	**Krankenhaus**
Junction	**Einmündung**
Keep Clear	**Ausfahrt frei halten**
Keep Right (Left)	**Rechts** (**Links**) **fahren**
Lay-By	**Parkplatz** (*z. B. an Autobahnen*)
L = Learner	**Anfänger**
Low Bridge	**Niedrige Brücke**
Major Road Ahead	**Achtung Hauptverkehrsstraße**
No Entry	**Keine Einfahrt**

No Overtaking	**Überholen verboten**
No Parking	**Parken verboten**
No Stopping	**Halten verboten**
No U-Turn	**Wenden verboten**
No Waiting	**Eingeschränktes Halteverbot**
One-Way Street	**Einbahnstraße**
Parking	**Parkplatz**
Pedestrian Precinct	**Fußgängerzone**
Pedestrian Subway	**Fußgängerunterführung**
Reduce Speed	**Langsamer fahren**
Road Narrows	**Fahrbahnverengung**
Road Works	**Straßenarbeiten**
Roundabout	**Kreisverkehr**
School	**Schule**
Single Lane Traffic	**Einspuriger Verkehr**
Slippery Road	**Rutschgefahr**
Slow Down	**Langsamer fahren**
Speed Limit	**Geschwindigkeitsbegrenzung**
Steep Hill	**Starkes Gefälle**
Traffic Jam	**Verkehrsstau**
Traffic Signals Ahead	**Signalanlage (Vorwarnung)**
Two-Way Traffic	**Zweispuriger Verkehr (Gegenverkehr)**
Waiting Limited	**Begrenztes Parkverbot (Kurzparkzone)**
Zebra Crossing	**Zebrastreifen**

An der Tankstelle

Wo ist bitte die nächste Tankstelle?
Where's the nearest garage/petrol station, please?
[ˈweəz ðə ˈnɪərɪst ˈɡærɑːdʒ/ˈpetrəlsteɪʃn pliːz]

Ich möchte ... Liter ...
... litres of ... [ˈliːtəz‿əv]

Normalbenzin.
three-star. [ˈθriːstɑː]

Super.
four-star. [ˈfɔːstɑː]

Diesel.
diesel. [ˈdiːzl]

bleifrei/verbleit.
unleaded/leaded, please. [ˌʌnˈledɪd/ledɪd pliːz]

Voll tanken, bitte.
Fill her up, please. [ˈfɪl‿ər‿ˈʌp pliːz]

Prüfen Sie bitte den Ölstand.
Please check the oil. [pliːz tʃek ðɪ‿ˈɔɪl]

Ich möchte eine Straßenkarte dieser Gegend, bitte.
I'd like a road map of this area, please.
[aɪd laɪk‿ə ˈrəʊd mæp‿əv ðɪs‿ˈeərɪə pliːz]

Eine Panne

Ich habe eine Panne.
My car's broken down. [maɪ ˈkɑːz ˈbrəʊkn ˈdaʊn]

Wo ist hier in der Nähe eine Werkstatt?
Is there a garage near here? [ˈɪz ðeər‿ə ˈɡærɑːdʒ ˈnɪə ˈhɪə]

Würden Sie bitte den Pannendienst anrufen?
Would you call the breakdown service, please?
[wʊd ˈjʊ kɔːl ðə breɪkdaʊn ˌsɜːvɪs pliːz]

Könnten Sie mir mit Benzin aushelfen?
Could you lend me some petrol, please?
[ˈkʊd‿jʊ lend mɪ sʌm ˈpetrəl pliːz]

Könnten Sie mir beim Reifenwechsel helfen?
Could you help me change the tyre, please?
[ˈkʊd‿jʊ help mɪ tʃeɪnʒ ðə ˈtaɪə pliːz]

Könnten Sie mir Starthilfe geben?
Could you help me start my car with jump leads, please?
[ˈkʊd‿jʊ help mɪ stɑːt maɪ kɑː wɪð ˈdʒʌmp ˌliːdz pliːz]

Würden Sie mich bis zur nächsten Werkstatt mitnehmen?
Could you give me a lift to the nearest garage?
[ˈkʊd‿jʊ gɪv mɪ‿ə ˈlɪft tə ðə ˈnɪərɪst ˈgærɑːdʒ]

Abschleppdienst	breakdown service [ˈbreɪkdaʊn ˈsɜːvɪs]
abschleppen	tow (away) [təʊ (əˈweɪ)]
Abschleppseil	towrope [ˈtəʊrəʊp]
Abschleppwagen	breakdown vehicle [ˈbreɪkdaʊn ˌviːɪkl]
Benzinkanister	petrol can [ˈpetrəl kæn]
Ersatzrad	spare wheel [ˈspeə ˈwiːl]
Notrufsäule	emergency telephone [ɪˈmɜːdʒənsɪ ˈtelɪfəʊn]
Panne	breakdown [ˈbreɪkdaʊn]; *(Reifen~)* puncture, flat (tyre) [ˈpʌŋktʃə, flæt (ˈtaɪə)]
Pannendienst	breakdown service [ˈbreɪkdaʊn ˌsɜːvɪs]
Platten	flat tyre [ˈflæt ˈtaɪə]
Starthilfekabel	jump leads [ˈdʒʌmp ˌliːdz]
Wagenheber	jack [dʒæk]

Warnblinker	hazard warning lights ['hæzəd 'wɔːnɪŋ ˌlaɪtz]
Warndreieck	warning triangle ['wɔːnɪŋ 'traɪæŋgl]
Werkzeug	tools [tuːlz]

In der Werkstatt

Mein Wagen springt nicht an.
The car won't start. [ðə 'kɑː wəʊnt 'stɑːt]

Mit dem Motor stimmt was nicht.
There's something wrong with the engine. [ðeəz 'sʌmθɪŋ 'rɒŋ wɪð ðɪ‿'enʒɪn]

... ist/sind defekt.
... is/are faulty. [... ɪz/ɑː 'fɔːltɪ]

Der Wagen verliert Öl.
I'm losing oil. [aɪm 'luːzɪŋ 'ɔɪl]

Können Sie mal nachsehen?
Could you have a look? ['kʊd‿jʊ 'hæv‿ə 'lʊk]

Wann ist der Wagen/das Motorrad fertig?
When will the car/the motorbike be ready? ['wen wɪl ðə kɑː/ðə 'məʊtəbaɪk bɪ 'redɪ]

Was wird es kosten?
How much will it be? ['haʊ 'mʌtʃ wɪl‿ɪt 'biː]

Abblendlicht	dipped headlights [dɪpt 'hedlaɪts]
Alarmanlage	alarm system [ə'lɑːm 'sɪstəm]
Anlasser	starter ['stɑːtə]
Auspuff	exhaust [ɪg'zɔːst]
Automatik(getriebe)	automatic (transmission) [ˌɔːtə'mætɪk (trænz'mɪʃn)]
Benzinpumpe	petrol pump ['petrəl pʌmp]
Blinker	indicator ['ɪndɪkeɪtə]

Bremse	brake [breɪk]
Bremsflüssigkeit	brake fluid ['breɪk ˌfluɪd]
Bremslichter	brake lights ['breɪkˌlaɪts]
Defekt	fault [fɔ:lt]
Fernlicht	full beam ['fʊl'bi:m]
Frostschutzmittel	anti-freeze ['æntɪfri:z]
Gang	gear [gɪə]
erster Gang	first/bottom gear ['fɜ:st/'bɒtəm 'gɪə]
Leerlauf	neutral ['nju:trəl]
Rückwärtsgang	reverse gear [rɪ'vɜ:s 'gɪə]
Gaspedal	accelerator [ək'seləreɪtə]
Getriebe	gearbox (*Am* transmission) ['gɪəbɒks (trænz'mɪʃn)]
Handbremse	handbrake ['hændbreɪk]
Hupe	horn [hɔ:n]
Kofferraum	boot (*Am* trunk) [bu:t (trʌŋk)]
Kühler	radiator ['reɪdɪeɪtə]
Kühlwasser	cooling water ['ku:lɪŋ 'wɔ:tə]
Kupplung	clutch [klʌtʃ]
Kurzschluss	short-circuit ['ʃɔ:t'sɜ:kɪt]
Linkslenker	left-hand-drive car [lefthænd draɪv kɑ:]
Lichtmaschine	dynamo ['daɪnəməʊ]
Luftfilter	air filter ['eəˌfɪltə]
Motor	motor, engine ['məʊtə, 'endʒɪn]
Motorhaube	bonnet (*Am* hood) ['bɒnɪt (hʊd)]
Nebelscheinwerfer	fog lamps [fɒg læmps]
Nebelschlussleuchte	rear fog lamp ['rɪə fɒg læmp]
Öl	oil [ɔɪl]
Ölwechsel	oil change ['ɔɪl 'tʃeɪnʒ]
Rad	wheel [wi:l]

Rechtslenker	right-hand-drive car [raɪt hænd draɪv kɑː]
Reifen	tyre (*Am* tire) [ˈtaɪə]
Rücklicht	rear light, tail light [ˈrɪə ˈlaɪt, ˈteɪl ˈlaɪt]
Rückspiegel	rearview mirror [ˈriːəvjuː ˈmɪrə]
Scheibenwischer	windscreen wiper [ˈwɪndskriːn ˈwaɪpə]
Scheinwerfer	headlights [ˈhedlaɪts]
Schraube	screw [skruː]
Sicherheitsgurt	seat belt [ˈsiːt belt]
Standlicht	sidelights [ˈsaɪdlaɪts]
Stoßstange	bumper [ˈbʌmpə]
Tachometer	speedometer [spɪˈdɒmɪtə]
Tank	(petrol) tank [(ˈpetrəl) tæŋk]
elektronische Wegfahrsperre	electronic immobiliser [ɪlekˈtrɒnɪk ɪˈməʊbɪlaɪzə]
Werkstatt	(*Auto-*) garage [ˈgærɑːdʒ]
Windschutzscheibe	windscreen (*Am* windshield) [ˈwɪndskriːn, ˈwɪndʃiːld]
Winterreifen	winter tyres [ˈwɪntə ˈtaɪəz]
Zündkerze	spark plug [ˈspɑːkplʌg]
Zündung	ignition [ɪgˈnɪʃn]

Verkehrsunfall

Es ist ein Unfall passiert.
There's been an accident. [ðeəz biːn‿ən‿ˈæksɪdənt]

Rufen Sie bitte schnell ...
Quick. Please call ... [kwɪk ˈpliːz ˈkɔːl]

einen Krankenwagen.
an ambulance. [ən‿ˈæmbjʊləns]

die Polizei.
the police. [ðə pə'li:s]

die Feuerwehr.
the fire brigade. [ðə 'faɪəbrɪˌgeɪd]

Haben Sie Verbandszeug?
Have you got a first-aid kit? [həv jʊ gɒt‿ə 'fɜ:st'eɪd kɪt]

Sie haben ...
You ... [jʊ]

die Vorfahrt nicht beachtet.
didn't observe the right of way. ['dɪdnt‿əb'zɜ:v ðə 'raɪt‿əv 'weɪ]

den Abstand nicht eingehalten.
didn't keep your distance. ['dɪdnt 'ki:p jɔ: dɪstəns]

nicht geblinkt.
didn't indicate. ['dɪdnt 'ɪndɪkeɪt]

Sie sind ...
You ... [jʊ]

zu schnell gefahren.
were driving too fast. [wə 'draɪvɪŋ 'tu: 'fɑ:st]

bei Rot über die Kreuzung.
went through a red light. [went θru:‿ə 'red 'laɪt]

ohne Licht gefahren.
were driving without your lights on.
[wə 'draɪvɪŋ wɪð'aʊt jɔ: laɪts ɒn]

Geben Sie mir bitte Ihren Namen und Ihre Anschrift.
Please give me your name and address.
[pli:z gɪv mɪ jɔ: 'neɪm‿ənd‿ə'dres]

Bei welcher Versicherung sind Sie?
Which insurance company are you with?
[wɪtʃ ɪnˈʃʊərəns kʌmpənɪ ɑː jʊ wɪð]

Vielen Dank für Ihre Hilfe.
Thank you very much for your help.
[ˈθæŋk jʊ ˈverɪ ˈmʌtʃ fə jə ˈhelp]

Auto-, Motorrad- und Fahrradvermietung

Ich möchte für zwei Tage/eine Woche ... mieten.
I'd like to hire ... for two days/for a week.
[aɪd ˈlaɪk tə ˈhaɪə fə ˈtuː ˈdeɪz/fər‿ə ˈwiːk]

einen Wagen
a car [ə ˈkɑː]

einen Geländewagen
a jeep [ə ˈdʒiːp]

ein Motorrad
a motorbike [ə ˈməʊtəbaɪk]

einen Motorroller
a scooter [ə ˈskuːtə]

ein Fahrrad
a bike [ə ˈbaɪk]

Wie hoch ist die Tages-/Wochenpauschale?
How much does it cost per day/week?
[ˈhaʊ ˈmʌtʃ dəz‿ɪt ˈkɒst pə ˈdeɪ/ˈwiːk]

Wie viel verlangen Sie pro gefahrenen Kilometer?
What do you charge per mile? [ˈwɒt də jʊ ˈtʃɑːdʒ pə ˈmaɪl]

Ist das Fahrzeug vollkaskoversichert?
Does the vehicle have comprehensive insurance?
[ˈdʌz ðə ˈviːɪkl hæv ˌkɒmprɪˈhensɪv‿ɪnˈʃʊərəns]

Ist es möglich, das Fahrzeug in ... abzugeben?
Is it possible to leave the car in ...? [ɪz‿ɪt ˈpɒsəbl tə ˌliːv ðə ˈkɑːr‿ɪn]

Führerschein	driving licence [ˈdraɪvɪŋ ˈlaɪsns]
GPS	GPS (Global Positioning System) [ˌdʒiːpiːˈes]
grüne Versicherungskarte	green card [ˈgriːn ˈkɑːd]
hinterlegen	deposit [dɪˈpɒzɪt]
Kindersitz	child seat [tʃaɪld siːt]
Kaution	deposit [dɪˈpɒzɪt]
Mietwagen	hire car [haɪəʳ kɑːʳ]
Nierengurt	kidney belt [ˈkɪdnɪ belt]
Papiere	papers [ˈpeɪpəz]
Schiebedach	sunroof [ˈsʌnruːf]
Sturzhelm	crash helmet [ˈkræʃ ˌhelmɪt]
Teilkasko	third-party, fire and theft insurance [θɜːdˈpɑːtɪ, faɪə‿ənd θeft ɪnˈʃʊərəns]
Vollkasko	fully comprehensive insurance [ˈfʊlɪ ˈkɒmprɪhensɪv‿ɪnˈʃʊərəns]
Wochenendpauschale	weekend rate [ˌwiːkˈend reɪt]
Zündschlüssel	ignition key [ɪgˈnɪʃn kiː]

Flugzeug

Einen Flug buchen

Wann fliegt die nächste Maschine nach ...?
When's the next flight to ...? [ˈwenz ðə ˈnekst ˈflaɪt tʊ]

Sind noch Plätze frei?
Are there still seats available? [ɑː ðeə stɪl ˈsiːts‿əˈveɪləbl]

Ich möchte einen einfachen Flug nach ... buchen.
I'd like to book a single flight to ... [aɪd laɪk tə bʊk‿ə ˈsɪŋgl flaɪt tʊ]

Ich möchte einen Hin- und Rückflug nach ... buchen.
I'd like to book a return flight to ... [aɪd laɪk tə bʊk‿ə rɪˈtɜːn flaɪt tʊ]

Ich möchte bitte ...
I'd like ... [ˌaɪd ˈlaɪk]

einen Fensterplatz.
a window seat. [ə‿wɪndəʊ ˈsiːt]

einen Platz am Gang.
an aisle seat. [ən‿aɪl ˈsiːt]

Ich möchte diesen Flug stornieren.
I'd like to cancel this flight. [aɪd laɪk tə ˈkænsəl ðɪs ˈflaɪt]

Ich möchte diesen Flug umbuchen.
I'd like to change the booking. [aɪd laɪk tə tʃeɪndʒ ðə ˈbʊkɪŋ]

Ankunft

Mein Gepäck ist verloren gegangen.
My luggage is missing. [maɪ ˈlʌgɪdʒ ɪz ˈmɪsɪŋ]

Mein Koffer ist beschädigt worden.
My suitcase has been damaged [maɪ ˈsjuːtkeɪs həz bɪn ˈdæmɪdʒd]

Von wo fährt der Bus in Richtung ... ab?
Where does the bus to ... leave from?
[ˈweə dʌz ðə bʌs tʊ … liːv frɒm]

Abflug	take-off [ˈteɪk‿ɒf]
Ankunft	arrival [əˈraɪvl]
Ankunftszeit	time of arrival [taɪm‿əv‿əˈraɪvl]
Anschluss	connection [kəˈnekʃn]
Auslandsflug	international flight [ˌɪntəˈnæʃənl flaɪt]
Bordkarte	boarding card [ˈbɔːdɪŋ kɑːd]
Check-in	check in [ˌtʃek‿ˈɪn]
einchecken	check in [ˌtʃek‿ˈɪn]
Flug	flight [flaɪt]
Fluggesellschaft	airline [ˈeəlaɪn]
Flughafen	airport [ˈeəpɔːt]
Flughafenbus	airport bus [ˈeəpɔːt ˈbʌs]
Flughafengebühr	airport tax [ˈeəpɔːt ˈtæks]
Flugsteig	gate [geɪt]
Flugzeug	aeroplane [ˈeərə(ʊ)pleɪn]
Gepäck	luggage (*Am* baggage) [ˈlʌgɪdʒ, ˈbægɪdʒ]
Gepäckabfertigung	luggage/baggage check-in [ˈlʌgɪdʒ/ˈbægɪdʒ ˈtʃekɪn]
Gepäckausgabe	luggage/baggage reclaim [ˈlʌgɪdʒ/ˈbægɪdʒ ˌriːˈkleɪm]
Gepäckwagen	luggage van [ˈlʌgɪdʒ væn]
Inlandsflug	domestic flight [dəˈmestɪk flaɪt]
Landung	landing [ˈlændɪŋ]
Notausgang	emergency exit [ɪˈmɜːdʒənsɪ ˈeksɪt]
Notlandung	emergency landing [ɪˈmɜːdʒənsɪ ˈlændɪŋ]
Notrutsche	emergency chute [ɪˈmɜːdʒənsɪ ʃuːt]

Passagier	passenger [ˈpæsɪndʒə]
Pilot/in	pilot [ˈpaɪlət]
planmäßiger Abflug	scheduled time of departure [ˈʃedjuːld ˈtaɪm‿əv dɪˈpɑːtʃə]
Schwimmweste	life jacket [ˈlaɪfˌdʒækɪt]
Sicherheitsgebühr	security charge [sɪˈkjʊərətɪ ˈtʃɑːdʒ]
Sicherheitskontrolle	security control [sɪˈkjʊərətɪ kənˈtrəʊl]
Steward/ess	steward/stewardess [stjʊəd/ˌstjʊəˈdes]
stornieren	cancel [ˈkænsl]
Terminal	terminal [ˈtɜːmɪnl]
umbuchen	change the booking [tʃeɪndʒ ðə ˈbʊkɪŋ]
Verspätung	delay [dɪˈleɪ]
zollfreier Laden	duty-free shop [ˈdjuːtɪˈfriː ʃɒp]
Zwischenlandung	stopover [ˈstɒpˌəʊvə]

Eisenbahn

Fahrkarten kaufen

Eine einfache Fahrt 2. Klasse/1. Klasse nach ..., bitte.
A second-class/first-class single to ..., please.
[ə ˈseknd klɑːs/ˈfɜːst klɑːs ˈsɪŋgl tʊ ... pliːz]

Zweimal ... hin und zurück, bitte.
Two returns to ..., please. [ˈtuː rɪˈtɜːnz tʊ ... pliːz]

Gibt es eine Ermäßigung für Kinder/Studenten/Senioren?
Is there a reduction for children/students/senior citizens?
[ˈɪz ðeər‿ə rɪˈdʌkʃn fə ˈtʃɪldrən/ˈstjuːdnts/ˈsiːnɪə sɪtɪznz]

Bitte eine Platzkarte für den Zug um ... Uhr nach ...
I'd like to reserve a seat on the ... o'clock train to ...
[aɪd ˈlaɪk tə‿rɪˈzɜːv‿ə ˈsiːt ɒn ðə ... əˈklɒk treɪn tʊ]

Ich möchte einen Liegewagen-/Schlafwagenplatz.
I'd like to book a couchette/a sleeper.
[aɪd ˈlaɪk tə bʊk‿ə kuːˈʃet/ə ˈsliːpər]

Gibt es einen Autoreisezug nach ...?
Is there a motorail service to ...? [ɪz deər‿ə ˈməʊtəreɪl ˈsɜːvɪs tʊ]

Habe ich in ... Anschluss nach ...?
Is there a connection to ... at ...? [ɪz ðeər‿ə kəˈnekʃn tʊ ... ət]

(**Wo**) **Muss ich umsteigen?**
(Where) Do I have to change? [(ˈweə) dʊ‿aɪ hæv‿tə ˈtʃeɪndʒ]

Im Bahnhof

Ich möchte diesen Koffer als Reisegepäck aufgeben.
I'd like to register this case. [aɪd ˈlaɪk tʊ ˈredʒɪstə ðɪs ˈkeɪs]

Wo kann ich mein Fahrrad aufgeben?
Where can I register my bike? [ˈweə kən‿aɪ ˈredʒɪstə maɪ ˈbaɪk]

Von welchem Gleis fährt der Zug nach ... ab?
Which platform does the ... train leave from?
[wɪtʃ ˈplætfɔːm dʌz ðə … treɪn ˈliːv frɒm]

Im Zug

Verzeihung, ist dieser Platz noch frei?
Excuse me, is this seat free? [ɪksˈkjuːz ˈmiː ɪz ˈðɪs ˈsiːt ˈfriː]

Darf ich das Fenster öffnen/schließen?
May I open/shut the window? [ˈmeɪ‿aɪ ˈəʊpən/ʃʌt ðə ˈwɪndəʊ]

Abfahrt	departure [dɪˈpɑːtʃə]
Abfahrtszeit	time of departure [taɪm‿əv dɪˈpɑːtʃə]
Abteil	compartment [kəmˈpɑːtmənt]
ankommen	arrive [əˈraɪv]
Aufenthalt	stop [stɒp]
aussteigen	get out [ˈget ˈaʊt]
Autoreisezug	motorail service [ˈməʊtəreɪl ˈsɜːvɪs]
Bahnhof	station [ˈsteɪʃn]
einsteigen	get on [ˈget‿ˈɒn]
Ermäßigung	reduction [rɪˈdʌkʃn]
Fahrkarte	ticket [ˈtɪkɪt]
Fahrkartenkontrolle	ticket inspection [ˈtɪkɪt‿ɪnˈspekʃən]
Fahrkartenschalter	ticket office [ˈtɪkɪt‿ˌɒfɪs]
Fahrplan	timetable [ˈtaɪmˌteɪbl]
Fahrpreis	fare [feə]

Fensterplatz	window seat ['wɪndəʊ siːt]
Gang	corridor ['kɒrɪdɔː]
Gepäck	luggage (*Am* baggage) ['lʌgɪdʒ, 'bægɪdʒ]
Gepäckaufbewahrung	left-luggage office ['left 'lʌgɪdʒ ˌɒfɪs]
Gepäckschalter	luggage counter ['lʌgɪdʒ kaʊntə]
Gleis	platform ['plætfɔːm]
Großraumwagen	open-plan carriage ['əʊpən'plæn 'kærɪdʒ]
Hauptbahnhof	main station ['meɪn 'steɪʃn]
Interrail	interrail [ɪntə'reɪl]
Kinderfahrkarte	half [hɑːf]
Nichtraucherabteil	no-smoking compartment ['nəʊ'sməʊkɪŋ kəm'pɑːtmənt]
Platzkarte	seat reservation ['siːt ˌrezə'veɪʃn]
Raucherabteil	smoking compartment ['sməʊkɪŋ kəm'pɑːtmənt]
Reservierung	reservation [ˌrezə'veɪʃn]
Rückfahrkarte	return ticket [rɪ'tɜːn 'tɪkɪt]
Schließfach	left-luggage locker ['left 'lʌgɪdʒ ˌlɒkə]
Speisewagen	restaurant car ['restərɔ̃ːŋ ˌkɑː]
Wagennummer	coach number ['kəʊtʃ 'nʌmbə]
Wartesaal	waitingroom ['weɪtɪŋrʊm]
Zug	train [treɪn]
Zuschlag	supplement ['sʌplɪmənt]

Schiff

Auskunft

Wann fährt das nächste Schiff/die nächste Fähre nach ... ab?
When does the next ship/the next ferry leave for ...
['wen dʌz ðə 'nekst 'ʃɪp/ðə 'nekst 'ferɪ 'li:v fɔ:]

Wie lange dauert die Überfahrt?
How long does the crossing take? ['haʊ 'lɒŋ dʌz ðə 'krɒsɪŋ 'teɪk]

Wann legen wir in ... an?
When do we land at ...? ['wen dʊ‿wɪ lænd‿ət]

Wie lange haben wir Aufenthalt in ...?
How long are we stopping at ...? ['haʊ 'lɒŋ ɑ:‿wɪ 'stɒpɪŋ‿ət]

Ich möchte eine Schiffskarte nach ...
I'd like a ticket to ... [aɪd laɪk ə 'tɪkɪt tʊ]

1. Klasse
first class ['fɜ:st klɑ:s]

Touristenklasse
tourist class ['tʊərɪst klɑ:s]

eine Einzelkabine
a single cabin [ə 'sɪŋgl 'kæbɪn]

eine Zweibettkabine
a double cabin [ə 'dʌbl 'kæbɪn]

Ich möchte eine Karte für die Rundfahrt um ... Uhr.
I'd like a ticket for the round trip at ... o'clock.
[aɪd laɪk ə 'tɪkɪt fə ðə 'raʊnd 'trɪp‿ət ... ə'klɒk]

anlegen in	land at, dock at [ˈlænd‿ət, ˈdɒk‿ət]
Buchung	booking [ˈbʊkɪŋ]
Dampfer	steamer, steamship [ˈsti:mə, ˈsti:mʃɪp]
Deck	deck [dek]
Fähre	ferry [ˈferɪ]
Autofähre	carferry [ˈkɑ:ˌferɪ]
Fahrkarte	ticket [ˈtɪkɪt]
Festland	mainland, dry land [ˈmeɪnlænd, ˈdraɪ ˈlænd]
Hafen	port [pɔ:t]
Kabine	cabin [ˈkæbɪn]
Kai	quay [ki:]
Kapitän	captain [ˈkæptɪn]
Kreuzfahrt	cruise [kru:z]
Küste	coast [kəʊst]
Landausflug	excursion [ɪksˈkɜ:ʃn]
Luftkissenboot	hovercraft [ˈhɒvəkrɑ:ft]
Rettungsboot	lifeboat [ˈlaɪfbəʊt]
Rettungsring	lifebelt [ˈlaɪfbelt]
Rundfahrt	round trip [ˈraʊnd ˈtrɪp]
Schwimmweste	life jacket [ˈlaɪfˌdʒækɪt]
Seegang	rough seas [ˈrʌf ˈsi:z]
seekrank sein	be seasick [bi:ˈsi:sɪk]
Tragflügelboot	jetfoil, hydrofoil [ˈdʒetfɔɪl, ˈhaɪdrəfɔɪl]

Nahverkehrsmittel

Bitte, wo ist die nächste ...
Excuse me, where's the nearest ... [ɪks'kjuːz 'miː 'weəz ðə 'nɪərɪst]

Bushaltestelle?
bus stop? ['bʌs 'stɒp]

Straßenbahnhaltestelle?
tram stop? ['træm 'stɒp]

U-Bahnstation?
underground station? ['ʌndəgraʊnd 'steɪʃn]

Welche Linie fährt nach ...?
Which line goes to ... ? ['wɪtʃ laɪn gəʊz‿tə]

Wann fährt die erste/letzte U-Bahn nach ...?
When's the first/last underground to ...?
['wenz ðə 'fɜːst/'lɑːst 'ʌndəgraʊnd tʊ]

Ist dies der Bus nach ...?
Does this bus go to ...? [dʌz 'ðɪs 'bʌs gəʊ tʊ]

Wie viele Haltestellen sind es?
How many stops is it? ['haʊ 'menɪ 'stɒps‿ɪz‿ɪt]

Wo muss ich aussteigen/umsteigen?
Where do I have to get out/change?
['weə dʊ‿aɪ hæv‿tə get 'aʊt/'tʃeɪnʒ]

Bitte, einen Fahrschein nach ...
To ..., please. [tʊ ... pliːz]

Abfahrt	departure [dɪ'pɑːtʃə]
Bus	bus [bʌs]
Busbahnhof	bus station ['bʌs‿ˌsteɪʃn]
einsteigen	get on ['get‿'ɒn]

Endstation	terminus [ˈtɜːmɪnəs]
Fahrkartenautomat	ticket machine [ˈtɪkɪt məˈʃiːn]
Fahrplan	timetable [ˈtaɪm ˌteɪbl]
Fahrpreis	fare [feə]
Fahrschein	ticket [ˈtɪkɪt]
Haltestelle	stop [stɒp]
Kontrolleur	inspector [ɪnˈspektə]
Nahverkehrszug	local train [ˈləʊkl ˈtreɪn]
Obus	trolley bus [ˈtrɒlɪ bʌs]
Richtung	direction [dɪˈrekʃn]
S-Bahn	suburban train [səˈbɜːbən treɪn]
Schaffner	ticket collector, conductor [ˈtɪkɪtkəˈlektə, kənˈdʌktə]
Stadtbus	city bus [sɪtɪ bʌs]
Straßenbahn	tram [træm]
Tageskarte	one-day travelcard [ˈwʌndeɪ ˈtrævlkɑːd]
U-Bahn	underground [ˈʌndəgraʊnd]
Überlandbus	coach [kəʊtʃ]
Wochenkarte	weekly season ticket [ˈwiːklɪ ˈsiːzn ˌtɪkɪt]
Zahnradbahn	rack-railway [ræk ˈreɪlweɪ]

Taxi

Wo ist der nächste Taxistand?
Where's the nearest taxi rank? [ˈweəz ðə ˈnɪərɪst ˈtæksɪræŋk]

Zum Bahnhof.
To the station. [tʊ ðə ˈsteɪʃn]

Zum ... Hotel.
To the ... Hotel. [tʊ ðə … həʊˈtel]

In die ...-Straße.
To ... Street. [tʊ … striːt]

Nach ..., bitte.
To ..., please. [tʊ … pliːz]

Wie viel kostet es nach ...?
How much will it cost to ...? [ˈhaʊ ˈmʌtʃ wɪl‿ɪt ˈkɒst tə]

Halten Sie bitte hier.
Could you stop here, please? [ˈkʊd‿jʊ ˈstɒp ˈhɪə pliːz]

Das ist für Sie.
That's for you. [ˈðæts fə juː]

halten	stop [stɒp]
Hausnummer	house number [ˈhaʊs ˌnʌmbə]
Kilometerpreis	price per kilometre/mile [praɪs pə ˈkɪləˌmiːtə/maɪl]
Pauschalpreis	flat rate [ˈflæt ˈreɪt]
Quittung	receipt [rɪˈsiːt]
Taxifahrer	taxidriver [ˈtæksɪˌdraɪvə]
Taxistand	taxi rank [ˈtæksɪ ræŋk]
Trinkgeld	tip [tɪp]

Übernachten

Hotel – Pension – Privatzimmer

An der Rezeption

Ich habe ein Zimmer reserviert. Mein Name ist ...
I've reserved a room. My name's ...
[aɪv rɪˈzɜːvd‿ə ˈruːm. maɪ ˈneɪmz ...]

Wir haben reserviert.
We have a reservation. [wɪ hæv ə ˌrezəˈveɪʃn]

Haben Sie noch ein Zimmer frei?
Have you got any vacancies? [həv jʊ gɒt‿ˌenɪ‿ˈveɪkənsɪz]

... für eine Nacht
... for one night [fə ˈwʌn ˈnaɪt]

... für zwei Tage
... for two days [fə ˈtuː ˈdeɪz]

... für eine Woche
... for a week [fər‿ə ˈwiːk]

Haben Sie Familienzimmer?
Do you have family rooms? [du jʊ hæv fæməlɪ ruːmz]

Nein, wir sind leider belegt.
No, I'm afraid we're fully booked. [nəʊ aɪm‿əˈfreɪd wɪə ˈfʊlɪ bʊkt]

Ja, was für ein Zimmer wünschen Sie?
Yes, (sir/madam,) what sort of room would you like?
[ˈjes (sɜː/ˈmædəm) ˈwɒt sɔːt‿əv ˈruːm wʊd jʊ ˈlaɪk]

Ich hätte gern ...
I'd like ... [aɪd laɪk]

ein Einzelzimmer
a single room [ə ˈsɪŋgl ruːm]

ein Doppelzimmer
a double room [ə ˈdʌbl ruːm]

ein ruhiges Zimmer
a quiet room [ə ˈkwaɪət ruːm]

mit Dusche
with a shower [wɪð ə ˈʃaʊə]

mit Bad
with a bath [wɪð ə ˈbɑːθ]

mit Blick aufs Meer
with a view of the sea [wɪð ə ˈvjuː‿əv ðə ˈsiː]

Kann ich das Zimmer ansehen?
Can I see the room? [kən‿aɪ ˈsiː ðə ˈruːm]

Können Sie noch ein drittes Bett/ein Kinderbett dazustellen?
Can you put a third bed/a cot/children's bed in the room?
[kən‿jʊ pʊt‿ə θɜːd bed/əkɒt/ə ˈtʃɪldrənz bed ɪn ðə ruːm]

Was kostet das Zimmer mit ..., bitte?
How much is the room with ... [ˈhaʊ ˈmʌtʃ ɪz ðə ruːm wɪð]

Frühstück
breakfast? [ˈbrekfəst]

Halbpension
breakfast and evening meal? [ˈbrekfəst‿ən‿ˈɪvnɪŋ ˈmiːl]

Vollpension
full board? [ˈfʊl ˈbɔːd]

Könnten Sie bitte mein Gepäck auf das Zimmer bringen lassen?
Could you have my luggage brought up to my room, please?
[ˈkʊd‿jʊ ˈhæv maɪ ˈlʌgɪdʒ brɔːt ʌp tə maɪ ruːm pliːz]

Wo kann ich den Wagen abstellen?
Where can I park the car? [ˈweə kən‿aɪ pɑːk ðə ˈkɑː]

In unserer Garage.
In our garage. [ɪn‿aʊə ˈɡærɑːdʒ]

Auf unserem Parkplatz.
In our car park. [ɪn‿aʊə ˈkɑːpɑːk]

Fragen und Bitten

Ab wann gibt es Frühstück?
When is breakfast served? [wen ɪz ˈbrekfəst sɜːvd]

Wann sind die Essenszeiten?
When are the meals served? [wen‿ˈɑː ðə miːlz sɜːvd]

Wo ist der Speisesaal?
Where's the restaurant? [ˈweəz ðə ˈrestərɔ̃ːŋ]

Wo ist der Frühstücksraum?
Where's the breakfast room? [ˈweəz ðəˈbrekfəst ruːm]

Könnten Sie mich bitte morgen früh um 7 Uhr wecken?
Could you wake me at 7 o'clock tomorrow morning, please?
[ˈkʊd‿jʊ ˈweɪk mɪ‿ət sevn ɒˈklɒk təˈmɒrəʊ ˈmɔːnɪŋ pliːz]

Bitte, meinen Schlüssel.
My key, please. [maɪ ˈkiː pliːz]

Würden Sie mir bitte ... bringen?
Would you bring me ..., please? [ˈwʊd‿jʊ brɪŋ mɪ ... pliːz]

ein Badetuch
a bath towel [ə ˈbɑːθˌtaʊəl]

noch eine Decke
another blanket [əˈnʌðə ˈblæŋkɪt]

Wie funktioniert ...?
How does ... work? [haʊ dəz … wɜːk]

Ist Post für mich da?
Is there any post for me?
[ɪz ðeər‿enɪ pəʊst fə mi:]

Wo kann ich ...
Where can I ... [ˈweə kən‿aɪ ...]

hier etwas trinken?
get something to drink? [get ˈsʌmθɪŋ tə drɪnk]

ein Auto mieten?
hire a car? [ˈhaɪər‿ə kɑ:]

hier telefonieren?
telephone from (here)? [ˈtelɪfəʊn frəm (hɪə)]

Kann ich meine Wertsachen bei Ihnen in den Safe geben?
Can I leave my valuables in your safe?
[kən‿aɪ li:v maɪ ˈvælju:əblz ɪn jɔ: seɪf]

Kann ich mein Gepäck hier lassen?
Can I leave my luggage here? [kən‿aɪ li:v maɪ ˈlʌgɪdʒ hɪə]

Abreise

Ich reise heute Abend/morgen um ... Uhr ab.
I'm leaving this evening/tomorrow at ... o'clock.
[aɪm ˈli:vɪŋ ðɪs‿ˈi:vnɪŋ/təˈmɒrəʊ‿ət … əˈklɒk]

Könnten Sie bitte die Rechnung fertig machen?
Would you prepare my bill, please? [wʊd‿jʊ prəpeə maɪ ˈbɪl pli:z]

Nehmen Sie Euros/Kreditkarten?
Do you accept euros/credit cards?
[dʊ‿jʊ əkˈsept jʊərəʊz/ˈkredɪtkɑ:dz]

Könnten Sie mir bitte ein Taxi rufen?
Would you call a taxi for me, please?
[wʊd‿jʊ kɔːl‿ə ˈtæksɪ fə miː pliːz]

Vielen Dank für alles! Auf Wiedersehen!
Thank you very much for everything. Goodbye!
[ˈθæŋk jʊ ˈverɪ ˈmʌtʃ fər‿ˈevrɪθɪŋ. ˌɡʊd ˈbaɪ]

anzahlen	to deposit sth [dɪˈpɒzɪt]
Anzahlung	deposit [dɪˈpɒzɪt]
erlauben; Haustiere (nicht) erlaubt	to allow sth; pets are (aren't) allowed [əˈlaʊ] [pets ɑːʳ (ɑːnt) əˈlaʊ]
Ferienwohnung	self-catering accommodation [ˈselfˈkeɪtərɪŋ əkɒməˈdeɪʃn]
Fremdenzimmer	bed-and-breakfast [ˈbedn ˈbrekfəst]
Hotel	hotel [həʊ ˈtel]
inklusive	inclusive [ɪnˈkluːsɪv]
Kosten	costs, expenses [kɒst, ɪkˈspen(t)sɪs]
Nebenkosten	additional expense [əˈdɪʃənəl ɪkˈspen(t)s]
Unkosten	additional expense [əˈdɪʃənəl ɪkˈspen(t)s]

Camping

Könnten Sie mir bitte sagen, ob es in der Nähe einen Campingplatz gibt?
Could you tell me if there is a camping site nearby?
[kʊd jʊ tel miː ɪf ðeər‿ˈɪz ə ˈkæmpɪŋsaɪt ˈnɪəˈbaɪ]

Haben Sie noch Platz für einen Wohnwagen/ein Zelt?
Have you got room for another caravan/tent?
[həv‿jʊ gɒt ruːm fər‿əˈnʌðə ˈkærəvæn/ˈtent]

Wie hoch ist die Gebühr pro Tag und Person?
How much does it cost per day and person?
[ˈhaʊ ˈmʌtʃ dʌz‿ɪt ˈkɒst pə ˈdeɪ‿ən ˈpɜːsn]

Wie hoch ist die Gebühr für ...
What's the charge for ... [ˈwɒts ðə ˈtʃɑːdʒ fə]

das Auto?
the car? [ðə ˈkɑː]

den Wohnwagen?
the caravan/trailer? [ðə ˈkærəvæn/ˈtreɪlə]

das Wohnmobil?
the camper van/motor home/RV?
[ðə ˈkæmpə væn/ˈməʊtə ˈhəʊm/ɑː viː]

das Zelt?
the tent? [ðə ˈtent]

Vermieten Sie stationäre Wohnwagen?
Do you rent stationary caravans? [dʊ‿jʊ rent ˈsteɪʃənərɪ ˈkərəvænz]

Wir bleiben ... Tage/Wochen.
We'll be staying for ... days/weeks.
[wiːl bɪ ˈsteɪɪŋ fə … ˈdeɪz/ˈwiːks]

Wo sind ...
Where are ... [ˈweər‿ə]

die Toiletten?
the toilets? [ðə ˈtɔɪlɪts]

die Waschräume?
the washrooms? [ðə ˈwɒʃrʊmz]

die Duschen?
the showers? [ðə ˈʃaʊəz]

Camping	camping [ˈkæmpɪŋ]
Campingführer	camping guide [ˈkæmpɪŋ gaɪd]
Campingplatz	camping site [ˈkæmpɪŋsaɪt]
Gasflasche	gas canister [ˈgæs ˈkænɪstə]
Gaskartusche	gas cartridge [ˈgæs ˈkɑːtrɪdʒ]
Gaskocher	gas cooker [ˈgæsˌkʊkə]
Geschirrspülbecken	sink [sɪŋk]
Jugendherberge	youth hostel [juːθ ˈhɒstəl]
Kocher	cooker [ˈkʊkə]
Petroleumlampe	paraffin lamp [ˈpærəfɪn læmp]
Propangas	calor gas [ˈkælə gæs]
Schlafsack	sleeping bag [ˈsliːpɪŋ bæg]
Steckdose	(wall)socket [(ˈwɔːl)ˈsɒkɪt]
Stecker	plug [plʌg]
Strom	electricity [ˌɪlekˈtrɪsətɪ]
Stromanschluss	electric point [ɪˈlektrɪk ˈpɔɪnt]
Trinkwasser	drinking water [ˈdrɪŋkɪŋˌwɔːtə]
Waschraum	washroom [ˈwɒʃrʊm]
Wasser	water [ˈwɔːtə]
Wasserkanister	water canister [ˈwɔːtə ˈkænɪstə]
Wohnmobil	camper [ˈkæmpə]
Wohnwagen	caravan [ˈkærəvæn]
Zelt	tent [tent]
zelten	camp [kæmp]

Essen und Trinken

Essen gehen

Wo gibt es hier ...
Is there ... here? [ˈɪz ðɛər‿... ˈhɪə]

ein gutes Restaurant?
a good restaurant [‿ə ˈgʊd ˈrestərɔ̃:ŋ]

ein nicht zu teures Restaurant?
an inexpensive restaurant [ən‿ˌɪnɪkˈspensɪv ˈrestərɔ̃:ŋ]

einen Schnellimbiss?
a fast food restaurant [ə ˈfɑ:stˌfu:d ˈrestərɔ̃:ŋ]

Im Restaurant

Reservieren Sie uns bitte für heute Abend einen Tisch für 4 Personen.
Would you reserve us a table for four for this evening, please? [ˈwʊd‿jʊ rɪˈzɜ:v‿əs‿ə ˈteɪbl fə ˈfɔ: fə ðɪs‿ˈi:vnɪŋ pli:z]

Ist dieser Tisch/Platz noch frei?
Is this table/seat free? [ɪz ðɪs ˈteɪbl/ˈsi:t ˈfri:]

Einen Tisch für 2/3 Personen, bitte.
A table for two/three, please. [ə ˈteɪbl fə ˈtu:/ˈθri: pli:z]

Wo sind bitte die Toiletten?
Where are the toilets, please? [ˈweərə ðə ˈtɔɪlɪts pli:z]

Bestellung

Herr Ober/Bedienung,
Waiter, could I have ... [ˈweɪtə, ˈkʊd‿aɪ hæv]

die Speisekarte,
the menu, [ðə ˈmenjuː]

die Getränkekarte,
the drinks list, [ðə drɪnks lɪst]

die Weinkarte, bitte.
the wine list, please. [ðə ˈwaɪn lɪst pliːz]

Was können Sie mir empfehlen?
What can you recommend? [ˈwɒt kən‿jʊ ˌrekəˈmend]

Gibt es auch Kinderportionen?
Do you do half portions for children?
[dʊ‿jʊ duː ˈhɑːf ˈpɔːʃnz fə ˈtʃɪldrən]

Haben Sie schon gewählt?
Are you ready to order? [ɑː‿jʊ ˈredɪ tʊ‿ˈɔːdə]

Ich nehme ...
I'll have ... [aɪl hæv]

Als Vorspeise/Hauptgericht/Nachtisch nehme ich ...
I'll have ... as a starter/for the main course/for dessert.
[aɪl hæv ...əz ‿ə stɑːtə/fə ðə ˈmeɪn ˈkɔːs/fə dɪˈzɜːt]

Ich möchte keine Vorspeise, danke.
I don't want a starter, thank you. [aɪ ˈdəʊnt ˈwɒnt‿ə ˈstɑːtə ˈθæŋkjʊ]

Könnte ich statt ... ... haben?
Could I have ... instead of ...? [kʊd‿aɪ hæv ˈ... ɪnˈsted‿əv]

Ich bin allergisch gegen ...
I'm allergic to ... [aɪm‿ə'lɜ:dʒɪk tʊ]

Ich bin ...
I'm ... [aɪm ...]

Diabetiker/Diabetikerin.
a diabetic. [ə ˌdaɪə'betɪk]

Vegetarier/Vegetarierin.
a vegetarian. [ə ˌvedʒɪ'teərɪən]

Veganer/Veganerin.
a vegan. [ə 'vi:gən]

Könnten Sie das Gericht ohne ... zubereiten?
Could you make this dish without ...? ['kʊd‿jʊ meɪk ðɪs ˌdɪʃ wɪð'aʊt]

Wie möchten Sie Ihr Steak haben?
How would you like your steak? ['haʊ wʊd‿jʊ 'laɪk jɔ: 'steɪk]

gut durch
well-done ['wel'dʌn]

halb durch
medium ['mi:djəm]

englisch
rare [reə]

Was wollen Sie trinken?
What would you like to drink? ['wɒt wʊd‿jʊ 'laɪk tə 'drɪŋk]

Bitte ein Glas ...
A glass of ..., please. [ə 'glɑ:s‿əv ... pli:z]

Bitte eine Flasche/eine halbe Flasche ...
A bottle of/Half a bottle of ..., please.
[ə 'bɒtl‿əv/'hɑ:f‿ə 'bɒtl‿əv ... pli:z]

Guten Appetit!
Enjoy your meal! [ɪnˈdʒɔɪ jɔː miːl]

Zum Wohl!
Cheers! [tʃɪəz]

Haben Sie noch einen Wunsch?
Would you like anything else? [wʊd‿jʊ ˈlaɪk‿ˈenɪθɪŋ‿ˈels]

Bitte bringen Sie uns ...
Bring us ..., please. [ˈbrɪŋ‿əs ... pliːz]

Könnten wir noch etwas Brot/Wasser/Wein bekommen?
Could we have some more bread/water/wine, please?
[kʊd wɪ hæv ˈsʌm‿ˈmɔː ˈbred/ˈwɔːtə/ˈwaɪn pliːz]

Beanstandungen

Hier fehlt ein/e ...
We need another ... [wɪ niːd əˈnʌðə]

Haben Sie mein/e ... vergessen?
Have you forgotten my ...? [həv‿jʊ fəˈgɒtn maɪ]

Das habe ich nicht bestellt.
I didn't order that. [aɪ ˈdɪdnt ˈɔːdə ˈðæt]

Die Rechnung

Bezahlen, bitte.
Could I have the bill, please? [ˈkʊd‿aɪ hæv ðə ˈbɪl pliːz]

Bitte alles zusammen.
All together, please. [ˈɔːl təˈgeðə pliːz]

Getrennte Rechnungen, bitte.
Separate bills, please. [ˈseprɪt ˈbɪlz pliːz]

Ist die Bedienung inklusive?
Is service included? [ɪz ˈsɜːvɪs ˌɪnˈkluːdɪd]

Die Rechnung scheint mir nicht zu stimmen.
There seems to be a mistake on the bill.
[ðeə ˈsi:mz tə bi:‿ə mɪˈsteɪk‿ɒn ðə ˈbɪl]

Das habe ich nicht gehabt. Ich hatte ...
I didn't have that. I had ... [aɪ ˈdɪdnt ˈhæv ˈðæt. aɪ ˈhæd]

Hat es geschmeckt?
Did you enjoy your meal? [dɪd‿jʊ‿ɪnˈdʒɔɪ jɔ: ˈmi:l]

Das Essen war ausgezeichnet.
The food was excellent. [ðə ˈfu:d wəz‿ˈeksələnt]

Das ist für Sie.
That's for you. [ˈðæts fə ˈju:]

Es stimmt so.
Keep the change. [ˈki:p ðə ˈtʃeɪnʒ]

Pubs

Was möchten Sie?
What would you like? [ˈwɒt wʊd‿jʊ ˈlaɪk]

Ein großes Dunkles, bitte.
A pint of mild, please. [ə paɪnt‿əv maɪld pli:z]

Ein kleines Helles, bitte.
A half-pint of lager, please. [ə hɑ:fpaɪnt‿əv ˈlɑ:gə pli:z]

Haben Sie deutsche/holländische/belgische Biere?
Do you have any German/Dutch/Belgian beers?
[du jʊ ˈhæv ˈenɪ ˈdʒɜ:mən/dʌtʃ/beldʒən bɪəz]

Ein Bier, bitte.
A beer, please. [ə bɪə pli:z]

Möchten Sie noch etwas trinken?
Would you like another drink? [wʊd‿jʊ 'laɪk ə'nʌðə drɪŋk]

Das Gleiche noch einmal.
Same again, please. [seɪm‿ə'gen pli:z]

Diese Runde übernehme ich.
I'll pay for this round. [aɪl peɪ fə ðɪs raʊnd]

Diese Runde geht auf mich.
This round is on me. [ðɪs raʊnd iz ɒn mɪ:]

Zum Wohl!/Prost!
Cheers! [tʃɪəz]

Zwei Tüten Kartoffelchips, bitte.
Two bags of crisps, please. [tu: bægz‿əv krɪspz pli:z]

Welche Geschmacksrichtung?
What flavour? ['wɒt 'fleɪvə]

Also, meine Herrschaften, wir schließen gleich!
Time, Ladies and Gentlemen, please.
[taɪm 'leɪdɪz‿ənd dʒentlmən pli:z]

Dürfen wir um Ihre letzten Bestellungen bitten?
Last orders, please! ['lɑ:st 'ɔ:dəz pli:z]

Abendessen	dinner ['dɪnə]
Allergie	allergy ['ælədʒi]
alkoholfrei	non-alcoholic ['nɒnælkə'hɒlɪk]
Aschenbecher	ashtray ['æʃtreɪ]
Besteck	cutlery ['kʌtlərɪ]
Bestellung	order ['ɔ:də]
Diabetiker	diabetic [ˌdaɪə'betɪk]
Dressing	dressing ['dresɪŋ]
Essig	vinegar ['vɪnɪgə]
Fass; vom ~	draught [drɑ:ft]

Feinschmeckerlokal	gourmet restaurant ['gʊəmeɪ 'restərɔ̃:ŋ]
Fleck	stain ['steɪn]
Frühstück	breakfast ['brekfəst]
Gabel	fork [fɔ:k]
Gang	course [kɔ:s]
Gedeck	cover [kʌvər]
Gericht	dish [dɪʃ]
Getränk	drink [drɪŋk]
Gewürz	seasoning, spice ['si:znɪŋ, spaɪs]
Glas	glass [glɑ:s]
Gräte	fishbone ['fɪʃbəʊn]
hart (**gekocht**)	hard-boiled ['hɑ:dˌbɔɪld]
Hauptspeise	main course ['meɪn 'kɔ:s]
hausgemacht	home-made [ˌhəʊm'meɪd]
heiß	hot [hɒt]
hungrig sein	be hungry [bi:'hʌŋgrɪ]
Kellner/in	waiter/waitress ['weɪtə/'weɪtrɪs]
Ketchup	ketchup ['ketʃʌp]
Kinderteller	children's portion ['tʃɪldrənz 'pɔ:ʃn]
Knochen	bone [bəʊn]
Koch	cook [kʊk]
Korkenzieher	corkscrew ['kɔ:kskru:]
lieblich (*Wein*)	sweet [swi:t]
Löffel	spoon [spu:n]
Mayonnaise	mayonnaise [ˌmeɪə'neɪz]
Menü	set meal/menu ['set 'mi:l/'menju:]
Messer	knife [naɪf]
Mittagessen	lunch [lʌntʃ]
Nachtisch	dessert, sweet [dɪ'zɜ:t, swi:t]
Öl	oil [ɔɪl]
Pfannengericht	fry-up ['fraɪʌp]

Pfeffer	pepper ['pepə]
Pfefferstreuer	pepper-pot ['pepəpɒt]
Portion	portion ['pɔːʃn]
Rost	grill [grɪl]
Salatbüfett	salad bar ['sæləd bɑː]
Salz	salt [sɔːlt]
Salzstreuer	salt cellar ['sɔːltˌselə]
Scheibe	slice [slaɪs]
Schonkost	diet ['daɪət]
Schüssel	dish, bowl [dɪʃ, bəʊl]
Senf	mustard ['mʌstəd]
Serviette	serviette, napkin [ˌsɜːvɪ'et, 'næpkɪn]
Smoothie	smoothie ['smuːði]
Soße	sauce; *(zum Braten)* gravy [sɔːs, 'greɪvɪ]
Speisekarte	menu ['menjuː]
Spezialität	speciality [ˌspeʃɪ'ælɪtɪ]
Strohhalm	straw [strɔː]
Suppe	soup [suːp]
Suppenteller	soup plate [suːp pleɪt]
Süßstoff	sweetener ['swiːtnə]
Tagesgericht	dish of the day ['dɪʃ‿əv ðə 'deɪ]
Tagesmenü	menu of the day ['menjuː‿əv ðə 'deɪ]
Tasse	cup [kʌp]
Teelöffel	teaspoon ['tiːspuːn]
Teller	plate [pleɪt]
Tischtuch	tablecloth ['teɪblklɒθ]
Trinkgeld	tip [tɪp]
trocken *(Wein)*	dry [draɪ]
Untertasse	saucer ['sɔːsə]
vegetarisch	vegetarian [ˌvedʒɪ'teərɪən]
Vorspeise	hors d'œuvre, starter [ɔː'dɜːvr, 'stɑːtə]
Wasser	water ['wɔːtə]

Wasserglas	tumbler, glass ['tʌmblə, glɑːs]
Weinglas	wineglass ['waɪnglɑːs]
würzen	season ['siːzn]
Zahnstocher	toothpick ['tuːθpɪk]
Zucker	sugar ['ʃʊgə]

Zubereitung

durchgebraten	well-done ['wel'dʌn]
gebacken	baked [beɪkt]
gebraten	roasted ['rəʊstɪd]
am Spieß	spit-roasted ['spɪtˌrəʊstɪd]
vom Grill	grilled [grɪld]
in der Pfanne	fried [fraɪd]
gedämpft	steamed [stiːmd]
gedünstet	steamed [stiːmd]
gefüllt	stuffed [stʌft]
gekocht	boiled [bɔɪld]
geräuchert	smoked [sməʊkt]
geröstet (*Brot*)	toasted ['təʊstɪd]
geschmort	braised [breɪzd]
überbacken	au gratin [ˌəʊ'grætɛ̃ŋ]
gar	done [dʌn]
mager	lean [liːn]
roh	raw [rɔː]
saftig	juicy ['dʒuːsɪ]
sauer	sour ['saʊə]
scharf	hot [hɒt]
süß	sweet [swiːt]
weich (*gekocht*)	soft-boiled ['sɒftˌbɔɪld]
zäh	tough [tʌf]
zart	tender ['tendə]

Menu — Speisekarte

Breakfast — Frühstück

black coffee ['blæk 'kɒfɪ]	**schwarzer Kaffee**
coffee with milk ['kɒfɪ wɪð 'mɪlk]	**Kaffee mit Milch**
decaffeinated coffee [dɪ'kæfɪˌneɪtɪd 'kɒfɪ]	**koffeinfreier Kaffee**
tea with milk/lemon [ti: wɪð 'mɪlk/'lemən]	**Tee mit Milch/Zitrone**
herbal tea ['hɜ:bəl ti:]	**Kräutertee**
hot chocolate ['hɒt 'tʃɒklɪt]	**Schokolade**
fruit juice ['fru:t dʒu:s]	**Fruchtsaft**
soft-boiled egg ['sɒftˌbɔɪld‿'eg]	**weiches Ei**
scrambled eggs ['skræmbld‿'egz]	**Rühreier**
bacon and eggs ['beɪkn‿ən‿'egz]	**Eier mit Speck**
bread/rolls/toast [bred/rəʊlz/təʊst]	**Brot/Brötchen/Toast**
croissant ['krwɑ:sɒŋ]	**Hörnchen**
butter ['bʌtə]	**Butter**
cheese [tʃi:z]	**Käse**
sausage [sɒsɪdʒ]	**Wurst**
ham [hæm]	**Schinken**
honey ['hʌnɪ]	**Honig**
jam [ˌdʒæm]	**Marmelade**
marmalade ['mɑ:məleɪd]	**Marmelade aus Zitrusfrüchten**
cereal ['sɪərɪəl]	**Cornflakes usw.**
muesli ['mju:zlɪ]	**Müsli**
yoghurt ['jɒgət]	**Joghurt**
fruit [fru:t]	**Obst**

Starters	Vorspeisen
grapefruit juice ['greɪpfru:t dʒu:s]	**Grapefruitsaft**
orange juice ['ɒrɪndʒ dʒu:s]	**Orangensaft**
tomato juice [tə'mɑ:təʊ dʒu:s]	**Tomatensaft**
melon ['melən]	**Melone**
grapefruit cocktail ['greɪpfru:t 'kɒkteɪl]	**Grapefruitcocktail**
liver sausage ['lɪvə 'sɒsɪdʒ]	**Leberwurst**
ham [hæm]	**Schinken**
mussels ['mʌslz]	**Muscheln**
crab [kræb]	**Krebs**
lobster ['lɒbstə]	**Hummer**
oysters ['ɔɪstəz]	**Austern**
shrimp/prawn cocktail ['ʃrɪmp/'prɔ:n 'kɒkteɪl]	**Garnelencocktail**
smoked salmon ['sməʊkt 'sæmən]	**Räucherlachs**

Soups	Suppen
clear soup/consommé [klɪə su:p/kən'sɒmeɪ]	**Fleischbrühe**
cream of asparagus soup [kri:m‿əv əs'pærəgəs su:p]	**Spargelcremesuppe**
cream of chicken soup [kri:m‿əv 'tʃɪkɪn su:p]	**Hühnercremesuppe**
cream of mushroom soup [kri:m‿əv 'mʌʃrʊm su:p]	**Champignoncremesuppe**
cream of tomato soup [kri:m‿əv tə'mɑ:təʊ su:p]	**Tomatencremesuppe**
oxtail soup ['ɒksteɪl su:p]	**Ochsenschwanzsuppe**

pea soup ['pi: 'su:p]	**Erbsensuppe**
Scotch broth ['skɒtʃ 'brɒθ]	**dicke Gemüsesuppe mit Fleisch**
mulligatawney soup [ˌmʌlɪgə'tɔ:nɪ 'su:p]	**Currysuppe**
lentil soup ['lentɪl 'su:p]	**Linsensuppe**
vegetable soup ['vedʒtəbl su:p]	**Gemüsesuppe**

Egg dishes — Eierspeisen

bacon and eggs ['beɪkən‿ən‿'egz]	**Spiegeleier mit Speck**
fried eggs ['fraɪd 'egz]	**Spiegeleier**
ham and eggs ['hæm‿ən‿'egz]	**Spiegeleier mit Schinken**
hard-boiled/soft-boiled eggs ['hɑ:dbɔɪld/'sɒftbɔɪld egz]	**harte/weiche Eier**
cheese/mushroom/tomato omelette [(tʃi:z/'mʌʃrʊm/tə'mɑ:təʊ)'ɔmlɪt]	**Käse-/Champignon-/Tomaten-Omelett**
poached eggs ['pəʊtʃt 'egz]	**verlorene Eier**
scrambled eggs ['skræmbld 'egz]	**Rühreier**

Fish — Fisch

smoked [sməʊkt]	**geräuchert**
cod [kɒd]	**Kabeljau**
eel [i:l]	**Aal**
haddock ['hædək]	**Schellfisch**
kipper ['kɪpə]	**Räucherhering, Bückling**

mackerel [ˈmækrəl]	**Makrele**
plaice [pleɪs]	**Scholle**
salmon [ˈsæmən]	**Lachs**
sole [səʊl]	**Seezunge**
trout [traʊt]	**Forelle**
tuna [ˈtuːnə]	**Thunfisch**

Poultry	**Geflügel**
chicken [ˈtʃɪkɪn]	**Hähnchen**
duck(ling) [ˈdʌk(lɪŋ)]	(**junge**) **Ente**
goose [guːs]	**Gans**
partridge [ˈpɑːtrɪdʒ]	**Rebhuhn**
pheasant [ˈfeznt]	**Fasan**
turkey [ˈtɜːkɪ]	**Truthahn**

Meat	**Fleisch**
beef [biːf]	**Rindfleisch**
chop/cutlet [tʃɒp/ˈkʌtlɪt]	**Kotelett**
fillet (steak) [ˈfɪlɪt (steɪk)]	**Filet**(**steak**)
gammon [ˈgæmən]	**Schinkensteak**
ham [hæm]	**Schinken**
hamburger [ˈhæmbɜːgə]	**dt. Beefsteak**
Irish stew [ˈaɪərɪʃ ˈstjuː]	**Eintopf mit Fleisch und Kartoffeln**
kidneys [ˈkɪdnɪz]	**Nieren**
lamb (with mint sauce) [læm (wɪð ˈmɪnt ˈsɔːs)]	**Lamm** (**mit einer sauren Minzsoße**)
liver (and onions) [ˈlɪvə(r‿ən‿ˈʌnjənz)]	**Leber mit Zwiebeln**

minced beef ['mɪnst 'bi:f]	**Hackfleisch vom Rind**
pork [pɔ:k]	**Schweinefleisch**
pork pie [pɔ:k 'paɪ]	**Pastete gefüllt mit Schweinefleisch in Aspik (kalt)**
rabbit ['ræbɪt]	**Kaninchen**
rissoles ['rɪsəʊlz]	**Frikadellen**
roast beef & Yorkshire pudding ['rəʊst 'bi:f‿ən 'jɔ:kʃə 'pʊdɪŋ]	**Roastbeef mit einer Portion gebackenem Eierteig**
rump steak ['rʌmp steɪk]	**Rumpsteak**
sausages ['sɒsɪdʒɪz]	**Würstchen**
shepherd's pie ['ʃepədz 'paɪ]	**Auflauf aus Hackfleisch, Zwiebeln und Kartoffelbrei**
sirloin steak ['sɜ:lɔɪn steɪk]	**Lendenstück vom Rind**
steak & kidney pie ['steɪk‿ən 'kɪdnɪ 'paɪ]	**Pastete gefüllt mit Rindfleisch und Nieren**
T-bone steak ['ti:bəʊn steɪk]	**Rindersteak mit T-förmigem Knochen**
toad-in-the-hole ['təʊd‿ɪn ðə 'həʊl]	**Würstchen in gebackenem Eierteig**
tongue [tʌŋ]	**Zunge**
veal [vi:l]	**Kalbfleisch**
veal, ham & egg pie ['vi:l 'hæm‿ən 'eg 'paɪ]	**Pastete gefüllt mit Kalbfleisch, Schinken und Ei**
venison ['venɪsn]	**Rehfleisch**
gravy ['greɪvɪ]	**Fleischsoße**

Vegetables	Gemüse
asparagus [əs'pærəgəs]	**Spargel**
baked beans ['beɪkt 'bi:nz]	**gebackene Bohnen in Tomatensoße**
butter beans ['bʌtə bi:nz]	**weiße Bohnen**
French beans [frentʃ bi:nz]	**grüne Bohnen**
runner beans ['rʌnə bi:nz]	**Stangenbohnen**
beetroot ['bi:tru:t]	**rote Beete (rote Rüben)**
Brussel sprouts [ˌbrʌsl'spraʊts]	**Rosenkohl**
cabbage ['kæbɪdʒ]	**Kohl**
carrots ['kærəts]	**Karotten**
cauliflower ['kɒlɪflaʊə]	**Blumenkohl**
celery ['selərɪ]	**Stangensellerie**
chicory ['tʃɪkərɪ]	**Chicorée**
corn-on-the-cob ['kɔ:n‿ɔn ðə 'kɔb]	**Maiskolben**
cress [kres]	**Kresse**
cucumber ['kju:kʌmbə]	**Gurke**
leek [li:k]	**Lauch**
lettuce ['letɪs]	**Kopfsalat**
mushrooms ['mʌʃrʊmz]	**Champignons**
onions ['ʌnjənz]	**Zwiebeln**
peas [pi:z]	**Erbsen**
peppers ['pepəz]	**Paprikaschoten**
baked potatoes [beɪkt pə'teɪtəʊz]	**gebackene Pellkartoffeln**
mashed potatoes [mæʃt pə'teɪtəʊz]	**Kartoffelbrei**
salad ['sæləd]	**Salat**
sauté potatoes ['səʊteɪ pə'teɪtəʊz]	**Schwenkkartoffeln**

spinach ['spɪnɪtʃ]	**Spinat**
sweetcorn [swi:t'kɔ:n]	**Mais**
swede [swi:d]	**weiße Rübe**
tomatoes [tə'mɑ:təʊz]	**Tomaten**
turnips ['tɜ:nɪps]	**Rüben**

Cheese (& biscuits) — Käse (mit Kräckern)

Caerphilly [kɑ:'fɪlɪ]	**trockener, weißer Käse**
Cheddar ['tʃedə]	**kräftiger Käse**
Cheshire ['tʃeʃə]	**Chesterkäse (mild)**
Cottage cheese ['kɒtɪdʒ 'tʃi:z]	**Hüttenkäse**
cream cheese ['kri:m 'tʃi:z]	**Frischkäse**
Danish blue ['deɪnɪʃ 'blu:]	**Blauschimmelkäse**
Edam ['i:dæm]	**Edamer**
Gorgonzola [ˌgɔ:gən'zəʊlə]	**Schimmelkäse**
Stilton ['stɪltn]	**scharfer Schimmelkäse**

Dessert — Nachtisch

apple tart/pie ['æpl 'tɑ:t/'paɪ]	**Apfelkuchen/gedeckter Apfelkuchen**
cream [kri:m]	**Sahne**
custard ['kʌstəd]	**Vanillesoße**
fruit cake ['fru:t keɪk]	**Kuchen mit viel Korinthen, Rosinen, usw.**
fruit salad [fru:t 'sæləd]	**Obstsalat**
ice-cream ['aɪs'kri:m]	**Eis**
jam tart [ˌdʒæm 'tɑ:t]	**Törtchen mit Marmelade**
pancakes ['pænkeɪks]	**Pfannkuchen**
pastries ['peɪstrɪz]	**Gebäck**

peaches ['pi:tʃɪz]	**Pfirsiche**
pears [peəz]	**Birnen**
pineapple ['paɪn,æpl]	**Ananas**
rice pudding ['raɪs 'pʊdɪŋ]	**Reisbrei**
stewed fruit ['stju:d 'fru:t]	**Kompott**
strawberries ['strɔ:bərɪz]	**Erdbeeren**
raspberries ['rɑ:zbərɪz]	**Himbeeren**
trifle ['traɪfl]	**Löffelbiskuit mit Sherry, Früchten, Vanillesoße und Schlagsahne**

Drinks — Getränke

Alcoholic drinks — Alkoholische Getränke

wine [waɪn]	**Wein**
red [red]	**rot**
white [waɪt]	**weiß**
dry [draɪ]	**trocken**
sweet [swi:t]	**lieblich**
light [laɪt]	**leicht**
table wine ['teɪbl waɪn]	**Tafelwein**
vermouth ['vɜ:məθ]	**Wermut**
Burgundy ['bɜ:gəndɪ]	**Burgunder**
claret ['klærət]	**roter Bordeaux**
champagne [ʃæm'peɪn]	**Champagner**
sparkling wine ['spɑ:klɪŋ waɪn]	**Sekt**

beer [bɪə]	**Bier**
bitter ['bɪtə]	**halbdunkles Bier vom Fass**
mild [maɪld]	**dunkles Bier vom Fass**
light/pale ale ['laɪt/'peɪl 'eɪl]	**helles Flaschenbier**
stout [staʊt]	**Starkbier**
lager ['lɑ:gə]	**helles Bier**
cider ['saɪdə]	**Apfelwein**
cognac/brandy ['kɒnjæk/'brændɪ]	**Kognak**
gin [dʒɪn]	**Gin**
liqueur [lɪ'kjʊə]	**Likör**
rum [rʌm]	**Rum**
vodka ['vɒdkə]	**Wodka**
whisky ['wɪskɪ]	**Whisky**
malt whisky ['mɔ:lt 'wɪskɪ]	**Malt Whisky**

Soft drinks — Alkoholfreie Getränke

coca cola®/pepsi cola® ("coke®") ['kəʊkə 'kəʊlə/'pepsɪ 'kəʊlə (kəʊk)]	**Cola**
lemonade [ˌlemə'neɪd]	**Limonade**
mineral water ['mɪnrəl ˌwɔ:tə]	**Mineralwasser**
tonic water ['tɒnɪk ˌwɔ:tə]	**Tonic**
fruit juice ['fru:t dʒu:s]	**Fruchtsaft**
grapefruit juice ['greɪpˌfru:t dʒu:s]	**Grapefruitsaft**
lemon juice ['lemən dʒu:s]	**Zitronensaft**
orange juice ['ɒrɪndʒ dʒu:s]	**Orangensaft**
tomato juice [tə'mɑ:təʊ dʒu:s]	**Tomatensaft**

Hot drinks	Warme Getränke
tea (with milk/lemon) [tiː (wɪð ˈmɪlk/ˈlemən)]	**Tee (mit Milch/Zitrone)**
coffee (with cream/milk) [ˈkɒfɪ (wɪð ˈkriːm/ˈmɪlk)]	**Kaffee (mit Sahne/Milch)**
decaffeinated coffee [dɪˈkæfɪnˌeɪtɪd ˈkɒfɪ]	**koffeinfreier Kaffee**
hot chocolate [ˈhɒt ˈtʃɒklɪt]	**heiße Schokolade**

Besichtigungen und Ausflüge

Touristeninformation

Ich hätte gern einen Stadtplan von ...
I'd like a map of ..., please. [aɪd ˈlaɪk ə ˈmæp əv … pli:z]

Haben Sie einen Veranstaltungskalender für diese Woche?
Have you got a diary of events for this week?
[həv jʊ gɒt‿ə ˈdaɪərɪ‿əv ɪˈvents fə ˈðɪs ˈwi:k]

Gibt es Stadtrundfahrten?
Are there sightseeing tours of the town (city)?
[ˈɑ:‿ðeə ˈsaɪtˌsi:ɪŋ tʊəz‿əv ðə ˈtaʊn (ˈsɪtɪ)]

Sehenswürdigkeiten - Museen

Öffnungszeiten, Führungen, Eintrittskarten

Könnten Sie mir bitte sagen, welche Sehenswürdigkeiten es hier gibt?
Could you tell me what places of interest there are here, please?
[kʊd jʊ tel mi: ˈwɒt ˈpleɪsɪz əv ˈɪntrɪst ðeə ɑ: hɪə pli:z]

Sie müssen unbedingt ... besichtigen/besuchen.
You really must see/visit ... [jʊ rɪəlɪ mʌst si:/ˈvɪzɪt]

Wann ist das Museum geöffnet?
When's the museum open? [ˈwenz ðə mjʊˈzɪəm ˈəʊpən]

Wann beginnt die Führung?
When does the tour start? [ˈwen dʌz ðə ˈtʊə ˈstɑ:t]

Gibt es auch eine Führung auf Deutsch?
Is there a tour in German, too? [ɪz ðeər‿ə tʊər‿ɪn ˈdʒɜ:mən ˈtu:]

Darf man hier fotografieren?
Are we allowed to take photographs here?
[ə wi:‿ə'laʊd tə teɪk 'fəʊtəgrɑ:fs hɪə]

Zwei Eintrittskarten, bitte!
Two tickets, please. [tu: 'tɪkɪts pli:z]

Zwei Erwachsene und ein Kind.
Two adults and one child. [tu: 'ædʌlts ənd wʌn tʃaɪld]

Gibt es Ermäßigungen für ...
Are there reductions for ... ['ɑ: ðeər rɪ'dʌkʃnz fə]

... Kinder?
... children? [tʃɪldrən]

... Studenten?
... students? ['stju:dnts]

... Senioren?
... senior citizens? ['si:nɪə sɪtɪznz]

... Gruppen?
... groups? [gru:ps]

Gibt es einen Katalog zur Ausstellung?
Is there an exhibition catalogue? ['ɪz ðeər‿ən 'eksɪbɪʃn 'kætəlɒg]

Ausflüge

Wo fahren wir los?
Where do we leave from? ['weə dʊ wɪ li:v frɒm]

Wann treffen wir uns?
When do we meet? ['wen dʊ‿wɪ mi:t]

Kommen wir am/an ... vorbei?
Will we pass ...? [wɪl wɪ pɑ:s ...]

Besichtigen wir auch ...?
Are we going to see ..., too? ['ɑː‿wɪ ˌgəʊɪŋ‿tə siː ... 'tuː]

Wann fahren wir zurück?
When are we going back? ['wen‿ə wɪ 'gəʊɪŋ 'bæk]

Am Strand

Ist der Strand sandig/steinig?
Is the beach sandy/pebbled/stony?
[ɪz ðə biːtʃ 'sændɪ/'pebld/'stəʊnɪ]

Gibt es hier Seeigel/Quallen/Algen?
Are there sea urchins/jellyfish/algae here?
[ɑː ðeə 'siːɜːtʃɪnz/'dʒelɪfɪʃ/'ældʒiː hɪə]

Ist die Strömung stark?
Is there a strong current? [ɪz ðeər‿ə 'strɒŋ 'kʌrənt]

Entschuldigen Sie bitte, gibt es hier ein ...
Excuse me, is there a(n) ... here? [ɪks'kjuːz 'miː ɪz ðeər‿ə(n) ... hɪə]

- Schwimmbad?
swimming pool [swɪmɪŋ puːl]

- Freibad?
outdoor pool ['aʊtdɔː puːl]

- Hallenbad?
indoor pool ['ɪndɔː puːl]

Ich möchte einen Liegestuhl/Sonnenschirm mieten.
I'd like to rent a deck chair/a sunshade.
[aɪd laɪk tə rent ə dek tʃeə/'sʌnʃeɪd]

Was kostet das pro Stunde/Tag?
How much is it per hour/day?
['haʊ 'mʌtʃ‿ɪz‿ɪt pər‿'aʊə/'deɪ]

Shoppen und Einkaufen

Fragen

Ich suche ...

Werden Sie schon bedient?
Are you being served? ['ɑːˌjʊ 'biːɪŋ 'sɜːvd]

Danke, ich sehe mich nur um.
Thank you, I'm just looking round. ['θæŋkjʊ aɪm dʒʌst 'lʊkɪŋ 'raʊnd]

Ich möchte ...
I'd like ... [aɪd 'laɪk]

Haben Sie ...?
Have you got ...? ['həvˌjʊ gɒt]

Darf es sonst noch etwas sein?
Can I get you anything else? [kənˌaɪ getˌjʊˌ'enɪθɪŋˌ'els]

Handeln und kaufen

Wie viel kostet es?
How much is it? ['haʊ 'mʌtʃ ɪzˌɪt]

Das ist zu teuer!
That's too expensive! [ðæts tuː ɪk'spensɪv]

Gut, ich nehme es.
Good. I'll take it. ['gʊd aɪl 'teɪkˌɪt]

Nehmen Sie ...
Do you take ... [dʊˌjʊ teɪk]

Euro?
euros? ['jʊərəʊs]

Kreditkarten?
credit cards? ['kredɪtkɑːdz]

Geschäfte

Wo finde ich ...?
Where can I find ...? ['weə kən‿aɪ 'faɪnd]

Öffnungszeiten
opening hours ['əʊpnɪŋ ˌaʊəz]

Open offen	Closed geschlossen	Closed for holidays Betriebsferien

Antiquitätengeschäft	antique shop [æn'ti:k ʃɒp]
Apotheke	chemist's ['kemɪsts]
Bäckerei	baker's ['beɪkəz]
Bioladen	organic food shop [ɔ:'gænɪk 'fu:d shɒp]
Blumengeschäft	florist's [flɒrɪsts]
Boutique	boutique [bu:'ti:k]
Buchhandlung	bookshop ['bʊkʃɒp]
Drogerie	chemist's ['kemɪsts]
Eisenwarengeschäft	ironmonger's ['aɪənˌmʌŋgəz]
Elektrohandlung	electrical goods [ɪ'lektrɪkəl gʊdz]
Feinkostgeschäft	delicatessen [ˌdelɪkə'tesn]
Fischgeschäft	fishmonger's ['fɪʃˌmʌŋgəz]
Flohmarkt	flea market ['fli:ˌmɑ:kɪt]
Fotoartikel	photographic materials [ˌfəʊtə'græfɪk mə'tɪərɪəlz]
Friseur	hairdresser's, (*Herren*) barber's ['heəˌdresəz, 'bɑ:bəz]
Juwelier	jeweller's ['dʒu:ələz]
Kaufhaus	department store [dɪ'pɑ:tmənt stɔ:]

Konditorei	cake shop ['keɪk ʃɒp]
Kunsthändler	art dealer ['ɑ:t 'di:lə]
Lebensmittelgeschäft	food store, grocer's ['fu:d stɔ:, 'grəʊsəz]
Lederwarengeschäft	leather shop ['leðə ʃɒp]
Markt	market ['mɑ:kɪt]
Metzgerei	butcher's ['bʊtʃəz]
Milchgeschäft	dairy ['deərɪ]
Musikgeschäft	music shop ['mju:zɪk ʃɒp]
Obst- und Gemüsehändler	greengrocer's [gri:n'grəʊsəz]
Optiker	optician's [ɒp'tɪʃənz]
Parfümerie	perfumery [pə'fju:mərɪ]
Reformhaus	health food shop ['helθˌfu:d ʃɒp]
Reinigung, chemische	dry cleaner's ['draɪ'kli:nəz]
Reisebüro	travel agency ['trævl 'eɪdʒənsɪ]
Schneider/in	*(für Herren)* tailor; *(für Damen)* dressmaker ['teɪlə, 'dresˌmeɪkə]
Schreibwarengeschäft	stationer's ['steɪʃnəz]
Schuhgeschäft	shoe shop ['ʃu: ʃɒp]
Schuhmacher	shoemaker's, cobbler's ['ʃu:ˌmeɪkəz, 'kɒbləz]
Souvenirladen	souvenir shop ['su:vənɪə ʃɒp]
Spielwarengeschäft	toy shop ['tɔɪ ʃɒp]
Spirituosengeschäft	off-licence ['ɒfˌlaɪsns]
Sportartikel	sports shop ['spɔ:ts ʃɒp]
Supermarkt	supermarket ['su:pəˌmɑ:kɪt]
Süßwarengeschäft	sweetshop ['swi:tʃɒp]
Tabakladen	tobacconist's [tə'bækənɪsts]
Trödler	second-hand shop ['sekndhænd ʃɒp]
Uhrmacher	watchmaker's ['wɒtʃˌmeɪkəz]
Wäscherei	laundry ['lɔ:ndrɪ]
Waschsalon	launderette [ˌlɔ:ndə'ret]

Weinhandlung	wine merchant's ['waɪn ˌmɜːtʃənts]
Zeitungshändler	newsagent's ['njuːzˌeɪdʒənts]

Lebensmittel

Was darf es sein?
What can I get you? ['wɒt kən‿aɪ 'get‿jʊ]

Geben Sie mir bitte ...
I'd like ... [aɪd laɪk]

ein Pfund ...
a pound of ... [ə 'paʊnd‿əv]

10 Scheiben ...
ten slices of ... ['ten 'slaɪsɪz‿əv]

ein Stück von ...
a piece of ... [ə 'piːs‿əv]

eine Packung ...
a packet of ... [ə 'pækɪt‿əv]

ein Glas ...
a jar of ... [ə 'dʒɑːr‿əv]

eine Dose ...
a tin of ... [ə 'tɪn‿əv]

eine Flasche ...
a bottle of ... [ə 'bɒtl‿əv]

eine Einkaufstüte.
a bag, please. [ə 'bæg pliːz]

Darf es auch etwas mehr sein?
Will you take a little bit more? [wɪl‿jʊ teɪk ‿ə lɪtl'bɪt mɔː]

Dürfte ich vielleicht etwas hiervon probieren?
Could I try some of this, please? [ˌkʊd‿aɪ ˈtraɪ sʌm‿əv ˈðɪs pliːz]

Danke, das ist alles.
No, thank you. That's all. [ˈnəʊ ˈθæŋkjʊ. ðæts‿ˈɔːl]

Farben

beige	beige [beɪʒ]
blau	blue [bluː]
braun	brown [braʊn]
gelb	yellow [ˈjeləʊ]
golden	gold [gəʊld]
grau	grey [greɪ]
grün	green [griːn]
lila	purple [ˈpɜːpl]
orange	orange [ˈɒrɪnʒ]
rosa	pink [pɪŋk]
rot	red [red]
schwarz	black [blæk]
silbern	silver [ˈsɪlvə]
türkisfarben	turquoise [ˈtɜːkwɔɪz]
violett	purple, violet [ˈpɜːpl, ˈvaɪəlɪt]
weiß	white [waɪt]
hell ...	light ... [laɪt]
dunkel ...	dark ... [dɑːk]
farbig	coloured [ˈkʌləd]
einfarbig	plain [pleɪn]

Für alle Fälle

Gesundheit

In der Apotheke

Könnten Sie mir bitte sagen, wo die nächste Apotheke (mit Nachtdienst) ist?
Could you tell me where the nearest chemist's (with all-night service) is, please? [kʊd jʊ tel mi: ˈweə ðə ˈnɪərɪst ˈkemɪsts (wɪð ˈɔ:lˈnaɪt ˈsɜ:vɪs) ɪz pli:z]

Können Sie mir bitte etwas gegen ... geben?
Can you give me something for ..., please?
[kən jʊ gɪv mɪ ˈsʌmθɪŋ fə ... pli:z]

Abführmittel	laxative [ˈlæksətɪv]
Antibabypillen	contraceptive pills [ˌkɒntrəˈseptɪv pɪlz]
Antibiotika	antibiotics [ˌæntɪbaɪˈɒtɪks]
Aspirin	aspirin [ˈæsprɪn]
Augentropfen	eye-drops [ˈaɪdrɒps]
Beruhigungsmittel	sedative, tranquillizer [ˈsedətɪv, ˈtrænkwɪlaɪzə]
Brandsalbe	ointment for burns [ˈɔɪntmənt fə ˈbɜ:nz]
Desinfektionsmittel	disinfectant [ˌdɪsɪnˈfektənt]
Elastikbinde	elastic bandage [ɪˈlæstɪk ˈbændɪdʒ]
Fieberthermometer	thermometer [θəˈmɒmɪtə]
Halstabletten	throat lozenges [ˈθrəʊt ˈlɒzɪnʒɪz]
Hustensaft	cough mixture [ˈkɒf ˈmɪkstʃə]
Mittel gegen Insektenstiche	insect repellent [ˈɪnsekt rɪˈpelənt]
Insulin	insulin [ˈɪnsjʊlɪn]

Jod(tinktur)	(tincture of) iodine [(ˈtɪŋktʃər‿əv) ˈaɪədiːn]
Kamillentinktur	tincture of camomile [ˈtɪŋktʃər‿əv ˈkæməmaɪl]
Kondom	condom [ˈkɒndəm]
Kopfschmerztabletten	headache tablets [ˈhedeɪk ˈtæblɪts]
Kreislaufmittel	cardiac stimulant [ˈkɑːdɪæk ˈstɪmjʊlənt]
Läuse	lice [laɪs]
Medikament	medicine [ˈmedsən]
Mittel	remedy [ˈremɪdɪ]
Mullbinde	gauze bandage [ˈgɔːz ˈbændɪdʒ]
Ohrentropfen	ear-drops [ˈɪədrɒps]
Pflaster	plaster [ˈplɑːstə]
Puder	powder [ˈpaʊdə]
Rezept	prescription [prɪsˈkrɪpʃn]
Salbe	ointment [ˈɔɪntmənt]
Schlaftabletten	sleeping pills [ˈsliːpɪŋ pɪlz]
Schmerztabletten	pain-killing tablets [ˈpeɪnˌkɪlɪŋ ˈtæblɪts]
Sonnenbrandlotion	sunburn lotion [ˈsʌnˌbɜːn ləʊʃn]
Tablette	tablet [ˈtæblɪt]
Tropfen	drops [drɒps]
Vitamintabletten	vitamin pills [ˈvɪtəmɪn pɪlz]
Watte	cotton-wool [ˌkɒtnˈwʊl]
Zäpfchen	suppository [səˈpɒzɪtrɪ]

Beschwerden

Was für Beschwerden haben Sie?
What's the trouble? ['wɒts ðə 'trʌbl]

Ich habe Fieber.
I've got a temperature. [aɪv gɒt‿ə 'temprɪtʃə]

Mir ist oft schlecht/übel.
I often feel sick. [aɪ 'ɒfn fiːl 'sɪk]

Mir ist oft schwindelig.
I often feel faint/dizzy. [aɪ 'ɒfn fiːl 'feɪnt/dɪzɪ]

Ich bin ohnmächtig geworden.
I fainted. [aɪ 'feɪntɪd]

Ich bin stark erkältet.
I've got a bad cold. [aɪv gɒt‿ə 'bæd 'kəʊld]

Ich habe ...
I've got ... [aɪv gɒt]

Kopfschmerzen.
a headache. [ə 'hedeɪk]

Halsschmerzen.
a sore throat. [ə 'sɔː 'θrəʊt]

Husten.
a cough. [ə kɒf]

Ich bin gestochen worden.
I've been stung. [aɪv bɪn 'stʌŋ]

Ich bin gebissen worden.
I've been bitten. [aɪv bɪn 'bɪtn]

Ich habe mir den Magen verdorben.
I've got an upset stomach. [aɪv gɒt‿ən ˈʌpset ˈstʌmək]

Ich habe Durchfall.
I've got diarrhoea. [aɪv gɒt daɪəˈrɪə]

Ich habe Verstopfung.
I'm constipated. [aɪm ˈkɒnstɪpeɪtɪd]

Ich vertrage das Essen nicht.
The food doesn't agree with me. [ðə ˈfu:d ˈdʌznt əˈgri: wɪð mɪ]

Ich habe mich verletzt.
I've hurt myself. [aɪv ˈhɜ:t maɪˌself]

Ich bin gestürzt.
I fell down. [aɪ ˈfel ˈdaʊn]

Können Sie mir bitte etwas gegen ... geben/verschreiben?
Can you give me/prescribe something for ...?
[kən jʊ gɪv mɪ/prɪˈskraɪb ˈsʌmθɪŋ fə]

Normalerweise nehme ich ...
I usually take ... [aɪ ˈju:ʒʊəlɪ teɪk]

Ich habe einen hohen/niedrigen Blutdruck.
I've got high/low blood pressure. [aɪv gɒt ˈhaɪ/ˈləʊ ˈblʌd ˌpreʃə]

Ich bin Diabetiker/in.
I'm a diabetic. [aɪm‿ə daɪəˈbetɪk]

Ich bin schwanger.
I'm pregnant. [aɪm ˈpregnənt]

Ich hatte vor kurzem ...
I had ... recently [aɪ hæd ... ˈri:sntlɪ]

Untersuchung

Was kann ich für Sie tun?
What can I do for you? ['wɒt kən‿aɪ du: fə‿'jʊ]

Wo tut es weh?
Where does it hurt? ['weə dʌz‿ɪt 'hɜ:t]

Ich habe hier Schmerzen.
I've got a pain here. [aɪv gɒt‿ə 'peɪn 'hɪə]

Bitte, machen Sie sich frei.
Get undressed, please. [get ˌʌn'drest pli:z]

Bitte tief einatmen. Atem anhalten.
Take a deep breath. Hold your breath, please.
[teɪk‿ə 'di:p 'breθ. 'həʊld jɔ: 'breθ pli:z]

Sie müssen geröntgt werden.
You'll have to be x-rayed. [jʊl 'hæv tə bi: 'eksreɪd]

Ich brauche eine Blut-/Urinprobe.
I need to do a blood/urine test. [aɪ 'ni:d tə du:‿ə 'blʌd/'jʊərɪn test]

Sie müssen operiert werden.
You'll have to have an operation. [jʊl 'hæv tə hæv‿ən‿ɒpə'reɪʃn]

Sie brauchen ein paar Tage Bettruhe.
You need a few days in bed. [jʊ ni:d‿ə 'fju: 'deɪz‿ɪn 'bed]

Es ist nichts Ernstes.
It's nothing serious. [ɪts 'nʌθɪŋ 'sɪərɪəs]

Haben Sie einen Impfpass?
Have you got a vaccination card? [həv jʊ gɒt‿ə ˌvæksɪn'eɪʃn kɑ:d]

Ich bin gegen ... geimpft.
I've been vaccinated against ... [aɪv bɪn 'væksɪneɪtɪd ə'genst]

Beim Zahnarzt

Ich habe (starke) Zahnschmerzen.
I've got (terrible) toothache. [aɪv gɒt (ˈterəbl) ˈtu:θeɪk]

Dieser Zahn (oben/unten/vorn/hinten) tut weh.
This tooth (at the top/bottom/front/back) hurts.
[ˈðɪs ˌtu:θ (ət ðə ˈtɒp/ˈbɒtəm/ˈfrʌnt/ˈbæk) ˈhɜ:ts]

Ich habe eine Füllung verloren.
I've lost a filling. [aɪv lɒst‿ə ˈfɪlɪŋ]

Mir ist ein Zahn abgebrochen.
I've broken a tooth. [aɪv ˈbrəʊkən‿ə ˈtu:θ]

Ich behandle ihn nur provisorisch.
I'll only do a temporary job. [aɪl‿ˈəʊnlɪ dʊ‿ə ˈtemprərɪ dʒɒb]

Geben Sie mir bitte eine Spritze.
I'd like an injection, please. [aɪd laɪk‿ən‿ɪnˈdʒekʃn pli:z]

Geben Sie mir bitte keine Spritze.
I don't want an injection. [aɪ ˈdəʊnt wɒnt‿ən‿ɪnˈdʒekʃn]

Backenzahn	molar [məʊlə]
Brücke	bridge [brɪdʒ]
Kiefer	jaw [dʒɔ:]
Krone	crown [kraʊn]
Loch	cavity [ˈkævɪtɪ]
Plombe	filling [ˈfɪlɪŋ]
Schneidezahn	incisor [ɪnˈsaɪzə]
Weisheitszahn	wisdom tooth [ˈwɪzdəm tu:θ]
Zahn	tooth [tu:θ], *(pl)* teeth [ti:θ]
Zahnfäule *(Karies)*	tooth decay [tu:θ dɪˈkeɪ]
Zahnfleisch	gums [gʌmz]
Zahnprothese	dentures [ˈdentʃəz]

Zahnschmerzen	toothache ['tu:θeɪk]
Zahnspange	brace [breɪs]
Zahnstein	tartar ['tɑ:'tə]
ziehen	take out [ˌteɪk‿'aʊt]

Bank

Wo ist hier bitte eine Bank/eine Wechselstube?
Where's the nearest bank/bureau de change?
['wɛəz ðə 'nɪərɪst 'bæŋk/'bjʊərəʊ də 'ʃɔ̃:nʒ]

Ich möchte ... Euro (Schweizer Franken) in £ ($) wechseln.
I'd like to change ... Euros (Swiss francs) into pounds (dollars).
[aɪd laɪk tə tʃeɪnʒ … 'jʊərəʊs ('swɪs 'fræŋks) 'ɪntə 'paʊndz ('dɒləz)]

Ich möchte ... einlösen.
I'd like to change ... [aɪd laɪk tə tʃeɪnʒ]

diesen Reisescheck
this traveller's-cheque. [ðɪs 'trævləz 'tʃek]

Auf welchen Betrag kann ich ihn maximal ausstellen?
What's the maximum I can cash on one cheque?
['wɒts ðə 'mæksɪməm‿aɪ kən ˌkæʃ‿ɒn 'wʌn 'tʃek]

Ihre Scheckkarte, bitte.
Can I see your cheque card, please? [kən‿aɪ si: jɔ: 'tʃekkɑ:d pli:z]

Darf ich bitte ... sehen?
May I see ..., please? [meɪ‿aɪ si: … pli:z]

Ihren Ausweis
your identity card [jɔ: aɪ'dentɪtɪkɑ:d]

Ihren Pass
your passport [jɔ: 'pɑ:spɔ:t]

Würden Sie bitte hier unterschreiben?
Sign here, please. [saɪn 'hɪə pli:z]

abheben	withdraw [wɪθ'drɔ:]
auszahlen	pay out [ˌpeɪ‿'aʊt]
Bank	bank [bæŋk]
bar, Bargeld	cash [kæʃ]
Bearbeitungsgebühr	service charge ['sɜ:vɪs 'tʃɑ:dʒ]
Betrag	amount [ə'maʊnt]
Chipkarte	chip card [tʃɪp kɑ:d]
Devisen	foreign currency ['fɒrən 'kʌrənsɪ]
Euro	Euro [jʊərəʊ]
Formular	form [fɔ:m]
Geheimzahl	Personal Identification Number (PIN) ['pɜ:snəl aɪ'dentɪfɪ'keɪʃən ˌnʌmbə]
Geld	money ['mʌnɪ]
Geldautomat	automated teller machine, cashpoint ['ɔ:təmeɪtɪd 'telə mə'ʃi:n, ˌkæʃ pɔɪnt]
Geldanweisung	transfer ['trænsfɜ:]
Girokonto	current account ['kʌrənt ə'kaʊnt]
Geldschein	banknote ['bæŋknəʊt]
Geldwechsel	exchange [ɪks'tʃeɪnʒ]
Kleingeld	change [tʃeɪnʒ]
Konto	account [ə'kaʊnt]
Kreditkarte	credit card ['kredɪt kɑ:d]
überzogen (*Konto*)	overdrawn [əʊvədrɔ:n]
Münze	coin [kɔɪn]
Quittung	receipt [rɪ'si:t]
Reisescheck	traveller's cheque ['trævləz 'tʃek]
Scheck	cheque (*Am* check) [tʃek]
Scheckkarte	cheque card ['tʃekkɑ:d]
Schweizer Franken	Swiss franc(s) ['swɪs 'fræŋk(s)]

Überweisung	transfer, remittance ['trænsfɜː, rɪ'mɪtəns]
umtauschen	change [tʃeɪnʒ]
Unterschrift	signature ['sɪgnɪtʃə]
Währung	currency ['kʌrənsɪ]
Wechselkurs	exchange rate [ɪks'tʃeɪnʒ ˌreɪt]
Wechselstube	bureau de change ['bjʊərəʊ də 'ʃɔ̃ːnʒ]
Zahlung	payment ['peɪmənt]

Internetcafé

Wo gibt es in der Nähe ein Internetcafé?
Is there an Internet café near here?
[ɪz ðeə ən 'ɪntənet 'kæfeɪ nɪə hɪə]

Wieviel kostet eine Stunde?/Viertelstunde?
What does it cost for an hour/a quarter of an hour?
[wɒt dəz‿ɪt 'kɒst fə ən‿'aʊə/ə' 'kwɔːtə əv‿ən‿'aʊə]

Kann ich von hier ein Fax versenden?
Can I send a fax from here? [kən‿'aɪ send ə fæks frɒm hɪə]

Kann ich eine Seite ausdrucken?
Can I print out a page? [kən‿aɪ prɪnt 'aʊt ə 'peɪdʒ]

Kann ich Daten herunterladen?
Can I download data? [kən‿aɪ daʊnləʊd deɪtə]

Ich habe Probleme mit dem Computer.
I have a problem with the computer.
[aɪ hæv ə 'prɒblem wɪð ðə kəm'pjuːtə]

Es gibt Probleme mit der Maus/mit dem Browser/Monitor.
There's a problem with the mouse/browser/monitor.
[ðeəz ə 'prɒblem wɪð ðə maʊs/'braʊzə/'mɒnətə]

Polizei

Wo ist bitte das nächste Polizeirevier?
Where's the nearest police station, please?
['weəz ðə 'nɪərɪst pə'li:s ˌsteɪʃn pli:z]

Ich möchte ... anzeigen.
I'd like to report ... [aɪd laɪk tə rɪ'pɔ:t‿]

einen Diebstahl
a theft. [ə θeft]

einen Überfall
a robbery. [ə 'rɒbərɪ]

Mir ist ... gestohlen worden.
My ... has been stolen. [maɪ ... həz bɪn 'stəʊlən]

die Handtasche
handbag ['hænbæg]

die Brieftasche
wallet ['wɒlɪt]

mein Fotoapparat
camera ['kæmrə]

mein Auto/mein Fahrrad
car/bike ['kɑ:/'baɪk]

Mein Auto ist aufgebrochen worden.
My car has been broken into. [maɪ 'kɑ: həz bɪn 'brəʊkn‿'ɪntʊ]

Aus meinem Auto ist ... gestohlen worden.
... has been stolen from my car. [... həz bɪn 'stəʊlən frəm maɪ 'kɑ:]

Ich habe ... verloren.
I've lost ... [aɪv 'lɒst]

Mein Sohn/Meine Tochter ist verschwunden.
My son/daughter is missing. [maɪ ˈsʌn/ˈdɔːtə ɪz ˈmɪsɪŋ]

Dieser Mann belästigt mich.
This man is pestering me. [θɪs mæn ɪz ˈpestərɪŋ mɪ]

Können Sie mir bitte helfen?
Can you help me, please? [ˈkən jʊ ˈhelp mɪ pliːz]

Ihren Namen und Ihre Anschrift, bitte.
Your name and address, please. [jɔː ˈneɪm‿ən‿əˈdres pliːz]

Wenden Sie sich bitte an das deutsche/österreichische/Schweizer Konsulat.
Please get in touch with the German/Austrian/Swiss consulate. [pliːz get‿ɪn tʌtʃ wɪð ðə ˈdʒɜːmən/ðɪ‿ˈɒstrɪən/ðə ˈswɪs ˈkɒnsjʊlət]

anzeigen	report [rɪˈpɔːt]
aufbrechen	break into/open [breɪk‿ˈɪntʊ/ˈəʊpən]
Autoradio	car radio [ˈkɑː ˈreɪdɪəʊ]
belästigen	harass [ˈhærəs]
beschlagnahmen	confiscate [ˈkɒnfɪskeɪt]
Brieftasche	wallet [ˈwɒlɪt]
Dieb	thief [θiːf]
Diebstahl	theft [θeft]
Gefängnis	prison [ˈprɪzn]
Geldbörse	purse [pɜːs]
Gericht	court [kɔːt]
Kfz-Schein	car registration documents [ˈkɑː ˌredʒɪsˈtreɪʃn ˈdɒkjʊmənts]
Kreditkarte	credit card [ˈkredɪtkɑːd]
Papiere	papers, documents [ˈpeɪpəz, ˈdɒkjʊmənts]
Personalausweis	identity card [aɪˈdentɪtɪ kɑːd]
Polizei	police [pəˈliːs]

Polizeiwagen	police car [pəˈliːs kɑː]
Polizist/in	policeman/policewoman [pəˈliːsmən/pəˈliːsˌwʊmən]
Rauschgift	drugs [drʌgz]
Rechtsanwalt/anwältin	lawyer [ˈlɔːjə]
Reisepass	passport [ˈpɑːspɔːt]
Richter/in	judge [dʒʌdʒ]
Scheck	cheque (*Am* check) [tʃek]
Scheckkarte	cheque card [ˈtʃekkɑːd]
Schlüssel	key [kiː]
Schmuggel	smuggle [ˈsmʌgl]
Schuld	guilt [gɪlt]
sexuelle Belästigung	sexual harassment [ˈseksjʊəl ˈhærəsmnt]
Taschendieb	pickpocket [ˈpɪkˌpɒkɪt]
Überfall	attack, mugging [əˈtæk, ˈmʌgɪŋ]
Untersuchungshaft	police custody [pəˈliːs ˈkʌstədɪ]
Verbrechen	crime [kraɪm]
Vergewaltigung	rape [reɪp]
verhaften	arrest [əˈrest]
verlieren	lose [luːz]
Zeuge	witness [ˈwɪtnɪs]
zusammenschlagen	beat up [ˈbiːt‿ˈʌp]

Post

Wo ist ...
Where's ... ['weəz]

die nächste Post?
the nearest post office?
'nɪərɪst 'pəʊstˌɒfɪs]

der nächste Briefkasten?
the nearest postbox? [ðə 'nɪərɪst 'pəʊst bɒks]

Was kostet ein Brief/eine Postkarte ...
How much is a letter/postcard ... ['haʊ 'mʌtʃ dʌz‿ə 'letə/'pəʊstkɑːd]

nach Deutschland?
to Germany? [tə 'dʒɜːmənɪ]

nach Österreich?
to Austria? [tʊ‿'ɒstrɪə]

in die Schweiz?
to Switzerland? [tə 'swɪtsələnd]

Drei Briefmarken zu ... Pence, bitte.
Three ... p stamps, please. ['θriː ... piː 'stæmps pliːz]

Diesen Brief bitte per ...
I'd like to send this letter ... [aɪd laɪk tə send ðɪs 'letə]

Luftpost.
by airmail. [baɪ‿'eəmeɪl]

Express.
express. [ɪks'pres]

Absender	sender ['sendə]
Adresse	address [ə'dres]
ausfüllen	fill in [fɪl‿'ɪn]
Brief	letter ['letə]
Briefkasten	post-box ['pəʊstbɒks]
Briefmarke	stamp [stæmp]
Briefmarkenautomat	stamp machine ['stæmp mə'ʃi:n]
Eilbrief	express letter [ɪks'pres 'letə]
Einschreibebrief	registered letter ['redʒɪstəd 'letə]
Empfänger	addressee [ˌædre'si:]
Formular	form [fɔ:m]
Gebühr	charge, fee [tʃɑ:dʒ, fi:]
Gewicht	weight [weɪt]
Leerung	collection [kə'lekʃən]
Luftpost, mit	by airmail [baɪ‿'eəmeɪl]
nachsenden	send on ['send‿'ɒn]
Päckchen	small packet ['smɔ:l ˌpækɪt]
Paket	parcel ['pɑ:sl]
Paketkarte	dispatch form [dɪ'spætʃ fɔ:m]
Porto	postage ['pəʊstɪdʒ]
Post	post office ['pəʊstˌɒfɪs]
Postkarte	postcard ['pəʊskɑ:d]
postlagernd	poste restante ['pəʊst rɪ'stænt]
Postleitzahl	post code (*Am* zip code) ['pəʊskəʊd, 'zɪpkəʊd]
Sondermarke	special issue stamp ['speʃl‿'ɪsju: stæmp]
Vordruck	form [fɔ:m]
Wertangabe	declaration of value [ˌdeklə'reɪʃn‿əv 'vælju:]
Zollerklärung	customs declaration ['kʌstəmz ˌdeklə'reɪʃn]

Toilette und Bad

Wo ist bitte die Toilette?
Where is the toilet, please? [weə ɪz ðə ˈtɔɪlɪt pliːz]

Dürfte ich wohl bei Ihnen die Toilette benutzen?
May I use your toilet? [ˈmeɪ‿aɪ juːz jɔː ˈtɔɪlɪt]

Würden Sie mir bitte den Schlüssel für die Toiletten geben?
Would you give me the key for the toilet, please?
[ˈwʊd jʊ gɪv miː ðə kiː fə‿ðə ˈtɔɪlɪt pliːz]

Damen	Ladies (*Am* Women) [ˈleɪdɪz]
Herren	Gentlemen (*Am* Men) [dʒentlmən]

Wörterbuch Englisch - Deutsch

A

a bit [bɪt] ein bisschen
a bit of ... [ə ˈbɪt‿əv] wenig
a few [fjuː] ein paar
a little [ˈlɪtl] ein wenig von ...
a little [ˈlɪtl] etwas *(ein wenig)*
a quarter of an hour [ˈkwɔːtr‿əv‿ən ˈaʊə] Stunde
abbey [ˈæbɪ] Abtei
abbreviation [əˌbriːvɪˈeɪʃn] Abkürzung
abdomen [ˈæbdəmən] Unterleib
about [əˈbaʊt] etwa
about [əˈbaʊt] gegen
about [əˈbaʊt] um
about [əˈbaʊt] ungefähr
about noon/midday/lunchtime [əˈbaʊt ˈnuːn/ˈmɪddeɪ/ˈlʌntʃtaɪm] gegen Mittag
about this time [əˈbaʊt ðɪs ˈtaɪm] um diese Zeit
abroad [əˈbrɔːd] im/ins Ausland
abscess [ˈæbsɪs] Abszess
accelerator [əkˈseləreɪtə] Gaspedal
to accept [əkˈsept] zusagen *(Einladung)*
accessibility [ækˌsesɪˈbɪlɪtɪ] Zugänglichkeit
accident [ˈæksɪdənt] Unfall
accident [ˈæksɪdənt] Unglück *(Unfall)*
accommodation [əˌkɒməˈdeɪʃn] Unterkunft
to accompany [əˈkʌmpənɪ] begleiten
accompanying person [əkʌmpənɪɪŋ pɜːsn] Begleitperson
account [əˈkaʊnt] Konto
acquaintance [əˈkweɪntəns] Bekannte, der/die
acquaintance [əˈkweɪntəns] Bekanntschaft
across [əˈkrɒs] (quer) durch
act [ˈækt] Akt

action film [ˈækʃən ˈfɪlm] Actionfilm
actor/actress [ˈæktə/ˈæktrɪs] Schauspieler/in
actual(ly) [ˈæktʃʊəl(ɪ)] eigentlich
adapter [əˈdæptə] Adapter
adapter [əˈdæptə] Zwischenstecker
to add [æd] hinzufügen
additional [əˈdɪʃənl] *(adj)* zusätzlich
additional costs [əˈdɪʃənl ˈkɒsts] Nebenkosten
address [əˈdres] Adresse
addressee [ˌædreˈsiː] Empfänger
administration [ədˌmɪnɪsˈtreɪʃn] Verwaltung
admission charge [ədˈmɪʃn ˈtʃɑːdʒ] Eintrittspreis
admission ticket [ədˈmɪʃn ˈtɪkɪt] Eintrittskarte
adult [ˈædʌlt] Erwachsene(r)
advance booking [ədˈvɑːns ˈbʊkɪŋ] Vorverkauf
advantage [ədˈvɑːntɪdʒ] Vorteil
aerobics [eəˈrəʊbɪks] Aerobic
afternoon [ˌɑːftəˈnuːn] Nachmittag
after-shave lotion [ˈɑːftəʃeɪv ˌləʊʃn] Rasierwasser
afterwards [ˈɑːftəwədz] danach
again [əˈgen] wieder
against [əˈgenst] gegen
age [eɪdʒ] Alter
agency [ˈeɪdʒənsɪ] Agentur
to agree on [əˈgriː‿ɒn] vereinbaren
agreeable [əˈgrɪəbl] angenehm
aim [eɪm] Ziel
air [eə] Luft
airbed [ˈeəbed] Luftmatratze
air-conditioning [ˈeəkənˌdɪʃnɪŋ] Klimaanlage
airline [ˈeəlaɪn] Fluggesellschaft
airport [ˈeəpɔːt] Flughafen
airport bus [ˈeəpɔːt ˈbʌs] Flughafenbus
airport tax [ˈeəpɔːt ˈtæks] Flughafengebühr
alarm clock [əˈlɑːm ˈklɒk] Wecker
alarm system [əˈlɑːm ˈsɪstəm] Alarmanlage
all [ɔːl] *(pl)* ganz
all [ɔːl] alle
allergy [ˈælədʒɪ] Allergie
alley, lane [ˈælɪ, leɪn] Gasse
allowed [əˈlaʊd] zulässig
almonds [ˈɑːməndz] Mandeln
almost [ˈɔːlməʊst] fast
alone [əˈləʊn] allein
already [ɔːlˈredɪ] bereits
already [ɔːlˈredɪ] schon

also ['ɔ:lsəʊ] auch
altar ['ɔ:ltə] Altar
although [ɔ:l'ðəʊ] obwohl
always ['ɔ:lweɪz] immer
ambulance ['æmbjʊləns] Krankenwagen
America [ə'merɪkə] Amerika
American [ə'merɪkn] Amerikaner/in
among [ə'mʌŋ] unter (zwischen)
among [ə'mʌŋ] zwischen mehreren
amount [ə'maʊnt] Betrag
amphitheatre ['æmfɪˌθɪətə] Amphitheater
amusement park [ə'mju:zmnt pɑ:k] Freizeitpark
anaesthetic [ˌænɪs'θetɪk] Narkose
ancient ['eɪnʃnt] antik
and [ænd] und
angina [æn'dʒaɪnə] Angina
angry ['æŋgrɪ] böse (verärgert)
animal ['ænɪml] Tier
ankle ['æŋkl] Knöchel
to announce [ə'naʊns] anmelden
announcement [ə'naʊnsmənt] Mitteilung
annoying [ə'nɔɪɪŋ] lästig
annual(ly) ['ænjʊəl(ɪ)] jährlich
anorak ['ænəræk] Anorak
to answer ['ɑ:nsə] (be)antworten
answering machine ['ɑ:nsərɪŋ mə'ʃi:n] Anrufbeantworter
antibiotics [ˌæntɪbaɪ'ɒtɪks] Antibiotika
anti-freeze ['æntɪfri:z] Frostschutzmittel
antique shop [æn'ti:k ʃɒp] Antiquitätengeschäft
any ['enɪ] einige *(bei Frage, Verneinung, Bedingung)*
any ['enɪ] jeder beliebige
anybody ['enɪˌbɒdɪ] jemand *(in verneinten u. fragenden Sätzen)*
apartment [ə'pɑ:tmənt] *(Am)* Apartment, Wohnung
to apologise [ə'pɒlədʒaɪz] sich entschuldigen
appendicitis [əˌpendɪ'saɪtɪs] Blinddarmentzündung
appetite ['æpɪtaɪt] Appetit
applause [ə'plɔ:z] Beifall
apples ['æplz] Äpfel
appointment [ə'pɔɪntmənt] Termin
appointment [ə'pɔɪntmənt] Verabredung
apricots ['eɪprɪkɒts] Aprikosen
April ['eɪprəl] April

arch [ɑ:tʃ] Bogen
archaeology [ˌɑ:kɪ'ɒlədʒɪ] Archäologie
architect ['ɑ:kɪtekt] Architekt/in
architecture ['ɑ:kɪtektʃə] Architektur
area code ['eərɪə 'kəʊd] Vorwahlnummer
arm [ɑ:m] Arm
armchair ['ɑ:m'tʃeə] Sessel
around [ə'raʊnd] um (herum)
arrest [ə'rest] verhaften
arrival [ə'raɪvl] Ankunft
arrive [ə'raɪv] ankommen
art [ɑ:t] Kunst
art dealer ['ɑ:t 'di:lə] Kunsthändler
Art Nouveau ['ɑ: nu:'vəʊ] Jugendstil
artichokes ['ɑ:tɪtʃəʊks] Artischocken
artifical limb [ˌɑ:tɪ'fɪʃl 'lɪm] Prothese
arts and crafts ['ɑ:ts‿ən 'krɑ:fts] Kunstgewerbe
as [æz] da (Grund)
as soon as possible ['pɒsəbl] so bald wie möglich
ashtray ['æʃtreɪ] Aschenbecher
to ask [ɑ:sk] fragen
to ask s.o. for s.th. [ɑ:sk] jdn um etw bitten
asparagus [ə'spærəgəs] Spargel
aspirin ['æsprɪn] Aspirin
association [əˌsəʊsɪ'eɪʃn] Verein
asthma ['æsmə] Asthma
at [æt] um *(Zeitangabe)*
at best [ət 'best] höchstens
at home [ət‿'həʊm] daheim
at least [ət 'li:st] mindestens
at least [ət 'li:st] wenigstens
at lunchtime [ət 'lʌnʃtaɪm] mittags
at night [ət 'naɪt] nachts
at once [ət 'wʌns] gleich
at once [ət 'wʌns] sofort
at short notice [ət 'ʃɔ:t 'nəʊtɪs] kurzfristig
at that time [taɪm] damals
at the back [bæk] hinten
at the most [ət ðə 'məʊst] höchstens
at the weekend [ət ðə ˌwi:k'end] am Wochenende
athletics [æθ'letɪks] Leichtathletik
Atlantic [ət'læntɪk] Atlantik
attack [ə'tæk] Überfall
attendant [ə'tendənt] Bademeister/in *(im Schwimmbad)*
attention [ə'tenʃn] Achtung
au gratin [ˌəʊ'grætɛ̃ŋ] überbacken

aubergines ['əʊbəʒi:nz] Auberginen
August ['ɔ:gəst] August
Austria ['ɔ:strɪə] Österreich
Austrian ['ɔ:strɪən] Österreicher/in
authorities [ɔ:'θɒrɪtɪz] Behörde
autumn ['ɔ:təm] Herbst
average *(adj)* ['ævrɪdʒ] durchschnittlich
avocado [ˌævə'kɑ:dəʊ] Avocado
awake [ə'weɪk] wach
away [ə'weɪ] fort
away [ə'weɪ]; **gone** [gɒn] weg
awful ['ɔ:fʊl] schrecklich

B

B road ['bi:rəʊd] Landstraße
baby ['beɪbɪ] Baby
baby food ['beɪbɪ fu:d] Babynahrung
baby intercom [beɪbɪ 'ɪntəkɒm] Babyfon
baby lift [beɪbɪ lɪft] Babylift
baby seat [beɪbɪ si:t] Babyschale *(fürs Auto)*
baby's bottle ['beɪbɪz bɒtl] Trinkflasche
baby's changing table ['beɪbɪz tʃeɪndʒɪŋ teɪbl] Wickeltisch
babysitter ['beɪbɪˌsɪtə] Babysitter
babysitting service ['beɪbɪˌsɪtɪŋ 'sɜ:vɪs] Kinderbetreuung
bachelor ['bætʃələ] Junggeselle
back [bæk] Rücken
back [bæk] zurück
backache ['bækeɪk] Rückenschmerzen
backwards ['bækwədz] rückwärts
bad [bæd] *(adj)* schlecht
badly ['bædlɪ] *(adv)* schlecht
badminton ['bædmɪntən] Badminton
badminton ['bædmɪntən] Federball *(Spiel)*
bag [bæg] Handtasche
bag [bæg] Tüte
baggage ['bægɪdʒ] Gepäck
baggage check-in ['bægɪdʒ 'tʃekɪn] Gepäckabfertigung
baggage reclaim ['bægɪdʒ ˌri:'kleɪm] Gepäckausgabe
baked [beɪkt] gebacken
baker's ['beɪkəz] Bäckerei
balcony ['bælkənɪ] Balkon
ball [bɔ:l] Ball
ball [bɔ:l] Ball *(Fest)*
ballet ['bæleɪ] Ballett
ballpoint pen ['bɔ:lpɔɪnt 'pen] Kugelschreiber
bananas [bə'nɑ:nəz] Bananen
band [bænd] Band

bandage ['bændɪdʒ] Verband
bank [bæŋk] Bank
bank [bæŋk] Flussufer
banknote ['bæŋknəʊt] Geldschein
bar [bɑ:] Bar
bar of chocolate ['bɑ:r‿əv 'tʃɒklɪt] Schokoriegel
barber's ['bɑ:bəz] Herrenfriseur
Baroque [bə'rɒk] Barock/barock
barrier-free ['bærɪə fri:] barrierefrei
basil ['bæzl] Basilikum
basket ['bɑ:skɪt] Korb
basketball ['bɑ:skɪtbɔ:l] Basketball
bath [bɑ:θ] Badewanne
bathing shoes ['beɪðɪŋ 'ʃu:z] Badeschuhe
bathing trunks ['beɪðɪŋ trʌŋks] Badehose
bathrobe ['bɑ:θrəʊb] Bademantel
bathroom ['bɑ:θrʊm] Badezimmer
battery ['bætrɪ] Batterie
battery charger ['bætrɪ 'tʃɑ:dʒə] Ladegerät
bay [beɪ] Bucht
bay-leaves ['beɪlɪv:z] Lorbeer
to be [bi:] sich befinden
to be [bi:] *(verb)* sein
to be able to ['eɪbl tʊ] können
to be afraid of [ə'freɪd] sich fürchten vor
to be against it [ə'genst‿ɪt] dagegen sein
to be alarmed [ə'lɑ:md] erschrocken sein
to be allowed [ə'laʊd] dürfen
to be angry ['æŋgrɪ] **(about/at)** sich ärgern (über)
to be aware of [ə'weər‿əv] merken
to be called [bɪ 'kɔ:ld] heißen
to be cold [kəʊld] frieren
to be fond of s.o. ['fɒnd‿əv] lieb
to be for it ['fɔ:r‿ɪt] dafür sein
to be friends [frendz] befreundet sein
be hungry [bi:'hʌŋgrɪ] hungrig sein
to be in a hurry ['hʌrɪ] es eilig haben
to be interested (in) ['ɪntrɪstɪd] sich interessieren (für)
to be left [left] übrig bleiben
to be missing ['mɪsɪŋ] fehlen
to be mistaken [mɪs'teɪkn] sich täuschen
to be pleased (with/about) ['pli:zd (wɪð/ə'baʊt)] sich freuen (über)

to be present ['preznt] da sein *(anwesend)*
to be seasick [bi:'si:sɪk] seekrank sein
to be surprised (at) [sə'praɪzd‿(ət)] sich wundern (über)
to be taken ill ['teɪkn 'ɪl] krank werden
to be there [ðeə] da sein *(anwesend)*
to be thirsty ['θɜ:stɪ] durstig sein
to be used to s.th. ['ju:st tʊ] etw gewohnt sein
to be worried about ['wʌrɪd‿ə'baʊt] sich sorgen um
to be wrong [rɒŋ] sich täuschen
beach [bi:tʃ] Strand
beach shoes [bi:tʃ 'ʃu:z] Strandschuhe
beach volleyball [bi:tʃ 'vɒlɪbɔ:l] Beach-Volleyball
beans [bi:nz] Bohnen
beard [bɪəd] Bart
to beat up ['bi:t‿'ʌp] zusammenschlagen
beautiful ['bju:təfl] schön
because [bɪ'kɒz] da
because [bɪ'kɒz], **since** [sɪns] weil
because of [bɪ'kɒz‿əv] wegen
to become [bɪ'kʌm] werden
to become acclimatised [bɪ'kʌm‿ə'klaɪmətaɪzd] sich akklimatisieren
bed [bed] Bett
bed linen ['bed‚lɪnɪn] Bettwäsche
bedroom ['bedrʊm] Schlafzimmer
bedside table ['bedsaɪd 'teɪbl] Nachttisch
bee [bi:] Biene
beef [bi:f] Rindfleisch
beer [bɪə] Bier
before [bɪ'fɔ:] bevor
before [bɪ'fɔ:] vor *(zeitlich)*
before [bɪ'fɔ:] vorher
to begin [bɪ'gɪn] anfangen
beginning [bɪ'gɪnɪŋ] Anfang
behind [bɪ'haɪnd] hinter
beige [beɪʒ] beige
Belgian ['beldʒən] Belgier/in
Belgium ['beldʒəm] Belgien
to believe [bɪ'li:v] glauben
bell [bel] Klingel
to belong to [bɪ'lɒŋ tu:] gehören
below [bɪ'ləʊ] unterhalb
belt [belt] Gürtel
bench [bentʃ] Bank *(Sitz)*
bend [bend] Kurve
beside [bɪ'saɪd] neben
besides [bɪ'saɪdz] außerdem

best [best] beste(r, -s)
better ['betə] besser
between [bɪ'twiːn] zwischen
bicycle ['baɪsɪkl] Fahrrad
big [bɪg] groß
bike [baɪk] Fahrrad
bikini [bɪ'kiːnɪ] Bikini
bill [bɪl] Rechnung
bin liner ['bɪn ˌlaɪnə] Abfallbeutel
bird [bɜːd] Vogel
bird reserve [bɜːd rɪ'zɜːv] Vogelschutzgebiet
biro ['baɪrəʊ] Kuli
birthday ['bɜːθdeɪ] Geburtstag
biscuits ['bɪskɪts] Gebäck
biscuits ['bɪskɪts] Kekse
to bite [baɪt] beißen
bitter ['bɪtə] bitter
black [blæk] schwarz
black-and-white film ['fɪlm] Schwarzweißfilm
blackberries ['blækbrɪz] Brombeeren
bladder ['blædə] Blase
blanket ['blæŋkɪt] Bettdecke
blanket ['blæŋkɪt] Wolldecke
blazer ['bleɪzə] Blazer
to bleed [bliːd] bluten
bleeding ['bliːdɪŋ] Blutung
blind [blaɪnd] blind
blind person [blaɪnd pɜːsn] Blinde/r
blond(e) [blɒnd] blond
blood [blʌd] Blut
blood group ['blʌd gruːp] Blutgruppe
blood pressure (high/low) ['blʌd ˌpreʃə ('haɪ/'ləʊ)] Blutdruck (hoher/niedriger)
blood-poisoning ['blʌdˌpɔɪznɪŋ] Blutvergiftung
blouse [blaʊz] Bluse
blow-dry ['bləʊ'draɪ] föhnen
blue [bluː] blau
blues [bluːz] Blues
half/full board ['hɑːf/'fʊl 'bɔːd] Halbpension/Vollpension
boarding card ['bɔːdɪŋ kɑːd] Bordkarte
body ['bɒdɪ] Körper
bodybuilding ['bɒdɪbɪldɪŋ] Bodybuilding
to boil [bɔɪl] Wasser kochen
boiled [bɔɪld] gekocht
bone [bəʊn] Knochen
bonnet ['bɒnɪt] Motorhaube
book [bʊk] Buch
to book [bʊk] buchen *(Platz)*
booking ['bʊkɪŋ] Buchung
booking ['bʊkɪŋ] Voranmeldung

booking-(box-)office [ˈbʊkɪŋ(ˈbɒks)ˌɒfɪs] Theaterkasse
bookshop [ˈbʊkʃɒp] Buchhandlung
boot [buːt] Kofferraum
boots [buːts] Stiefel
border [ˈbɔːdə] Grenze
boring [ˈbɔːrɪŋ] langweilig
born [bɔːn] geboren
to borrow [ˈbɒrəʊ] von jdm etw leihen
boss [bɒs] Chef
boss [bɒs] Leiter/in
botanic gardens [bəˈtænɪk ˈgɑːdnz] Botanischer Garten
both [bəʊθ] beide
to bother [ˈbɒðə] belästigen
to bother [ˈbɒðə] stören
bottle [ˈbɒtl] Flasche
bottle opener [ˈbɒtlˌəʊpnə] Flaschenöffner
bottle warmer [bɒtl wɔːmə] Fläschchenwärmer
boules [ˈbuːl] Boulespiel
boutique [buːˈtiːk] Boutique
bowel movement [ˈbaʊəl ˌmuːvmənt] Stuhlgang
bowl [bəʊl] Schüssel
box [bɒks] Dose
box [bɒks] Loge
box [bɒks], **chest** [tʃest] Kiste
boy [bɔɪ] Junge
boyfriend [ˈbɔɪfrend] Freund
bracelet [ˈbreɪslɪt] Armband
braille [breɪl] Braille
brain [breɪn] Gehirn
braised [breɪzd] geschmort
brake [breɪk] Bremse
brake fluid [ˈbreɪk ˌfluɪd] Bremsflüssigkeit
brake lights [ˈbreɪkˌlaɪts] Bremslichter
brand [brænd] Marke
bread [bred] Brot
to break into/open [breɪk‿ˈɪntʊ/ˈəʊpən] aufbrechen
breakdown [ˈbreɪkdaʊn] Panne
breakdown service [ˈbreɪkdaʊn ˈsɜːvɪs] Abschleppdienst
breakdown vehicle [ˈbreɪkdaʊn ˌviːɪkl] Abschleppwagen
breakfast [ˈbrekfəst] Frühstück
breakfast room [ˈbrekfəstrʊm] Frühstücksraum
breast [tʃest/brest] weibliche Brust
breathe [briːð] atmen
breathing apparatus [briːðɪŋ ˌæpəˈreɪtəs] Sauerstoffgerät
bridge [brɪdʒ] Brücke
briefs [briːfs] Herrenslip
to bring [brɪŋ] herbringen
to bring [brɪŋ] mitbringen

to bring back [ˈbrɪŋ ˈbæk] zurückbringen
broad [brɔːd], **wide** [waɪd] breit
brochure [ˈbrəʊʃə] Prospekt
broken [ˈbrəʊkn] gebrochen
broken [ˈbrəʊkn] kaputt
bronchial tubes [ˈbrɒŋkjəl ˈtjuːbz] Bronchien
bronchitis [brɒŋˈkaɪtɪs] Bronchitis
bronze [brɒnz] Bronze
brooch [brəʊtʃ] Brosche
brother [ˈbrʌðə] Bruder
brother-in-law [ˈbrʌðərɪnlɔː] Schwager
brown [braʊn] braun
brown rye bread [braʊn raɪ bred] Schwarzbrot
bruise, contusion [bruːz, kənˈtjuːʒn] Prellung
brush [brʌʃ] Bürste
buffet breakfast [ˈbʊfeɪ ˈbrekfəst] Frühstücksbüfett
building [ˈbɪldɪŋ] Bauwerk
building [ˈbɪldɪŋ] Gebäude
bulb [bʌlb] Glühbirne
bumper [ˈbʌmpə] Stoßstange
bunch of flowers [ˈbʌntʃ‿əv ˈflaʊəz] (Blumen)Strauß
bungalow [ˈbʌŋgələʊ] Bungalow
bungee jumping [bʌndʒɪ dʒʌmpɪŋ] Bungeejumping
bunk bed [ˈbʌŋk ˌbed] Etagenbett
bureau de change [ˈbjʊərəʊ də ˈʃɔ̃ːnʒ] Wechselstube
burn [bɜːn] Verbrennung
bus [bʌs] Bus
bus station [ˈbʌs‿ˌsteɪʃn] Busbahnhof
bush [bʊʃ] Busch
but [bʌt] aber
butcher's [ˈbʊtʃəz] Metzgerei
butter [ˈbʌtə] Butter
buttermilk [ˈbʌtəmɪlk] Buttermilch
to buy [baɪ] einkaufen
to buy [baɪ] kaufen
by (means of) [baɪ (ˈmiːnz‿əv)] durch (Mittel)
by [baɪ] von *(Passiv)*
by chance [baɪ ˈtʃɑːns] zufällig
bypass (operation) [ˈbaɪpɑːs‿(ˌɒpəˈreɪʃn)] Bypass

C

cabaret [ˈkæbəreɪ] Kabarett
cabaret [ˈkæbəreɪ] Kleinkunstbühne
cabbage [ˈkæbɪdʒ] Kohl
cabin [ˈkæbɪn] Kabine
cable railway [ˈkeɪbl ˈreɪlweɪ] Seilbahn
café [ˈkæfeɪ] Café

cake [keɪk] Kuchen
cake shop ['keɪk ʃɒp] Konditorei
to calculate ['kælkjʊleɪt] berechnen
(phone) call [('fəʊn)kɔ:l] Anruf
call [kɔ:l] anrufen
to call for ['kɔ:l fɔ:] abholen
to call on s.o. ['kɔ:l‿ɒn] jdn besuchen
calm [kɑ:m] Flaute
calm [kɑ:m] Ruhe
calm [kɑ:m] ruhig
calm [kɑ:m] still
to calm down ['kɑ:m 'daʊn] sich beruhigen
camcorder [kæmˌkɔ:də] Camcorder
camera ['kæmrə] Fotoapparat
camomile tea ['kæməˌmaɪl ti:] Kamillentee
to camp [kæmp] zelten
camper ['kæmpə] Wohnmobil
camping ['kæmpɪŋ] Camping
camping guide ['kæmpɪŋ gaɪd] Campingführer
camping site ['kæmpɪŋsaɪt] Campingplatz
can [kæn] Dose *(Konserve)* *(Am)*
canal [kə'næl] Kanal
to cancel ['kænsl] stornieren *(Zimmer, Fahr-, Flugkarten)*
cancer ['kænsə] Krebs
candles ['kændlz] Kerzen
candy *(Am)* ['kændɪ] Bonbons
candy ['kændɪ] *(Am)* Süßigkeiten
cane [keɪn] Taststock
canoe [kə'nu:] Kanu
canoe [kə'nu:] Paddelboot
cap [kæp] Mütze
capital ['kæpɪtl] Hauptstadt
captain ['kæptɪn] Kapitän
car [kɑ:] Auto
car park ['kɑ:pɑ:k] Parkplatz
car radio ['kɑ: 'reɪdɪəʊ] Autoradio
car registration documents ['kɑ: ˌredʒɪs'treɪʃn 'dɒkjʊmənts] Kfz-Schein
carafe [kə'ræf] Karaffe
caravan ['kærəvæn] Wohnwagen
caraway seed(s) ['kærəweɪ si:d(z)] Kümmel
cardiac infarction ['kɑ:dɪæk‿ɪn'fɑ:kʃn] Herzinfarkt
cardiac stimulant ['kɑ:dɪæk 'stɪmjʊlənt] Kreislaufmittel
cardigan ['kɑ:dɪgən] Strickjacke
care service [keə sɜ:vɪs] Betreuungsdienst
careful ['keəfʊl] vorsichtig

carriage with wheelchair access [ˈkærɪdʒ wɪð wiːlˈtʃeə ækses] rollstuhlgängiger Wagen *(Zug)*
carrots [ˈkærəts] Karotten
to carry [ˈkærɪ] tragen
cartoon [kɑːˈtuːn] Zeichentrickfilm
cash [kæʃ] bar, Bargeld
cash-desk [ˈkæʃdesk] Kasse
cashpoint [ˌkæʃ pɔɪnt] Geldautomat
casino [kəˈsiːnəʊ] Spielkasino
castle [ˈkɑːsl] Festung
castle [ˈkɑːsl] Burg
castle [ˈkɑːsl] Schloss
cat [kæt] Katze
to catch [kætʃ] fangen
cathedral [kəˈθiːdrl] Dom
cathedral [kəˈθiːdrl] Kathedrale
cauliflower [ˈkɒlɪˌflaʊə] Blumenkohl
cause [kɔːz] Grund
to cause [kɔːz] verursachen
caution [ˈkɔːʃn] Vorsicht
cautious [ˈkɔːʃəs] vorsichtig
cave [keɪv] Höhle
CD [ˈsiːˈdiː] CD
CD player [ˈsiːˈdiː pleɪə] CD-Spieler
ceiling [ˈsiːlɪŋ] Decke
celebration [seleˈbreɪʃn] Fest
celeriac [səˈlerɪæk] Sellerie
cemetery Friedhof
cent [sent] Cent
center [ˈsentə] *(Am)* Zentrum
centimetre [ˈsentɪˌmiːtə] Zentimeter
central [ˈsentrl] zentral
central heating [ˈsentrəl ˈhiːtɪŋ] Zentralheizung
centre [ˈsentə] Zentrum
century [ˈsentʃʊrɪ] Jahrhundert
ceramics [sɪˈræmɪks] Keramik
certain(ly) [ˈsɜːtn(lɪ)] bestimmt
certain(ly) [ˈsɜːtn(lɪ)] sicher
certainly! [ˈsɜːtnlɪ] unbedingt!
certificate [səˈtɪfɪkət] Attest
certificate [səˈtɪfɪkət] Bescheinigung
to certify [ˈsɜːtɪfaɪ] bescheinigen
chair [tʃeə] Stuhl
chairlift [ˈtʃeəlɪft] Sessellift
chambermaid [ˈtʃeɪmbəmeɪd] Zimmermädchen
champagne [ˌʃæmˈpeɪn] Champagner
change [tʃeɪndʒ] Kleingeld
change [tʃeɪndʒ] Wechsel
change [tʃeɪndʒ] Wechselgeld
to change [tʃeɪndʒ] sich umziehen
to change [tʃeɪndʒ] umtauschen

change the booking [tʃeɪndʒ ðə ˈbʊkɪŋ] umbuchen
changeable [ˈtʃeɪndʒəbl] wechselhaft
changing of the guard [ˈtʃeɪndʒɪŋ‿əv ðə ˈgɑːd] Wachablösung
channel [ˈtʃænl] Kanal
chapel [ˈtʃæpl] Kapelle
charcoal [ˈtʃɑːkəʊl] Grillkohle
charming [ˈtʃɑːmɪŋ] bezaubernd
cheap [tʃiːp] billig
to check [tʃek] kontrollieren *(nachprüfen)*
check in [ˌtʃek‿ˈɪn] einchecken
cheeky [ˈtʃiːkɪ] unverschämt
cheese [tʃiːz] Käse
chemist's [ˈkemɪsts] Apotheke
cherries [ˈtʃerɪz] Kirschen
chest Brust
chicken [ˈtʃɪkɪn] Hähnchen
chickenpox [ˈtʃɪkɪnpɒks] Windpocken
chickpeas [ˈtʃɪkpiːz] Kichererbsen
chicory [ˈtʃɪkərɪ] Chicoree
child [tʃaɪld], *(pl)* **children** [ˈtʃɪldrən] Kind
child reduction [tʃaɪld rɪˈdʌkʃn] Kinderermäßigung
child seat [tʃaɪld siːt] Kindersitz
child seat cushion [tʃaɪld siːt ˈkʊʃən] Kindersitzkissen *(fürs Auto)*
children's clothing [tʃɪldrənz kləʊðɪŋ] Kinderkleidung
children's illness [ˈtʃɪldrənz ˈɪlnɪs] Kinderkrankheit
children's pool [tʃɪldrənz puːl] Kinderbecken
children's portion [ˈtʃɪldrənz ˈpɔːʃn] Kinderteller
china [ˈtʃaɪnə] Porzellan
chip card [tʃɪp kɑːd] Chipkarte
chocolate [ˈtʃɒklɪt] Schokolade
chocolate bar [ˈtʃɒklɪt bɑː] Schokoriegel
choice [tʃɔɪs] Auswahl
choir [ˈkwaɪə] Chor
cholera [ˈkɒlərə] Cholera
to choose [tʃuːz] wählen
chop [tʃɒp] Kotelett
Christian name [ˈkrɪstjən neɪm] Vorname
Christianity [ˌkrɪstɪˈænɪtɪ] Christentum
Christmas [ˈkrɪsməs] Weihnachten
Christmas Eve [ˈkrɪsməs‿ˈiːv] Heiliger Abend
church [tʃɜːtʃ] Kirche
cigar [sɪˈgɑː] Zigarre
cigarette [ˌsɪgəˈret] Zigarette

cigarillo [ˌsɪgəˈrɪləʊ] Zigarillo
cinema [ˈsɪnəmə] Kino
circus [ˈsɜːkəs] Zirkus
city bus [sɪtɪ bʌs] Stadtbus
city centre [ˈsɪtɪ ˈsentə] Stadtzentrum
city hall [ˈsɪtɪ ˈhɔːl] *(Am)* Rathaus
city map [ˈsɪtɪ ˈmæp] Stadtplan
class [klɑːs] Klasse
classic film [ˈklæsɪk ˈfɪlm] Klassiker
classical [ˈklæsɪkəl] Klassik
classicism [ˈklæsɪsɪzm] Klassizismus
clean [kliːn] frisch *(Wäsche)*
clean [kliːn] sauber
to clean [kliːn] putzen
to clean [kliːn] reinigen
clear [klɪə] klar
clever [ˈklevə] klug
cliff [klɪf] Fels *(Klippe)*
climate [ˈklaɪmɪt] Klima
clingfilm [ˈklɪŋfɪlm] Frischhaltefolie
cloakroom [ˈkləʊkrʊm] Garderobe
cloister [ˈklɔɪstə] Kreuzgang
close [kləʊs] nahe
close to nahe bei
closed [kləʊzd] geschlossen
closed [kləʊzd] zu
cloth [klɒθ] Tuch
clothes line [ˈkləʊðz laɪn] Wäscheleine
clothes pegs [ˈkləʊðz lpegz] Wäscheklammern
clothing [ˈkləʊðɪŋ] Kleidung
cloud [klaʊd] Wolke
cloudy [ˈklaʊdɪ] bewölkt
cloves [kləʊvz] Nelken
club [klʌb] Verein
clubhouse [klʌbˈhaʊs] Clubhaus
clutch [klʌtʃ] Kupplung
coach [kəʊtʃ] Überlandbus
coach number [ˈkəʊtʃ ˈnʌmbə] Wagennummer
coast [kəʊst] Küste
coat [kəʊt] Mantel
coathanger [ˈkəʊtˌhæŋə] Kleiderbügel
cobbler's [ˈkɒbləz] Schuhmacher
coconut [ˈkəʊkənʌt] Kokosnuss
coffee [ˈkɒfɪ] Kaffee
coffee machine [ˈkɒfɪ məˈʃiːn] Kaffeemaschine
coin [kɔɪn] Münze
cold [kəʊld] Erkältung
cold [kəʊld] kalt
cold [kəʊld] Schnupfen
cold bag [ˈkəʊld bæg] Kühltasche

cold meat ['kəʊld 'mi:t] Aufschnitt
cold water ['kəʊld 'wɔ:tə] kaltes Wasser
colic ['kɒlɪk] Kolik
collarbone ['kɒləbəʊn] Schlüsselbein
colleague ['kɒli:g] Kollege/Kollegin
to collect [kə'lekt] sammeln
collection [kə'lekʃən] Leerung
collision [kə'lɪʒn] Zusammenstoß
coloured ['kʌləd] farbig
coloured pencil ['kʌləd 'pensl] Farbstift
colourful ['kʌləfʊl] bunt
colouring book ['kʌlərɪŋ bʊk] Malbuch
column ['kɒləm] Säule
comb [kəʊm] Kamm
to comb [kəʊm] kämmen
to come [kʌm] kommen
to come back ['kʌm 'bæk] wiederkommen
to come back [ˌkʌm 'bæk] zurückkehren
to come from ['kʌm frɒm] stammen aus
to come in ['kʌm 'ɪn] hereinkommen
come in! ['kʌm 'ɪn] herein!
comedy ['kɒmɪdɪ] Komödie
comfortable ['kʌmftəbl] bequem
common ['kɒmən] *(adj)* gemeinsam
common ['kɒmən] gebräuchlich
company ['kʌmpənɪ] Firma
compartment [kəm'pɑ:tmənt] Abteil
compass ['kʌmpəs] Kompass
compensation [ˌkɒmpen'seɪʃn] Ersatz *(Ausgleich)*
to complain (about) [kəm'pleɪn (ə'baʊt)] sich beschweren (über)
to complain (of/about) [kəm'pleɪn‿(əv/ə'baʊt)] sich beklagen (über)
to complain [kəm'pleɪn] reklamieren
complete [kəm'pli:t] ganz
composer [kəm'pəʊzə] Komponist/in
concert ['kɒnsət] Konzert
concussion [kən'kʌʃn] Gehirnerschütterung
condom ['kɒndəm] Kondom
conductor [kən'dʌktə] Dirigent/in
conductor [kən'dʌktə] Schaffner/in
confidence ['kɒnfɪdəns] Vertrauen

to confirm [kən'fɜːm] bestätigen
confiscate ['kɒnfɪskeɪt] beschlagnahmen
to congratulate [kən'grætjʊleɪt] gratulieren
congratulations [kənˌgrætjʊ'leɪʃnz] Glückwunsch
connection [kə'nekʃn] Anschluss
connection [kə'nekʃn] Verbindung
to consist of [kən'sɪst‿əv] bestehen aus
constipation [ˌkɒnstɪ'peɪʃn] Verstopfung
consulate ['kɒnsjʊlɪt] Konsulat
contact ['kɒntækt] Kontakt
contagious [kən'teɪdʒəs] ansteckend
container [kən'teɪnə] Behälter
contents ['kɒntents] Inhalt
contest ['kɒntest] Wettkampf
contraceptive [ˌkɒntrə'septɪv] Verhütungsmittel
contraceptive pills [ˌkɒntrə'septɪv pɪlz] Antibabypillen
contract ['kɒntrækt] Vertrag
to control [kən'trəʊl] kontrollieren *(beherrschen)*
convent ['kɒnvənt] Nonnen-Kloster
conversation [ˌkɒnvə'seɪʃn] Gespräch
conversation [ˌkɒnvə'seɪʃn] Unterhaltung *(Gespräch)*
cook [kʊk] Koch
to cook [kʊk] kochen
to cook [kʊk] zubereiten *(Speisen)*
cookbook [kʊk bʊk] Kochbuch
cooked ham ['kʊkt 'hæm] gekochter Schinken
cooker ['kʊkə] Herd
cooker ['kʊkə] Kocher
cool [kuːl] frisch
cool [kuːl] kühl
cooling water ['kuːlɪŋ 'wɔːtə] Kühlwasser
copy ['kɒpɪ] Kopie
corkscrew ['kɔːkskruː] Korkenzieher
corner ['kɔːnə] Ecke
cornet ['kɔːnət] Eistüte
corridor ['kɒrɪdɔː] Gang
corrupt [kə'rʌpt] verdorben *(sittlich)*
to cost [kɒst] kosten
cosy ['keʊzɪ] gemütlich
cot [kɒt] Kinderbett
cottage ['kɒtɪdʒ] Hütte
cotton ['kɒtn] Baumwolle
cotton buds ['kɒtn bʌdz] Wattestäbchen

cotton wool [ˌkɒtnˈwʊl] Watte
couchette [kuːˈʃet] Liegewagenplatz
cough [kɒf] Husten
cough mixture [ˈkɒf ˈmɪkstʃə] Hustensaft
to count [kaʊnt] zählen
country [ˈkʌntrɪ] Land
country road [ˈkʌntrɪ ˌrəʊd] Landstraße
countryside [ˈkʌntrɪsaɪd] Landschaft
course [kɔːs] Gang
course [kɔːs] Kurs
cousin [ˈkʌzn] Cousin/e
cover [kʌvər] Gedeck
crab [kræb] Krebs
cramp [kræmp] Krampf
crash [kræʃ] Zusammenstoß
crash helmet [ˈkræʃ ˌhelmɪt] Fahrradhelm
crash helmet [ˈkræʃ ˌhelmɪt] Sturzhelm
crazy golf [ˈkreɪzɪgɒlf] Minigolf
cream [kriːm] Creme
cream [kriːm] Sahne
creative [kriːˈeɪtɪv] kreativ
credit card [ˈkredɪt kɑːd] Kreditkarte
crew [kruː] Mannschaft
crime [kraɪm] Verbrechen
crockery [ˈkrɒkərɪ] Geschirr
cross [krɒs] Kreuz
crossing [ˈkrɒsɪŋ] Übergang
crossroads [ˈdʒʌŋʃn] Kreuzung
crowded [ˈkraʊdɪd] überfüllt
crown [kraʊn] Krone
cruise [kruːz] Kreuzfahrt
cruise [kruːz] Segeltörn
crutch [krʌtʃ] Krücke
to cry [kraɪ] weinen
crystal [ˈkrɪstl] Kristall
cubicle [ˈkjuːbɪkəl] Umkleidekabine
cucumber [ˈkjuːkʌmbə] Gurke
culture [ˈkʌltʃə] Kultur
cup [kʌp] Tasse
cupboard [ˈkʌbəd] Schrank
curd cheese [kɜːd tʃiːz] Quark
curious [ˈkjʊərɪəs] neugierig
curlers [ˈkɜːləz] Lockenwickler
curling [ˈkɜːlɪŋ] Curling
curls [kɜːlz] Locken
currency [ˈkʌrənsɪ] Währung
current [ˈkʌrnt] Strom
customer [ˈkʌstəmə] Kunde/Kundin
customs [ˈkʌstəmz] Zoll(Amt)
customs declaration [ˈkʌstəmz ˌdekləˈreɪʃn] Zollerklärung
cut [kʌt] Schnittwunde
cutlery [ˈkʌtlərɪ] Besteck
cutlet [ˈkʌtlɪt] Kotelett
to cycle [ˈsaɪkl] Rad fahren

cycle path ['saɪkl pɑːθ] Fahrradweg
cycle tour ['saɪkl ˌtʊə] Radtour
cycling ['saɪklɪŋ] Radsport

D

daily ['deɪlɪ] täglich
damage ['dæmɪdʒ] Schaden
to damage ['dæmɪdʒ] beschädigen
damp [dæmp] feucht
dance [dɑːns] Ball *(Fest)*
to dance [dɑːns] tanzen
dance band ['dɑːns ˌbænd] Tanzkapelle
dance theatre ['dɑːns θɪətə] Tanztheater
dancer ['dɑːnsə] Tänzer/in
dandruff ['dændrʌf] Schuppen
danger ['deɪndʒə] Gefahr
dangerous ['deɪndʒrəs] gefährlich
dark [dɑːk] dunkel
darling ['dɑːlɪŋ] Liebling
date [deɪt] Datum
date [deɪt] Verabredung *(fam)*
date of birth ['deɪt‿əv 'bɜːθ] Geburtsdatum
dates [deɪts] Datteln
daughter ['dɔːtə] Tochter
day [deɪ] Tag
day excursion [deɪ ɪks'kɜːʃn] Tagestour
day of arrival [deɪ‿əv‿ə'raɪvl] Anreisetag
day pass [deɪ pɑːs] Tagespass
day trip ['deɪ trɪp] Tagesausflug
deadline ['dedlaɪn] Frist
deaf [def] gehörlos
deaf [def] taub
deaf person [def pɜːsn] Gehörlose/r
deaf-mute [def mjuːt] taubstumm
deaf-mute [def mjuːt] Taubstumme/r
dear [dɪə], **expensive** [ɪks'pensɪv] teuer
debt [det] Schuld *(Geld)*
deceitful [dɪ'siːtfʊl] falsch *(betrügerisch)*
December [dɪ'sembə] Dezember
to decide [dɪ'saɪd] beschließen
to decide [dɪ'saɪd] entscheiden
deck [dek] Deck
declaration of value [ˌdeklə'reɪʃn‿əv 'væljuː] Wertangabe
to decline [dɪ'klaɪn] ablehnen
deep [diːp] tief
definite *(adj)* ['defɪnɪt] endgültig

definitely *(adv)* ['defɪnɪtlɪ] endgültig
delay [dɪ'leɪ] Verspätung
delicatessen [ˌdelɪkə'tesn] Feinkostgeschäft
deodorant [di:'əʊdərnt] Deo(dorant)
department [dɪ'pɑ:tmənt] Amt (Dienststelle)
department store [dɪ'pɑ:tmənt stɔ:] Kaufhaus
departure [dɪ'pɑ:tʃə] Abfahrt
deposit [dɪ'pɒzɪt] Pfand
to deposit [dɪ'pɒzɪt] hinterlegen
to describe [dɪs'kraɪb] beschreiben
dessert, sweet [dɪ'zɜ:t, swi:t] Nachtisch
destination [ˌdestɪ'neɪʃn] Reiseziel
detergent [dɪ'tɜ:dʒnt] Spülmittel
detergent [dɪ'tɜ:dʒnt] Waschmittel
detour ['di:tʊə] Umweg
to develop [dɪ'veləp] entwickeln
diabetes [ˌdaɪə'bi:ti:z] Diabetes
diabetic [ˌdaɪə'betɪk] Diabetiker/in
diagnosis [ˌdaɪəg'nəʊsɪs] Diagnose
to dial ['daɪəl] wählen *(tele)*
dialect folk play ['daɪəlekt fəʊk pleɪ] Volksstück
diapers ['daɪəpəz] *(Am)* Windeln
diarrhoea [ˌdaɪə'rɪə] Durchfall
diet ['daɪət] Diät
diet ['daɪət] Schonkost
different(ly) ['dɪfrənt(lɪ)] anders
difficult ['dɪfɪkəlt] schwierig
difficulty in breathing ['dɪfɪkəltɪ‿ɪn 'bri:ðɪŋ] Atembeschwerden
digestion [dɪ'dʒestʃn] Verdauung
digital camera ['dɪdʒɪtəl ˌkæmrə] Digitalkamera
dining room ['daɪnɪŋrʊm] Speisesaal
dinner ['dɪnə] Abendessen
diphtheria [dɪp'θɪərɪə] Diphtherie
dipped headlights [dɪpt 'hedlaɪts] Abblendlicht
direct [dɪ'rekt] direkt
directed by [dɪ'rekzɪd baɪ] Regie
direction [dɪ'rekʃn] Richtung
dirty ['dɜ:tɪ] schmutzig
dirty washing ['dɜ:tɪ 'wɒʃɪŋ] Wäsche
disability [ˌdɪsə'bɪlɪtɪ] Körperbehinderung

disabled persons' card [dɪs'eɪbld pɜ:snz kɑ:d] Behindertenausweis
disappointed [ˌdɪsə'pɔɪntɪd] enttäuscht
discotheque ['dɪskətek] Disko
discount ['dɪskaʊnt] Rabatt
to discover [dɪs'kʌvə] entdecken
dish [dɪʃ] Schüssel
dish of the day ['dɪʃ‿əv ðə 'deɪ] Tagesgericht
dishcloth ['dɪʃklɒθ] Spültuch
dishwasher ['dɪʃˌwɒʃə] Geschirrspülmaschine
disinfect [ˌdɪsɪn'fekt] desinfizieren
disinfectant [ˌdɪsɪn'fektənt] Desinfektionsmittel
distance ['dɪstəns] Entfernung
distinct [dɪs'tɪŋkt] deutlich
distinguished [dɪs'tɪŋgwɪʃt] vornehm
district ['dɪstrɪkt] Stadtteil
to disturb [dɪs'tɜ:b] stören
dive [daɪv] tauchen
diving equipment ['daɪvɪŋ ɪ'kwɪpmənt] Taucherausrüstung
diving goggles ['daɪvɪŋ ˌgɒglz] Taucherbrille
dizziness ['dɪzɪnɪs] Schwindel
dizziness ['dɪzɪnəs] Kreislaufstörungen
dizzy ['dɪzɪ], **giddy** ['gɪdɪ] schwindlig
to do [du:] machen
to do [du:] tun
to do someone's hair [du: 'sʌmwʌnz 'heə] frisieren
documentary [ˌdɒkjʊ'mentərɪ] Dokumentarfilm
documents ['dɒkjʊmənts] Papiere
dog [dɒg] Hund
dome [dəʊm] Kuppel
domestic flight [də'mestɪk flaɪt] Inlandsflug
done [dʌn] gar
door [dɔ:] Tür
door code [dɔ: kəʊd] Türcode
door opener [dɔ: ˌəʊpnə] automatischer Türöffner
door width [dɔ: wɪdθ] Türbreite
doorstep [dɔ:step] Türschwelle
double *(adj)* ['dʌbl] doppelt
doubles ['dʌblz] Doppel
down there ['daʊn 'ðeə] unten
drama ['drɑ:mə] Drama
draw [drɔ:] unentschieden
to draw [drɔ:] zeichnen
drawing ['drɔ:ɪŋ] Zeichnung
drawing nudes ['drɔ:ɪŋ nju:dz] Aktzeichnen

dreadful ['dredfʊl] fürchterlich
dream [driːm] Traum
dress [dres] Kleid
to dress [dres] sich anziehen
dressing ['dresɪŋ] Dressing
dressing ['dresɪŋ] Verband
dressmaker ['dres,meɪkə] Damenschneider/in
drink [drɪŋk] Getränk
to drink [drɪŋk] trinken
drinking water ['drɪŋkɪŋ,wɔːtə] Trinkwasser
drive [draɪv] Fahrt *(Auto)*
to drive [draɪv] fahren *(lenken)*
to drive a car [draɪv] Auto fahren
to drive back [,draɪv 'bæk] zurückfahren
drive-in cinema ['draɪv,ɪn 'sɪnəmə] Freilichtkino
driver ['draɪvə] Fahrer/in
driving licence ['draɪvɪŋ 'laɪsns] Führerschein
drops [drɒps] Tropfen
drunk [drʌŋk] betrunken
dry [draɪ] trocken *(Wein)*
to dry [draɪ] trocknen
dry cleaner's ['draɪ'kliːnəz] Reinigung, chemische
dry land ['draɪ 'lænd] Festland
dry-clean ['draɪ'kliːn] chemisch reinigen
dual carriageway ['djʊəl kærɪdʒ'weɪ] Schnellstraße
dummy ['dʌmɪ] Schnuller
durable ['djʊərəbl] haltbar
during ['djʊərɪŋ] während
during the day ['djʊərɪŋ ðə 'deɪ] tagsüber
during the morning ['djʊərɪŋ ðə 'mɔːnɪŋ] vormittags
dust [dʌst] Staub
dustbin ['dʌstbɪn] Mülltonne
duties ['djuːtɪz] Zollgebühren
duty ['djuːtɪ] Zoll *(Gebühr)*
duty-free ['djuːtɪ 'friː] zollfrei
duty-free shop ['djuːtɪ'friː ʃɒp] zollfreier Laden
dye [daɪ] färben
dynamo ['daɪnəməʊ] Lichtmaschine
dynasty ['dɪnəstɪ] Dynastie

E

each [iːtʃ] jeder einzelne
ear [ɪə] Ohr
ear-drops ['ɪədrɒps] Ohrentropfen
eardrum ['ɪədrʌm] Trommelfell
earlier ['ɜːlɪə] früher *(eher)*
early ['ɜːlɪ] früh
earrings ['ɪərɪŋz] Ohrringe
earth [ɜːθ] Erde
east [iːst] Osten

east of [iːstˌəv] östlich von
Easter [ˈiːstə] Ostern
Easter Monday [ˈiːstə ˈmʌndɪ] Ostermontag
easy [ˈiːzɪ] leicht
to eat [iːt] essen
edible [ˈedɪbl] essbar
education [ˌedjʊˈkeɪʃn] (Schul) Ausbildung
eel [iːl] Aal
eggs [egz] Eier
Eire [ˈeərə] Irland
either ... or [ˈaɪðə ... ˈɔː] entweder ... oder
elastic bandage [ɪˈlæstɪk ˈbændɪdʒ] Elastikbinde
electric [ɪˈlektrɪk] elektrisch
electric point [ɪˈlektrɪk ˈpɔɪnt] Stromanschluss
electric wheelchair [ɪˈlektrɪk wiːlˈtʃeə] Elektrorollstuhl
electrical shop [ɪˈlektrɪkəlʃɒp] Elektroladen
electrolyte solution [ɪˈlektrəʊlaɪt səˈluːʃn] Elektrolytlösung
elevator [ˈelɪveɪtə] *(Am)* Aufzug
elsewhere [ˈelsˈweə] anderswo
embassy [ˈembəsɪ] Botschaft *(dipl. Vertretung)*
emblem [ˈembləm] Wahrzeichen
emergency [ɪˈmɜːdʒənsɪ] Notfall
emergency exit [ɪˈmɜːdʒənsɪ ˈeksɪt] Notausgang
emergency telephone [ɪˈmɜːdʒənsɪ ˈtelɪfəʊn] Notrufsäule
emperor [ˈemprə]**/empress** [ˈemprɪs] Kaiser/in
empty [ˈemptɪ] leer
enclosure [ɪnˈkləʊʃə] Anlage *(Brief)*
end [end] Ende
end [end] Straßenmündung
engaged [ɪnˈgeɪdʒd] besetzt *(Telefon; Toilette)*
engine [ˈendʒɪn] Motor
England [ˈɪŋglənd] England
English [ˈɪŋglɪʃ] englisch
Englishman/Englishwoman [ˈɪŋglɪʃmən/ˈɪŋglɪʃˌwʊmən] Engländer/in
to enjoy [ɪnˈdʒɔɪ] genießen
enough [ɪˈnʌf] genug
entertainment [ˌentəˈteɪnmənt] Unterhaltung *(Vergnügen)*
enthusiastic (about) [ɪnˌθjuːzɪˈæstɪk (əˈbaʊt)] begeistert (von)
entire [ɪnˈtaɪə] vollständig
entrance [ˈentrəns] Eingang
entrance [ˈentrəns] Eintritt
entry assistance [ˈentrɪ əˈsɪstəns] Einstiegshilfe

envelope ['envələʊp] Briefumschlag
environment [ɪn'vaɪərnmənt] Umwelt
epilepsy ['epɪlepsɪ] Epilepsie
epoch ['i:pɒk] Epoche
especially [ɪ'speʃlɪ] besonders
estate [ɪs'teɪt] Landgut
etching ['etʃɪŋ] Radierung
EU citizen [i: jʊ: 'sɪtɪzn] EU-Bürger
euro [jʊərəʊ] Euro
Europe ['jʊərəp] Europa
European europäisch
European [ˌjʊərə'pɪən] Europäer/in
even (if) ['i:vn ('ɪf)] selbst (wenn)
evening ['i:vnɪŋ], **night** [naɪt] Abend
evening wear ['i:vnɪŋ weə] Abendgarderobe
event [ɪ'vent] Veranstaltung
every ['evrɪ] jeder
every day ['evrɪ 'deɪ] jeden Tag
every day ['evrɪ 'deɪ] täglich
every hour ['evrɪ‿'aʊə] stündlich
everybody ['evrɪˌbɒdɪ] jedermann
everything ['evrɪθɪŋ] alles
everywhere ['evrɪweə] überall
evil ['i:vl] böse
exact(ly) [ɪg'zækt(lɪ)] genau
examination [ɪgˌzæmɪ'neɪʃn] Untersuchung
example [ɪg'zɑ:mpl] Beispiel
excavations [ˌekskə'veɪʃnz] Ausgrabungen
excellent ['eksələnt] ausgezeichnet
except [ɪk'sept] außer
exchange [ɪks'tʃeɪndʒ] Geldwechsel
exchange [ɪks'tʃeɪndʒ] Wechsel
to exchange [ɪks'tʃeɪndʒ] austauschen
exchange rate [ɪks'tʃeɪndʒ ˌreɪt] Wechselkurs
excursion [ɪks'kɜ:ʃən] Tour
excursion [ɪks'kɜ:ʃn] Landausflug
excursion [ɪk'skɜ:ʃn] Ausflug
excuse [ɪks'kju:s] Entschuldigung
exempt [ɪg'zempt] frei (von Abgaben)
exhaust [ɪg'zɔ:st] Auspuff
exhausted [ɪg'zɔ:stɪd] erschöpft
exhibit [ɪg'zɪbɪt] Exponat
exhibition [ˌeksɪ'bɪʃn] Ausstellung
exit (motorway) [('məʊtəweɪ) 'eksɪt] Abfahrt
exit ['egzɪt] Ausfahrt

exit [ˈegzɪt] Ausgang
to expect [ɪksˈpekt] erwarten *(rechnen mit)*
expenses [ɪksˈpensɪz] Unkosten
experienced *(adj)* [ɪksˈpɪərɪənst] erfahren
experiment [ɪksˈperɪmnt] Probe
explicit(ly) [ɪksˈplɪsɪt(lɪ)] ausdrücklich
express letter [ɪksˈpres ˈletə] Eilbrief
expression [ɪksˈpreʃn] Ausdruck
expressionism [ɪkˈspreʃənɪzəm] Expressionismus
to extend [ɪkˈstend] verlängern
extension lead [ɪksˈtenʃən liːd] Verlängerungsschnur
extra [ˈekstrə], **special** [ˈspeʃl] extra
extra charge [ekstrə ˈtʃɑːdʒ] Zuschlag
extraordinary [ɪksˈtrɔːdnrɪ] außergewöhnlich
extras [ˈekstrəz] Nebenkosten
eye drops [ˈaɪ drɒps] Augentropfen
eyes [aɪz] Augen

F

façade [fəˈsɑːd] Fassade
factory [ˈfæktərɪ] Fabrik
faint [ˈfeɪnt] Ohnmacht
fair [feə] fair
fairly [ˈfeəlɪ] ziemlich
to fall [fɔːl] fallen
to fall [fɔːl] stürzen (fallen)
fall [fɔːl] *(Am)* Herbst
family [ˈfæmɪlɪ] Familie
famous [ˈfeɪməs] berühmt
far [fɑː] weit (entfernt)
fare [feə] Fahrpreis
farm [fɑːm] Bauernhof
fashion [ˈfæʃn] Mode
fashion jewellery [ˈfæʃən ˈdʒuːəlrɪ] Modeschmuck
to fast [fɑːst] fasten
fast [fɑːst] schnell
fat [fæt] fett
father [ˈfɑːðə] Vater
faucet [ˈfɔːsɪt] *(Am)* Wasserhahn
fault [fɔːlt] Defekt
fault [fɔːlt] Fehler
favourite [ˈfeɪvrɪt] Lieblings Liebling
to fear [fɪə] befürchten
to fear [fɪə] fürchten
February [ˈfebrʊərɪ] Februar
feeble [ˈfiːbl] schwach
feeding bottle [ˈfiːdɪŋ ˌbɒtl] Saugflasche

to feel [fi:l] befinden (sich fühlen)
to feel [fi:l] fühlen
feeling ['fi:lɪŋ] Gefühl
fees [fi:z] Gebühren
feet [fi:t] *(pl)* Fuß
fellow countryman ['feləʊ 'kʌntrɪmən] Landsmann
fennel ['fenl] Fenchel
ferry ['ferɪ] Fähre
festival ['festɪvl] Festival
fever ['fi:və] Fieber
fiancé/fiancée [fɪ'ɑ:nseɪ] der/die Verlobte
field [fi:ld] Feld
figs [fɪgz] Feigen
figure ['fɪgə] Zahl
to fill in [fɪl‿'ɪn] ausfüllen
to fill up ['fɪl 'ʌp] tanken
filled rolls ['fɪld rəʊlz] belegte Brötchen
filling ['fɪlɪŋ] Plombe
film ['fɪlm] Film
film actor/actress ['fɪlm 'æktə/æktrɪs] Filmschauspieler/in
film speed ['fɪlm ˌspi:d] Filmempfindlichkeit
finally ['faɪnəlɪ] endlich
finally ['faɪnəlɪ] zuletzt
to find [faɪnd] finden
finds [faɪndz] Funde
fine [faɪn] fein *(dünn)*
fine [faɪn] Geldstrafe
finger ['fɪŋgə] Finger
fire ['faɪə] Feuer
fire alarm ['faɪərəˌlɑ:m] Feuermelder
fire and theft insurance [faɪə‿ənd θeft ɪn'ʃʊərəns] Teilkasko
fire brigade ['faɪəbrɪˌgeɪd] Feuerwehr
fire extinguisher ['faɪərɪksˌtɪŋgwɪʃə] Feuerlöscher
firelighters ['faɪaˌlaɪtaz] Grillanzünder
firewood ['faɪəwʊd] Brennholz
fireworks ['faɪəwɜ:ks] Feuerwerk
firm [fɜ:m] fest
firm [fɜ:m] Firma
(at) first [(ət) 'fɜ:st] zuerst
first [fɜ:st] erste(r, -s)
first aid ['fɜ:st 'eɪd] Hilfe
first name ['fɜ:st neɪm] Vorname
first of all ['fɜ:st‿əv‿ˌɔ:l] erst (zuerst)
first/bottom gear ['fɜ:st/'bɒtəm 'gɪə] erster Gang
fish [fɪʃ] Fisch
fishbone ['fɪʃbəʊn] Gräte
fishing licence/permit ['fɪʃɪŋ 'laɪsns/pə'mɪt] Angelschein
fishing rod ['fɪʃɪŋrɒd] Angel

fishing village [ˈfɪʃɪŋ ˈvɪlɪdʒ] Fischerort
fishmonger [ˈfɪʃˌmʌŋgə] Fischhändler
fishmonger's [ˈfɪʃˌmʌŋgəz] Fischgeschäft
fit [fɪt] fit
to fit [fɪt] passen
fit of shivering [ˈfɪt‿əv ˈʃɪvrɪŋ] Schüttelfrost
fitness centre [ˈfɪtnɪs ˌsentə] Fitnesscenter
flannel [ˈflænl] Waschlappen
flash [flæʃ] Blitzgerät
flat [flæt] Apartment
flat (tyre) [flæt (ˈtaɪə)] Reifenpanne
flat [flæt] Wohnung
flat [flæt] flach
flat rate [ˈflæt ˈreɪt] Pauschalpreis
flat rate for electricity [ˈflæt ˈreɪt fə ˌɪlekˈtrɪsɪtɪ] Strompauschale
flat tyre [ˈflæt ˈtaɪə] Platten
flea market [ˈfli:ˌmɑ:kɪt] Flohmarkt
fleece [fli:s] (Schafs)Fell
flight [flaɪt] Flug
flippers [ˈflɪpəz] Schwimmflossen
floor [flɔ:] (Fuß)Boden
floor [flɔ:] Etage
floor [flɔ:] Stockwerk
florist's [flɒrɪsts] Blumengeschäft
flour [ˈflaʊə] Mehl
flower [ˈflaʊə] Blume
flu [flu:] Grippe
fly [flaɪ] Fliege
to fly [flaɪ] fliegen
fog [fɒg] Nebel
folding wheelchair [fəʊldiŋ wi:lˈtʃeə] Faltrollstuhl
folklore [fəʊklɔ:] Folklore
folklore evening [fəʊklɔ: ˈi:vnɪŋ] Folkloreabend
food [fu:d] Essen (Nahrung)
food [fu:d] Verpflegung
food poisoning [ˈfu:dˌpɔɪznɪŋ] Lebensmittelvergiftung
food store, grocer's [ˈfu:d stɔ:, ˈgrəʊsəz] Lebensmittelgeschäft
foot [fʊt] Fuß
football [ˈfʊtbɔ:l] Fußball (Spiel und Ball)
football ground [ˈfʊtbɔ:l graʊnd] Fußballplatz
football match [ˈfʊtbɔ:l mætʃ] Fußballspiel
for [fɔ:] aus
for [fɔ:] denn
for [fɔ:] für

for example [frˌɪɡˈzɑːmpl] zum Beispiel
forbidden [fəˈbɪdn] verboten
foreign [ˈfɒrən] ausländisch
foreign countries [ˈfɒrən ˈkʌntrɪz] Ausland
foreign currency [ˈfɒrən ˈkʌrənsɪ] Devisen
foreigner [ˈfɒrənə] Ausländer/in
foreigner [ˈfɒrənə] der/die Fremde
forest [ˈfɒrɪst] Wald
to forget [fəˈget] vergessen
fork [fɔːk] Gabel
form [fɔːm] Form
form [fɔːm] Formular
form [fɔːm] Vordruck
fortress [ˈfɔːtrɪs] Festung
forward(s) [ˈfɔːwəd(z)] vorwärts
fountain [ˈfaʊntɪn] Brunnen
fracture [ˈfræktʃə] (Knochen) Bruch
fracture [ˈfræktʃə] Knochenbruch
fraud [frɔːd] Betrug
free (of charge) [friː (əv ˈtʃɑːdʒ)] kostenlos
free [friː] frei
free [frɪː] gratis
to freeze [frɪːz] frieren
French [frentʃ] französisch
frequent(ly) [ˈfriːkwənt(lɪ)] häufig
fresh [freʃ] frisch
Friday [ˈfraɪdɪ] Freitag
fridge [frɪdʒ] Kühlschrank
fried [fraɪd] gebraten
fried eggs [fraɪd egz] Spiegeleier
friend [frend] Freund/in
friend [frend] der/die Bekannte
friendly [ˈfrendlɪ] freundlich
to frighten [ˈfraɪtn], **to startle** [ˈstɑːtl] erschrecken
fringe [frɪndʒ] Pony
from [frɒm] ab
from [frɒm] aus *(Herkunft)*
from [frɒm] von *(Herkunft)*
from the outside von außen
frost [frɒst] Frost
fruit [fruːt] Obst
fry-up [ˈfraɪʌp] Pfannengericht
full [fʊl] besetzt
full [fʊl] satt
full [fʊl] voll
full beam [ˈfʊlˈbiːm] Fernlicht
full board [ˈfʊl ˈbɔːd] Vollpension
fully comprehensive insurance [ˈfʊlɪ ˈkɒmprɪhensɪv ɪnˈʃʊərəns] Vollkasko
fun [fʌn] Vergnügen
funfair [ˈfʌnfeə] Kirmes

fungal infection ['fʌŋgl ɪn'fekʃn] Pilz
funicular [fju:'nɪkjʊlə] Seilbahn
funny ['fʌnɪ] lustig
fur [fɜ:] Fell
furious ['fjʊərɪəs] wütend
furniture ['fɜ:nɪtʃə] Möbel
fuse [fju:z] Sicherung
future ['fju:tʃə] Zukunft
future ['fju:tʃə] zukünftig

G

gable ['geɪbl] Giebel
gadget ['gædʒɪt] Apparat
gale [geɪl] Sturm
gall-bladder ['gɔ:lˌblædə] Gallenblase
gallery ['gælərɪ] Galerie
game [geɪm] Spiel
garage ['gærɑ:dʒ] (Auto) Werkstatt
garage ['gærɑ:dʒ] Garage
garbage ['gɑ:bɪdʒ] *(Am)* Müll
garden ['gɑ:dn] Garten
garlic ['gɑ:lɪk] Knoblauch
gas canister ['gæs 'kænɪstə] Gasflasche
gas cartridge ['gæs 'kɑ:trɪdʒ] Gaskartusche
gas cooker ['gæsˌkʊkə] Gaskocher
gate [geɪt] Flugsteig
gate [geɪt] Tor
gauze bandage ['gɔ:z 'bændɪdʒ] Mullbinde
gear [gɪə] Gang
gearbox ['gɪəbɒks] Getriebe
gentleman ['dʒentlmən] Herr
Gentlemen [dʒentlmən] Herren
Gents [dʒents] Herren
genuine ['dʒenjʊɪn] echt
German ['dʒɜ:mən] der/die Deutsche
German ['dʒɜ:mən] deutsch
German measles ['dʒɜ:mən 'mi:zlz] Röteln
Germany ['dʒɜ:mənɪ] Deutschland
to get [get] bekommen
to get [get] besorgen
to get [get] erhalten
to get lost [get 'lɒst] sich verirren
to get on ['get‿'ɒn] einsteigen
to get out ['get 'aʊt] aussteigen
to get up ['get 'ʌp] aufstehen
girl [gɜ:l] Mädchen
girlfriend ['gɜ:lfrend] Freundin
to give [gɪv] geben
to give as a present ['gɪv‿əz‿ə 'preznt] schenken
to give back [ˌgɪv 'bæk] zurückgeben

glad (of) [glæd (‿əv)] erfreut (über)
glad [glæd] froh
gladly ['glædlɪ] gern
glass [glɑːs] Glas
glass [glɑːs] Wasserglas
glass painting ['glɑːs ˌpeɪntɪŋ] Glasmalerei
gliding ['glaɪdɪŋ] Segelfliegen
glorious ['glɔːrɪəs], **splendid** ['splendɪd] herrlich
gloves [glʌvz] Handschuhe
gnat [næt] Mücke
to go [gəʊ] gehen
to go [gəʊ] gehen
to go [gəʊ] **by train, car etc.** fahren (mit dem Zug, Auto)
to go away ['gəʊ‿ə'weɪ] verreisen
to go away ['gəʊ‿ə'weɪ] weggehen
to go to bed ['gəʊ tə 'bed] zu Bett gehen
go fishing [gəʊ 'fɪʃɪŋ] angeln
to go for a walk ['gəʊ fər‿ə 'wɔːk] spazieren gehen
to go jogging [gəʊ 'dʒɒgɪŋ] joggen
to go on a journey ['dʒɜːnɪ] verreisen
to go out ['gəʊ 'aʊt] ausgehen
to go shopping [gəʊ 'ʃɒpɪŋ] einkaufen
to go snorkelling [gəʊ 'snɔːklɪŋ] schnorcheln
to go to ['gəʊ tʊ] reisen
goal [gəʊl] Tor
goalkeeper ['gəʊlˌkiːpə] Torwart
God [gɒd] Gott
gold [gəʊld] Gold
gold [gəʊld] goldfarben
gold work ['gəʊld wɜːk] Goldschmiedekunst
golf [gɒlf] Golf
golf club ['gɒlfklʌb] Golfclub
golf clubs ['gɒlfklʌbz] Golfschläger
gone [gɒn] vorüber
good [gʊd] *(adj)* gut
Good Friday ['gʊd 'fraɪdɪ] Karfreitag
gorge [gɔːdʒ] Schlucht
Gothic ['gɒθɪk] Gotik
government ['gʌvnmənt] Regierung
gram(s) [græm(z)] Gramm
grandfather ['grænˌfɑːðə] Großvater
grandmother ['grænˌmʌðə] Großmutter
grandson ['grænsʌn]**/grand-daughter** ['grænˌdɔːtə] Enkel/in

grapes [greɪps] Weintrauben
graphic arts ['græfɪk 'ɑ:ts] Grafik
grave [greɪv] Grab
graveyard Friedhof
gravy ['greɪvɪ] Soße *(zum Braten)*
great [greɪt] groß *(bedeutend)*
Greek [gri:k] griechisch
green [gri:n] grün
green beans ['gri:n 'bi:nz] grüne Bohnen
green card ['gri:n 'kɑ:d] grüne Versicherungskarte
greengrocer's [gri:n'grəʊsəz] Obst- und Gemüsehändler
to greet [gri:t] begrüßen
to greet [gri:t] empfangen *(begrüßen)*
to greet [gri:t] grüßen
grey [greɪ] grau
gridlock [grɪdlɒk] Stau
grill [grɪl] Grill
grilled [grɪld] vom Grill
grotto ['grɒtəʊ] Grotte
ground [graʊnd] Boden
ground [graʊnd] Gelände
at ground level [ət graʊnd levl] ebenerdig
ground-floor ['graʊnd'flɔ:] Erdgeschoss
group [gru:p] Gruppe
growth [grəʊθ] Geschwulst
guarantee [ˌgærən'ti:] Garantie
guest [gest] Gast
guest house ['gesthaʊs] Pension
guide [gaɪd] Fremdenführer/in
guide [gaɪd] Führer *(für Fremde)*
guide [gaɪd] Reiseführer
guide dog [gaɪddɒg] Blindenhund
guided tour ['gaɪdɪd 'tʊə] Führung
guilt [gɪlt] Schuld
gullet ['gʌlɪt] Speiseröhre
gums [gʌmz] Zahnfleisch
gust of wind [ˌgʌst‿əv 'wɪnd] Bö
gymnastics [dʒɪm'næstɪks] Turnen

H

hair [heə] Haar
hair dryer ['heəˌdraɪə] Föhn
hair gel ['heə dʒel] Haargel
hairband ['heəbænd] Haargummi
hairdresser's ['heəˌdresəz] Friseur
hairpins ['heəpɪnz] Haarklammern
hairstyle ['heəstaɪl] Frisur
half [hɑ:f] Kinderfahrkarte
half [hɑ:f] *(adj/adv)* halb

half [hɑ:f], *(pl)* **halves** [hɑ:vz] Hälfte
half board ['hɑ:f 'bɔ:d] Halbpension
hall [hɔ:l] Saal
halt! [hɔ:lt] halt!
ham [hæm] Schinken
hand ['hænd] Hand
to hand in ['hænd 'ɪn] abgeben
hand throttle [hænd θrɒtl] Handgas *(Auto)*
handbag ['hændbæg] Handtasche
handball ['hændbɔ:l] Handball
handbrake ['hændbreɪk] Handbremse
handle ['hændl] Haltegriff
handmade ['hænd'meɪd] handgemacht
hand-operated bike [hænd'ɒpəreɪtɪd baɪk] Handbike
handover of the key ['hændəʊvər‿əv ðə ki:] Schlüsselübergabe
handrail [hændreɪl] Handlauf
handwriting ['hænd,raɪtɪŋ] Handschrift
hang-gliding ['hæng,glaɪdɪŋ] Drachenfliegen
happy ['hæpɪ] glücklich
hard [hɑ:d] hart
hard of hearing [hɑ:d‿əv 'hɪərɪŋ] hörgeschädigt
hardly ['hɑ:dlɪ] kaum
hat [hæt] Hut
to have [hæv] haben
to have a good time ['hæv ə 'gʊd 'taɪm] sich amüsieren
to have an accident ['æksɪdənt] verunglücken
to have breakfast [hæv 'brekfəst] frühstücken
to have to ['hæv tʊ] sollen (müssen)
hay fever ['heɪ ,fi:və] Heuschnupfen
hazard warning lights ['hæzəd 'wɔ:nɪŋ ,laɪtz] Warnblinkanlage
he [hi:] er
head [hed] Chef
head [hed] Kopf
head [hed] Leiter/in
headache ['hedeɪk] Kopfschmerzen
head-ache tablets ['hedeɪk 'tæblɪts] Kopfschmerztabletten
headlights ['hedlaɪts] Scheinwerfer
headphones ['hedfəʊnz] Kopfhörer

headquarters [ˌhedˈkwɔːtəz] Sitz *(von Firma usw.)*
health food shop [ˈhelθˌfuːd ʃɒp] Reformhaus
healthy [ˈhelθɪ] gesund
to hear [hɪə] hören
to hear [hɪə] erfahren
hearing [ˈhɪərɪŋ] Gehör
heart [hɑːt] Herz
heart attack [ˈhɑːt‿əˈtæk] Herzinfarkt
heart trouble [ˈhɑːt ˌtrʌbl] Herzbeschwerden
heartburn [ˈhɑːtbɜːn] Sodbrennen
heat [hiːt] Hitze
heath [hiːθ] Heide
heating [ˈhiːtɪŋ] Heizung
heatwave [ˈhiːtweɪv] Hitzewelle
heaven [ˈhevn] Himmel
heavy [ˈhevɪ] schwer
heel [hiːl] Absatz
height [haɪt] Größe *(Länge, Höhe)*
height [haɪt] Höhe
to help s.o. [help] jdm helfen
her [hɜː] *(poss prn, f)* ihr
herbs [hɜːbz] Kräuter
here [hɪə] hier
hernia [ˈhɜːnjə] (Leisten)Bruch
herring [ˈherɪŋ] Hering
high [haɪ] hoch
high season [ˈhaɪ ˌsiːzn] Hauptsaison
high tide [ˈhaɪ ˈtaɪd] Flut
highlight [ˈhaɪlaɪt] Höhepunkt
highlights [ˈhaɪlaɪts] Strähnchen
to hike [haɪk] wandern
hiking map [ˈhaɪkɪŋ mæp] Wanderkarte
hill [hɪl] Hügel
to hinder [ˈhɪndə] hindern
hinterland [ˈhɪntəlænd] Hinterland
hip [hɪp] Hüfte
to hire [ˈhaɪə] mieten
his [hɪz] *(poss prn m)* sein
history [ˈhɪstərɪ] Geschichte
to hitchhike [ˈhɪtʃhaɪk] trampen
hoarse [hɔːs] heiser
holdall [ˈhəʊldɔːl] Reisetasche
hole [həʊl] Loch
holiday camp [ˈhɒlədɪ kæmp] Ferienanlage
holiday home [ˈhɒlədɪ ˌhəʊm] Ferienhaus
holidays [ˈhɒlədɪz] Ferien
holidays [ˈhɒlədɪz] Urlaub
holy [ˈhəʊlɪ] heilig
home [həʊm] Heimat
home-made [ˌhəʊmˈmeɪd] hausgemacht
honey [ˈhʌnɪ] Honig
hood [hʊd] *(Am)* Motorhaube

hook [hʊk] Haken
horn [hɔ:n] Hupe
hors d'oeuvre [ɔ:'dɜ:vr] Vorspeise
horse [hɔ:s] Pferd
hospital ['hɒspɪtl] Krankenhaus
hospitality [ˌhɒspɪ'tælɪtɪ] Gastfreundschaft
host/hostess [həʊst/'həʊstɪs] Gastgeber/in
hot [hɒt] heiß
hot [hɒt] scharf
hot water [hɒt 'wɔ:tə] warmes Wasser
hourly ['aʊəlɪ] stündlich
hours of business ['aʊəz‿əv 'bɪznɪs] Öffnungszeiten
house [haʊs] Haus
house number ['haʊs ˌnʌmbə] Hausnummer
houseboat ['haʊsbəʊt] Hausboot
hovercraft ['hɒvəkrɑ:ft] Luftkissenboot
how [haʊ] wie *(Frage)*
humid ['hju:mɪd] schwül
to hurry ['hʌrɪ] sich beeilen
to hurt [hɜ:t] verletzen
to hurt [hɜ:t] weh tun, schmerzlich
husband ['hʌzbənd] Ehemann
hut [hʌt] Hütte
hydrofoil ['haɪdrəfɔɪl] Tragflügelboot

I

I [aɪ] ich
I beg your pardon! [aɪ 'beg jɔ: 'pɑ:dn] Ich bitte um Entschuldigung!
I did it myself [maɪ'self] ich habe es selbst gemacht
I don't mind ['aɪ dəʊnt 'maɪnd] meinetwegen
I'm Swiss [aɪm 'swɪs] Schweizer/in
ice [aɪs] Eis
ice hockey ['aɪsˌhɒkɪ] Eishockey
ice pack ['aɪspæk] Kühlelement
ice rink ['aɪsrɪŋk] Eisbahn
to ice skate, to go ice skating ['aɪsˌskeɪt, gəʊ 'aɪsˌskeɪtɪŋ] Schlittschuhe laufen
ice skates ['aɪsˌskeɪts] Schlittschuhe
ice skating ['aɪsˌskeɪtɪŋ] Eislauf
idea [aɪ'dɪə] Idee
idea [aɪ'dɪə] Vorstellung
identity card [aɪ'dentɪtɪ kɑ:d] Personalausweis
if [ɪf] wenn
ignition [ɪg'nɪʃn] Zündung
ignition key [ɪg'nɪʃn ki:] Zündschlüssel

ill [ɪl] krank
illness ['ɪlnɪs] Krankheit
illustration [ˌɪləs'treɪʃn] Bild *(Abbildung)*
immediately [ɪ'mi:djətlɪ] sofort
impertinent [ɪm'pɜ:tɪnənt] unverschämt
important [ɪm'pɒtnt] wichtig
impossible [ɪm'pɒsəbl] unmöglich
impressionism [ɪm'preʃənɪzm] Impressionismus
impressive [ɪm'presɪv] beeindruckend
improbable [ɪm'prɒbəbl] unwahrscheinlich
in [ɪn] in
in addition [ɪn‿ə'dɪʃn] zusätzlich
in advance [ɪn‿əd'vɑ:ns] im Voraus
in case [ɪn 'keɪs], **if** [ɪf] falls
in English ['ɪŋglɪʃ] auf Englisch
in front [ɪn 'frʌnt] vorn
in front of [ɪn 'frʌnt‿əv] vor *(räumlich)*
in need of care [ɪn ni:d‿əv keə] pflegebedürftig
in the afternoon [ɪn ðɪ‿ˌɑ:ftə'nu:n] nachmittags
in the evening [ɪn ði:‿'i:vnɪŋ] abends
in the morning [ɪn ðə 'mɔ:nɪŋ] am Vormittag
in the morning [ɪn ðə 'mɔ:nɪŋ] morgens
in the open air ['əupən 'eə] im Freien
in time [ɪn 'taɪm] *(adv)* rechtzeitig
in writing [ɪn 'raɪtɪŋ] schriftlich
incident ['ɪnsɪdnt] Zwischenfall
included [ɪn'klu:dɪd] inbegriffen
incredible [ɪn'kredəbl] unglaublich
indicator ['ɪndɪkeɪtə] Blinklicht
indigestion [ˌɪndɪ'dʒestʃn] Verdauungsstörung
indoors [ˌɪn'dɔ:z] drin, drinnen
infection [ɪn'fekʃn] Infektion
inflammable [ɪn'flæməbl] feuergefährlich
inflammation [ˌɪnflə'meɪʃn] Entzündung
inflammation of the middle ear [ˌɪnflə'meɪʃn‿əv ðə 'mɪdl‿'ɪə] Mittelohrentzündung
influenza [ˌɪnflʊ'enzə] Grippe
to inform [ɪn'fɔ:m] benachrichtigen
to inform [ɪn'fɔ:m] informieren
information [ɪnfə'meɪʃn] Auskunft
infusion [ɪn'fju:zn] Infusion

inhabitant [ɪnˈhæbɪtənt] Einwohner
injection [ɪnˈdʒekʃn] Spritze
to injure [ˈɪndʒə] verletzen
injured person [ˈɪndʒəd ˈpɜːsn] der/die Verletzte
injury [ˈɪndʒərɪ] Verletzung
inner courtyard [ˈɪnə ˈkɔːtjɑːd] Innenhof
in-room telephone [ɪn ruːm telɪfəʊn] Zimmertelefon
inscription [ɪnˈskrɪpʃn] Inschrift
insect [ˈɪnsekt] Insekt
inside [ˈɪnˈsaɪd] innen
inside [ˌɪnˈsaɪd] drin, drinnen
to insist [ɪnˈsɪst] behaupten *(bestimmt)*
to insist on [ɪnˈsɪst‿ɒn] bestehen auf
insomnia [ɪnˈsɒmnɪə] Schlaflosigkeit
inspector [ɪnˈspektə] Kontrolleur/in
instead of [ɪnˈsted‿əv] anstatt
insulin [ˈɪnsjʊlɪn] Insulin
insult [ˈɪnsʌlt] Beleidigung
insurance [ɪnˈʃʊərns] Versicherung
intelligent [ɪnˈtelɪdʒənt] klug
interesting [ˈɪntrɪstɪŋ] interessant
international [ˌɪntəˈnæʃənl] international
international call [ˌɪntəˈnæʃənl kɔːl] Auslandsgespräch
international flight [ˌɪntəˈnæʃənl flaɪt] Auslandsflug
interrail [ɪntəˈreɪl] Interrail
to interrupt [ˌɪntəˈrʌpt] unterbrechen
interval [ˈɪntəvl] Pause
intestines [ɪnˈtestɪnz] Darm
intolerable [ɪnˈtɒlrəbl] unerträglich
to introduce [ˌɪntrəˈdjuːs] bekannt machen
introduction [ˌɪntrəˈdʌkʃn] Vorstellung
to invite [ɪnˈvaɪt] einladen
(tincture of) iodine [(ˈtɪŋktʃər‿əv) ˈaɪədiːn] Jod(tinktur)
Ireland [ˈaɪələnd] Irland
Irish [ˈaɪrɪʃ] irisch
Irishman/Irishwoman [ˈaɪrɪʃmən/ˈaɪrɪʃˌwʊmən] Ire/Irin
iron [ˈaɪən] bügeln
ironmonger's [ˈaɪənˌmʌŋgəz] Eisenwarengeschäft
island [ˈaɪlənd] Insel
isolated [ˈaɪsəleɪtɪd] einsam *(Haus usw.)*
to itch [ɪtʃ] jucken
its [ɪts] *(n)* sein

J

jack [dʒæk] Wagenheber
jacket [ˈdʒækɪt] Jacke
jam [dʒæm]; Marmelade
January [ˈdʒænjʊərɪ] Januar
jaw [dʒɔː] Kiefer
jazz [dʒæz] Jazz
jazz aerobics [dʒæz eəˈrəʊbɪks] Jazzgymnastik
jeans [dʒiːnz] Jeans
jetfoil [ˈdʒetfɔɪl] Tragflügelboot
jeweller's [ˈdʒuːələz] Juwelier
jewellery [ˈdʒuːəlrɪ] Schmuck
job [dʒɒb] Arbeit
job [dʒɒb] Beruf
to jog [dʒɒg] joggen
joint [dʒɔɪnt] Gelenk
joke [dʒəʊk] Witz
journey [ˈdʒɜːnɪ] Reise
journey [ˈdʒɜːnɪ], **trip** [trɪp] Fahrt *(Reise)*
journey home [ˈdʒɜːnɪ ˈhəʊm] Heimreise
judge [dʒʌdʒ] Richter/in
juicy [ˈdʒuːsɪ] saftig
July [dʒuːˈlaɪ] Juli
jump leads [ˈdʒʌmp ˌliːdz] Starthilfekabel
jumper [ˈdʒʌmpə] Pullover
junction [ˈdʒʌŋkʃn] Kreuzung
June [dʒuːn] Juni
just [dʒʌst] gerade *(zeitlich)*
just as ... as [ˈdʒʌst‿əz … əz] genau so ... wie

K

to keep [kiːp] aufbewahren
to keep [kiːp] behalten
to keep [kiːp] halten
ketchup [ˈketʃʌp] Ketschup
key [kiː] Schlüssel
keyboard telephone [kiːbɔːd telɪfəʊn] Schreibtelefon
kidney [ˈkɪdnɪ] Niere
kidney belt [ˈkɪdnɪ belt] Nierengurt
kidney stone [ˈkɪdnɪstəʊn] Nierenstein
kilogram(s) [ˈkɪləgræm(z)] Kilogramm
kilometre [ˈkɪləˌmiːtə] Kilometer
kind [kaɪnd] Art
kind [kaɪnd] freundlich
kind [kaɪnd] liebenswürdig
kind [kaɪnd] Sorte
king [kɪŋ] König
kiss [kɪs] Kuss
to kiss [kɪs] küssen
kitchen [ˈkɪtʃɪn] Küche
kitchenette [ˌkɪtʃɪˈnet] Kochnische
knee [niː] Knie
knife [naɪf] Messer
to know [nəʊ] wissen

L

laces [leɪsɪs] Schnürsenkel
Ladies ['leɪdɪz] Damen
lake [leɪk] See
lamb [læm] Lammfleisch
lamp [læmp] Lampe
land [lænd] Land *(Gegensatz zu Wasser)*
to land at, to dock at ['lænd‿ət, 'dɒk‿ət] anlegen in
landing ['lændɪŋ] Landung
landing stage ['lændɪŋ steɪdʒ] (Landungs)Steg
landlord/landlady ['lænlɔ:d, 'læn,leɪdɪ] Hausbesitzer/in
landmark ['lændma:k] Wahrzeichen
landscape format ['lænskeɪp ,fɔ:mæt] Querformat
language ['læŋgwɪdʒ] Sprache
large [la:dʒ] groß
last [la:st] letzte(r, -s)
last [la:st] zuletzt
to last [la:st] dauern
last but one ['la:st bʌt 'wʌn] vorletzte(r, -s)
last Monday ['la:st 'mʌndɪ] letzten Montag
late [leɪt] spät
later ['leɪtə] später
to laugh [la:f] lachen
launderette [,lɔ:ndə'ret] Waschsalon
laundry ['lɔ:ndrɪ] Wäscherei
lavatory ['lævətrɪ] Toilette
lawn [lɔ:n], **grass** [gra:s] Rasen
lawyer ['lɔ:jə] Rechtsanwalt/-anwältin
laxative ['læksətɪv] Abführmittel
layered cut ['leɪəd ,kʌt] Stufenschnitt
lazing around [leɪzɪŋ ə'raʊnd] faulenzen
lazy ['leɪzɪ] faul
leading role ['li:dɪŋ 'rəʊl] Hauptrolle
leaf [li:f] Blatt
leaflet ['li:flɪt] Prospekt
lean [li:n] mager *(Fleisch)*
to learn [lɜ:n] erfahren
to learn [lɜ:n] lernen
leather jacket ['leðə 'dʒækɪt] Lederjacke
leather shop ['leðə ʃɒp] Lederwarengeschäft
to leave (for) ['li:v fɔ:] abreisen (nach)
to leave [li:v] abfahren *(von)*
to leave [li:v] abgeben
to leave [li:v] verlassen
to leave [lɪ:v] weggehen
leek(s) [li:k(s)] Lauch

left ['left] links
left(-hand) ['left(ˌhænd)] linke(r, -s)
left-luggage locker ['left 'lʌgɪdʒ ˌlɒkə] Schließfach
left-luggage office ['left 'lʌgɪdʒ ˌɒfɪs] Gepäckaufbewahrung
leg [leg] Bein
legal alcohol limit ['lɪ:gl 'ælkəhɒl 'lɪmɪt] Promillegrenze
leggings ['legɪŋz] Leggins
lemonade [ˌlemə'neɪd] Limonade
lemons ['lemənz] Zitronen
to lend [lend] jdm etw leihen
lens [lenz] Linse
lens [lenz] Objektiv
lentils ['lentɪlz] Linsen
to let [let] vermieten
letter ['letə] Brief
lettuce ['letɪs] Kopfsalat
level ['levl] flach *(eben)*
liable to duty ['laɪəbl tə 'dju:tɪ] zollpflichtig
to lie [laɪ] liegen
to lie down ['laɪ 'daʊn] hinlegen
life jacket ['laɪfˌdʒækɪt] Schwimmweste
lifebelt ['laɪfbelt] Rettungsring
lifeboat ['laɪfbəʊt] Rettungsboot
lifeguard ['laɪfgɑ:d] Bademeister/in *(am Strand)*
lift [lɪft] Aufzug
lift [lɪft] Fahrstuhl
lifting ramp [lɪftɪŋ ræmp] Hublift
light [laɪt] leicht *(Gewicht)*
light [laɪt] Licht
to light [laɪt] anzünden
light ... [laɪt] hellblau/hellgrün
light meter ['laɪt ˌmi:tə] Belichtungsmesser
light switch ['laɪtswɪtʃ] Lichtschalter
lighthouse ['laɪthaʊs] Leuchtturm
lightning ['laɪtnɪŋ] Blitz
like [laɪk] wie *(Vergleich)*
to like [laɪk] mögen *(gern haben)*
line [laɪn] Linie
linen ['lɪnɪn] Leinen
lip [lɪp] Lippe
lipstick ['lɪpstɪk] Lippenstift
liquid ['lɪkwɪd] flüssig
to listen ['lɪsn] **(to)** zuhören
listening to music ['lɪsnɪŋ tə'mju:zɪk] Musik hören
litre ['li:tə] Liter
little [lɪtl] klein
to live [lɪv] leben

to live [lɪv], **to stay** [steɪ] wohnen
live music ['laɪv 'mju:zɪk] Livemusik
lively ['laɪvlɪ] lebhaft
liver ['lɪvə] Leber
liver pâté ['lɪvəˌpæteɪ] Leberpastete
living room ['lɪvɪŋrʊm] Wohnzimmer
local ['ləʊkl] einheimisch
local call ['ləʊkl kɔ:l] Ortsgespräch
local train ['ləʊkl 'treɪn] Nahverkehrszug
loch [lɒk] See *(in Schottland)*
lock [lɒk] Türschloss
to lock [lɒk] abschließen
to lock [lɒk] verschließen
lonely ['ləʊnlɪ] einsam *(Mensch)*
long [lɒŋ] lang
long [lɒŋ] weit *(Weg)*
long-distance call [ˌlɒŋ 'dɪstəns kɔ:l] Ferngespräch
look [lʊk] Blick
to look [lʊk] schauen
to look after [lʊk 'ɑ:ftə] aufpassen *(auf)*
to look after s.o/s.th. [ˌlʊk‿'ɑ:ftə] sich kümmern um
to look at ['lʊk‿ət] ansehen
to look for ['lʊk fɔ:] suchen
to look forward to ['lʊk 'fɔ:wəd tu:] sich freuen auf
look out! ['lʊk 'aʊt] Vorsicht!
to lose [lu:z] verlieren
to lose one's way ['lu:z wʌnz 'weɪ] sich verirren
lost-property office ['lɒst'prɒpətɪ ˌɒfɪs] Fundbüro
a lot of [ə 'lɒt‿əv] viel
loud [laʊd] laut
lounge [laʊndʒ] Aufenthaltsraum
love [lʌv] Liebe
to love [lʌv] lieben
low [ləʊ] nieder, niedrig
low season ['ləʊ ˌsi:zn] Nachsaison
low season ['ləʊ ˌsi:zn] Vorsaison
low tide ['ləʊ 'taɪd] Ebbe
low-fat milk ['ləʊ'fæt 'mɪlk] fettarme Milch
luck [lʌk] Glück
lucky ['lʌkɪ] glücklich *(Glück gehabt)*
luggage ['lʌgɪdʒ] Gepäck
luggage check-in ['bægɪdʒ 'tʃekɪn] Gepäckabfertigung
luggage counter ['lʌgɪdʒ kaʊntə] Gepäckschalter

luggage reclaim [ˈlʌgɪdʒ ˌriːˈkleɪm] Gepäckausgabe
luggage van [ˈlʌgɪdʒ væn] Gepäckwagen
lumbago [lʌmˈbeɪgəʊ] Hexenschuss
lunch [lʌntʃ] Mittagessen
lungs [lʌŋz] Lunge
luxurious [lʌgˈzjʊərɪəs] luxuriös

M

machine [məˈʃiːn] Maschine
mackerel [ˈmækrl] Makrele
mad [mæd], **crazy** [ˈkreɪzɪ] verrückt
Madam [ˈmædəm] Frau
magazine [ˌmægəˈziːn] Illustrierte
magazine [ˌmægəˈziːn] Zeitschrift
maid [meɪd] Zimmermädchen
maiden name [ˈmeɪdn neɪm] Geburtsname
main course [ˈmeɪn ˈkɔːs] Hauptspeise
main street [ˈmeɪn ˈstriːt] Hauptstraße
mainland [ˈmeɪnlænd] Festland
to maintain [meɪnˈteɪn] behaupten
to make [meɪk] Kaffee, Tee kochen
to make [meɪk] machen *(herstellen)*
to make [meɪk] **a statement;** Angaben machen
to make a mistake [ˈmeɪk‿ə mɪsˈteɪk] sich verrechnen
to make a phone call [meɪk‿ə ˈfəʊnkɔːl] telefonieren
to make good [ˈmeɪk ˈgʊd] ersetzen *(Schaden)*
making music [ˈmeɪkɪŋˈmjuːzɪk] musizieren
man [mæn] der Mensch
man [mæn] Mann
man [mæn] Mensch
management [ˈmænɪdʒmənt] Direktion
manager [ˈmænɪdʒə] Leiter/in
mandarins [ˈmændərɪn] Mandarinen
map [ˈmæp] Landkarte
March [mɑːtʃ] März
margarine [ˌmɑːdʒəˈriːn] Margarine
market [ˈmɑːkɪt] Markt
marmalade [ˈmɑːməleɪd] (Orangen)Marmelade
married [ˈmærɪd] **(to)** verheiratet (mit)
to marry [ˈmærɪ] heiraten
marsh [mɑːʃ] Sumpf

marvellous [ˈmɑːvləs] wunderbar
mascara [mæˈskɑːrə] Wimperntusche
mass [mæs] Messe
massage [ˈmæsɑːʒ] Massage
match [mætʃ] Spiel
match [mætʃ] Wettkampf
matchbox [ˈmætʃbɒks] Streichholz
material [məˈtɪərɪəl] Material
material [məˈtɪərɪəl] Stoff
matter [ˈmætə] Angelegenheit
mattress [ˈmætrɪs] Matratze
mature [məˈtjʊə] reif *(geistig, körperlich)*
May [meɪ] Mai
maybe [ˈmeɪbiː] vielleicht
mayonnaise [ˌmeɪəˈneɪz] Mayonnaise
to me mir
me [miː] mich
me [miː] mir
meadow [ˈmedəʊ] Wiese
meal [miːl] Essen *(Mahlzeit)*
meal [miːl] Mahlzeit
meaning [ˈmiːnɪŋ] Bedeutung *(Sinn)*
means [miːnz] Mittel
measles [ˈmiːzlz] Masern
meat [miːt] Fleisch
medical insurance [ˈmedɪkl‿ɪnˈʃʊərns] Krankenkasse
medical insurance card [ˈmedɪkl‿ɪnˈʃʊərns ˈkɑːd] Versichertenkarte
medicine [ˈmedsən] Medikament
medium sweet [swiːt] lieblich *(Wein)*
to meet [miːt] begegnen
to meet [miːt] kennen
to meet [miːt] treffen
melon [ˈmelən] Melone
memorial [mɪˈmɔːrɪəl] Gedenkstätte
men [men] *(pl)* Männer
menstruation [ˌmenstrʊˈeɪʃn] Menstruation
menu [ˈmenjuː] Speisekarte
merry [ˈmerɪ] froh *(lustig)*
merry [ˈmerɪ] lustig
message [ˈmesɪdʒ] Nachricht
methylated spirits [ˈmeθɪleɪtɪd ˈspɪrɪts] Brennspiritus
metre [ˈmiːtə] Meter
microwave [maɪkrəʊweɪv] Mikrowelle
middle [ˈmɪdl] Mitte
Middle Ages [ˈmɪdl‿ˈeɪdʒɪz] Mittelalter
midge [mɪdʒ] Mücke

migraine ['mi:greɪn] Migräne
mild [maɪld] mild
milk [mɪlk] Milch
millimetre ['mɪlɪˌmi:tə] Millimeter
mince [mɪns] Hackfleisch
minced meat ['mɪnst 'mi:t] Hackfleisch
mini-bar ['mɪnɪbɑ:] Minibar
minute ['mɪnɪt] Minute
mirror ['mɪrə] Spiegel
to miscalculate [ˌmɪs'kælkjʊleɪt] sich verrechnen
miscarriage [ˌmɪs'kærɪdʒ] Fehlgeburt
misfortune [mɪs'fɔ:tʃən] Unglück *(Unheil)*
Miss [mɪs] Fräulein *(Anrede, vor Namen)*
to miss [mɪs] verpassen
mistake [mɪs'teɪk] Fehler
mistake [mɪs'teɪk] Irrtum
to mistake for [mɪs'teɪk fɔ:] verwechseln
misunderstanding [ˌmɪsʌndə'stændɪŋ] Missverständnis
to mix [mɪks] zubereiten *(Getränke)*
mixed [mɪkst] gemischt
mobile (phone) ['məʊbaɪl ('fəʊn)] Handy
model ['mɒdl] Modell
modern ['mɒdn] modern
moist [mɔɪst] feucht
moist [mɔɪst] nass
moment ['məʊmənt] Augenblick
monastery ['mɒnəstrɪ] Mönchs-Kloster
Monday ['mʌndɪ] Montag
money ['mʌnɪ] Geld
month [mʌnθ] Monat
monthly ['mʌnθlɪ] monatlich
monument ['mɒnjʊmənt] Denkmal
moon [mu:n] Mond
moor [mɔ:] Heide
more mehr
morning ['mɔ:nɪŋ] Morgen
morning ['mɔ:nɪŋ] Vormittag
mosaic [məʊ'zeɪɪk] Mosaik
motel [məʊ'tel] Motel
mother ['mʌðə] Mutter
motive ['məʊtɪv] Beweggrund
motor ['məʊtə] Motor
motorail service ['məʊtəreɪl 'sɜ:vɪs] Autoreisezug
motorboat ['məʊtəbəʊt] Motorboot
motorway ['məʊtəweɪ] Autobahn
motorway exit ['məʊtəweɪ 'eksɪt] Autobahnausfahrt

motorway toll [ˈməʊtəweɪ təʊl] Autobahngebühren
mountain [ˈmaʊntɪn] Berg
mountain bike [ˈmaʊntɪn baɪk] Mountainbike
mountain village [ˈmaʊntɪn ˈvɪlɪdʒ] Bergdorf
mountaineering [ˌmaʊntɪˈnɪərɪŋ] Bergsteigen
mountains [ˈmaʊntɪnz] Gebirge
moustache [məsˈtɑːʃ] Schnurrbart
mouth [maʊθ] Flussmündung
mouth [maʊθ] Mund
movie *(Am)* [ˈmuːvɪ] Film
Mr [ˈmɪstə] Herr *(vor Namen)*
Mrs [ˈmɪsɪz] Frau *(vor Namen)*
much [mʌtʃ] viel
muesli [ˈmjuːzlɪ] Müsli
mugging [ˈmʌgɪŋ] Überfall
mumps [mʌmps] Mumps
muscle [ˈmʌsl] Muskel
museum [mjuːˈzɪəm] Museum
museum of ethnology [mjʊˈzɪəm‿əv eθˈnɒlədʒɪ] Völkerkundemuseum
music [ˈmjuːzɪk] Musik
musical [ˈmjuːzɪkl] Musical
mussels [ˈmʌslz] Miesmuscheln
mustard [ˈmʌstəd] Senf
mute [mjuːt] stumm
mutton [ˈmʌtn] Hammelfleisch
my [maɪ] mein

N

nail scissors [ˈneɪlˌsɪzəz] Nagelschere
nail varnish [ˈneɪlˌvɑːnɪʃ] Nagellack
nail varnish remover [ˈneɪlˌvɑːnɪʃ rɪˈmuːvə] Nagellackentferner
naked [ˈneɪkɪd], **nude** [njuːd] nackt
name [neɪm] Name
napkin [ˈnæpkɪn] Serviette
nappies [ˈnæpɪz] Windeln
narrow [ˈnærəʊ] eng
narrow [ˈnærəʊ] schmal
national costume [ˌnæʃəˈnæl ˈkɒstjuːm] (Volks)Tracht
national park [ˈnæʃnl ˈpɑːk] Nationalpark
nationality [ˌnæʃəˈnælɪtɪ] Staatsangehörigkeit
native [ˈneɪtɪv] einheimisch
native country [ˈneɪtɪv ˈkʌntrɪ] Heimat
natural [ˈnætʃrəl] *(adj)* natürlich
nature [ˈneɪtʃə] Natur
nature reserve [ˈneɪtʃə rɪˈzɜːv] Naturschutzgebiet
naughty [ˈnɔːtɪ] böse
nausea [ˈnɔːsjə] Brechreiz
nausea [ˈnɔːsjə] Übelkeit

near [nɪə] bei *(örtlich)*
near [nɪə] nah
near [nɪə] nahe
nearly ['nɪəlɪ] fast
necessary ['nesɪsrɪ] notwendig
neck [nek] Hals
necklace ['neklɪs] Kette
to need [ni:d] brauchen
needle ['ni:dl] Nadel
negative ['negətɪv] negativ
neighbour ['neɪbə] Nachbar/in
neither ['naɪðə] auch nicht
nephritis [ne'fraɪtɪs] Nierenentzündung
nerve [nɜ:v] Nerv
nervous ['nɜ:vəs] nervös
net [net] Netz
neutral ['nju:trəl] Leerlauf
never ['nevə] nie
nevertheless [ˌnevəðə'les] trotzdem
new [nju:] frisch *(neu)*
new [nju:] neu
New Year's Day ['nju: ˌjɪəz 'deɪ] Neujahr
New Year's Eve ['nju: ˌjɪəz‿'i:v] Silvesterabend
newsagent's ['nju:zˌeɪdʒənts] Zeitungshändler
newspaper ['nju:sˌpeɪpə] Zeitung
next [nekst] nächste(r, -s)
next to [nekst tʊ] neben
next year ['nekst 'jɪə] nächstes Jahr
nice [naɪs] nett
nice [naɪs], **pleasant** ['pleznt] sympathisch
night [naɪt] Nacht
nightclub ['naɪtklʌb] Nachtklub
ninepins ['naɪnpɪnz] Kegeln
no [nəʊ] nein
no [nəʊ], **not any** [nɒt enɪ] kein
nobody ['nəʊbədɪ] niemand
noise [nɔɪz] Geräusch
noise [nɔɪz] Lärm
noisy ['nɔɪzɪ] laut *(Lärm)*
non-alcoholic ['nɒnælkə'hɒlɪk] alkoholfrei
non-alcoholic beer ['nɒnˌælkəˌhɒlɪk 'bɪə] alkoholfreies Bier
noon [nu:n] Mittag
nor [nɔ:] auch nicht
normal ['nɔ:ml] normal
normally ['nɔ:məlɪ] normalerweise
north [nɔ:θ] Norden
(to the) north of ['nɔ:θ‿əv] nördlich von
North Sea ['nɔ:θ 'si:] Nordsee
Northern Ireland ['nɔ:ðən 'aɪələnd] Nordirland
nose [nəʊz] Nase

nose bleed ['nəʊz bli:d] Nasenbluten
not [nɒt] nicht
not at all ['nɒt‿ət 'ɔ:l] gar nicht
not yet ['nɒt 'jet] noch nicht
notebook [nəʊtbʊk] Notebook
nothing ['nʌθɪŋ] nichts
to notice ['nəʊtɪs] bemerken
notion ['nəʊʃn] Vorstellung *(Begriff)*
novel ['nɒvl] Roman
November [nəʊ'vembə] November
now [naʊ] jetzt
nowhere ['nəʊweə] nirgends
nude [nju:d] Akt
nudist beach ['nju:dɪst bi:tʃ] FKK-Strand
number ['nʌmbə] Nummer
number ['nʌmbə] Zahl
number plate ['nʌmbə pleɪt] Nummernschild
nurse [nɜ:s] Krankenschwester
nutmeg ['nʌtmeg] Muskatnuss
nuts [nʌts] Nüsse

O

object ['ɒbdʒɪkt], **item** ['aɪtəm] Gegenstand
objective [əb'dʒektɪv] Objektiv
observatory [əb'zɜ:vətrɪ] Sternwarte
occasionally *(adv)* [ə'keɪʒnəlɪ] gelegentlich
occupied ['ɒkjʊpaɪd] besetzt
October [ɒk'təʊbə] Oktober
of [ɒv] aus *(Material)*
of course [əv 'kɔ:s] *(adv)* natürlich
off season [ɒf 'si:zn] Schonzeiten
to offer ['ɒfə] bieten
office ['ɒfɪs] Amt *(Dienststelle)*
office ['ɒfɪs] Büro
official [ə'fɪʃl] offiziell
off-licence ['ɒf,laɪsns] Spirituosengeschäft
offside [ɒfsaɪd] abseits
often ['ɒfn] oft
oil [ɔɪl] Öl
oil change ['ɔɪl 'tʃeɪndʒ] Ölwechsel
oil painting ['ɔɪl 'peɪntɪŋ] Ölmalerei
ointment ['ɔɪntmənt] Salbe
ointment for burns ['ɔɪntmənt fə 'bɜ:nz] Brandsalbe
old [əʊld] alt

old town ['əʊld 'taʊn] Altstadt
olive oil ['ɒlɪv‿'ɔɪl] Olivenöl
olives ['ɒlɪvz] Oliven
on [ɒn] an
on [ɒn] auf
on average *(adv)* durchschnittlich
on entering the country [ɒn 'entəɪŋ ðə 'kʌntrɪ] Einreise
on leaving the country [ɒn 'li:vɪŋ ðə 'kʌntrɪ] Ausreise
on Sunday [ɒn 'sʌndeɪ] am Sonntag
on the contrary Gegenteil
on the Thames [temz] an der Themse
on the way [ɒn ðə 'weɪ] unterwegs
on time [ɒn 'taɪm] *(adv)* pünktlich
on weekdays ['wi:kdeɪz] werktags
once [wʌns] einmal
once a week ['wʌns‿ə 'wi:k] *(adv)* wöchentlich
one [wʌn] ein(e)
one [wʌn] man
one-day travelcard ['wʌndeɪ 'trævlkɑ:d] Tageskarte
onions ['ʌnjənz] Zwiebeln
only ['əʊnlɪ] einzig
only ['əʊnlɪ] erst *(nicht früher als)*
only ['əʊnlɪ] nur
open ['əʊpən] auf
open ['əʊpən] geöffnet
open ['əʊpən] offen
to open ['əʊpən] öffnen
opening hours ['əʊpnɪŋ ˌaʊəz] Öffnungszeiten
open-plan carriage ['əʊpən'plæn 'kærɪdʒ] Großraumwagen
opera ['ɒprə] Oper
operation [ˌɒpə'reɪʃn] Operation
operetta [ˌɒpə'retə] Operette
opinion [ə'pɪnjən] Meinung
opposite ['ɒpəzɪt] entgegengesetzt
opposite ['ɒpəzɪt] gegenüber
optician's [ɒp'tɪʃənz] Optiker
or [ɔ:] oder
orange ['ɒrɪndʒ] orange
orange juice ['ɒrɪndʒ dʒu:s] Orangensaft
oranges ['ɒrɪndʒɪz] Apfelsinen
orchestra ['ɔ:kɪstrə] Orchester
order ['ɔ:də] Orden
order ['ɔ:də] Bestellung
ordinary ['ɒdnrɪ] gewöhnlich
organic food shop [ɔ:'gænɪk fu:d ʃɒp] Bioladen
original [ə'rɪdʒənl] Original

original version [əˈrɪdʒənl ˈvɜːʃən] Originalfassung
our [ˈaʊə] unser(e)
out of order [aʊt‿əv ˈɔːdə] kaputt
outside [ˌaʊtˈsaɪd] außen
outside [ˌaʊtˈsaɪd] außerhalb
outside [ˌaʊtˈsaɪd] draußen
over [ˈəʊvə] über
over [ˈəʊvə] vorüber
overnight stay [ˈəʊvəˈnaɪt steɪ] Übernachtung
to overtake [ˌəʊvəˈteɪk] überholen
own [əʊn] eigen
owner [ˈəʊnə] Besitzer/in
owner [ˈəʊnə] Eigentümer/in
oysters [ˈɔɪstəz] Austern

P

pacemaker [ˈpeɪsˌmeɪkə] Herzschrittmacher
to pack [pæk] einpacken
packing [ˈpækɪŋ] Verpackung
paddling pool [ˈpædlɪŋ ˈpuːl] Planschbecken
pain [peɪn] Schmerzen
painful [ˈpeɪnfʊl] weh tun, schmerzlich
pain-killing tablets [ˈpeɪnˌkɪlɪŋ ˈtæblɪts] Schmerztabletten
to paint [peɪnt] malen
painter [ˈpeɪntə] Maler/in
painting [ˈpeɪntɪŋ] Bild *(Gemälde)*
painting [ˈpeɪntɪŋ] Gemälde
painting [ˈpeɪntɪŋ] Malerei
pair [ˈpeər] Paar
palace [ˈpælɪs] Palast
panties [ˈpæntɪz] Damenslip
pants [pænts] Herrenunterhose
pants [pænts] *(Am)* Hose
panty liners [ˈpæntɪ laɪnəz] Slipeinlagen
paper [ˈpeɪpə] Papier
paper handkerchiefs [ˈpeɪpə ˈhæŋkətʃɪfs] Papiertaschentücher
paper napkins [ˈpeɪpə ˈnæpkɪnz] Papierservietten
paperback [ˈpeɪpəbæk] Taschenbuch
papers [ˈpeɪpəz] Papiere
paprika [ˈpæprɪkə] Paprika
parachuting [ˈpærəˌʃuːtɪŋ] Fallschirmspringen
paraffin [ˈpærəfɪn] Petroleum
paraglider [ˈpærə ˌglaɪdə] Gleitschirm
paralysis [pəˈrælɪsɪs] Lähmung
paraplegic [ˌpærəˈpliːdʒɪk] querschnittsgelähmt
parcel [ˈpɑːsl] Paket
parents [ˈpeərənts] Eltern
park [pɑːk] Park

to park [pɑ:k] parken
parking space for the disabled ['pɑ:kɪŋ speɪs fə ðə dɪs'eɪbld] Behindertenparkplatz
parsley ['pɑ:slɪ] Petersilie
part [pɑ:t] Teil
partially sighted ['pɑ:ʃəlɪ saɪtɪd] sehbehindert
partially sighted person ['pɑ:ʃəlɪ saɪtɪd pɜ:sn] Sehbehinderte/r
particularly [pə'tɪkjʊləlɪ] besonders
particulars [pə'tɪkjʊləz] nähere Angaben
particulars [pə'tɪkjʊləz] Personalien
parting ['pɑ:tɪŋ] Scheitel
party ['pɑ:tɪ] Fest
pass [pɑ:s] Pass
passenger ['pæsɪndʒə] Fahrgast
passing through ['pɑ:sɪŋ 'θru:] auf der Durchreise
passport ['pɑ:spɔ:t] Reisepass
passport control ['pɑ:spɔ:t kən'trəʊl] Passkontrolle
past [pɑ:st] Vergangenheit
past [pɑ:st] vorüber
pasta ['pæstə] Nudeln
path [pɑ:θ] Wanderweg
path [pɑ:θ] Weg *(Pfad)*
patience ['peɪʃns] Geduld
to pay (in) cash [peɪ(ɪn) ˌkæʃ] bar zahlen
to pay [peɪ] bezahlen
to pay [peɪ] zahlen
to pay attention to [peɪ‿ə'tenʃn tu:] beachten
to pay out [ˌpeɪ‿'aʊt] auszahlen
payment ['peɪmənt] Zahlung
peaches ['pi:tʃɪz] Pfirsiche
pearl [pɜ:l] Perle
pears [peəz] Birnen
peas [pi:z] Erbsen
pedal boat ['pedlbəʊt] Tretboot
pedestrian [pɪ'destrɪən] Fußgänger/in
pedestrian precinct [pɪ'destriən 'pri:sɪŋkt] Fußgängerzone
peg [peg] Kleiderhaken
penalty box ['penəltɪ bɒks] Strafraum
pendant ['pendənt] Anhänger
people ['pi:pl] Leute
people ['pi:pl] Volk
pepper ['pepə] Pfeffer
pepper mill ['pepəˌmɪl] Pfeffermühle
peppers ['pepəz] Paprikaschoten
percent [pə'sent] Prozent
perch [pɜ:tʃ] Barsch
performance [pə'fɔ:məns] Aufführung

performance [pə'fɔ:məns] Vorstellung *(Theater)*
perfume, scent ['pɜ:fju:m, sent] Parfüm
perfumery [pə'fju:mərɪ] Parfümerie
perhaps [pə'hæps] vielleicht
perm [pɜ:m] Dauerwelle
permitted [pə'mɪtɪd] zulässig
person ['pɜ:sn] Mensch
person ['pɜ:sn] Person
personal ['pɜ:snəl] persönlich
Personal Identification Number (PIN) ['pɜ:snəl aɪ'dentɪfɪ'keɪʃən ˌnʌmbə] Geheimzahl
to perspire [pəs'paɪə] schwitzen
petrol can ['petrəl kæn] Benzinkanister
petrol pump ['petrəl pʌmp] Benzinpumpe
pets [pets] Haustiere
to phone [fəʊn] anrufen
to phone [fəʊn] telefonieren
phone box ['fəʊnbɒks] Telefonzelle
phone call ['fəʊn kɔ:l] Anruf
phone number ['fəʊn ˌnʌmbə] Telefonnummer
phonecard ['fəʊnkɑ:d] Telefonkarte
photo(graph) ['fəʊtəʊ(grɑ:f)] Foto
photography [fə'tɒgrəfɪ] Fotografie
physical handicap [fɪzɪkəl hændɪkæp] Körperbehinderung
to pick out ['pɪk 'aʊt] aussuchen
pickpocket ['pɪkˌpɒkɪt] Taschendieb/in
pick-up service ['pɪkʌp 'sɜ:vɪs] Rückholservice
(motorway) picnic area [('məʊtʌweɪ) 'pɪknɪk 'eərɪə] Rastplatz
picture ['pɪktʃə] Bild
picture postcard ['pɪktʃə 'pəʊstkɑ:d] Ansichtskarte
piece [pi:s] Stück
pill [pɪl] Tablette
pillar ['pɪlə] Säule
pillow ['pɪləʊ] Kopfkissen
pilot ['paɪlət] Pilot/in
pineapple ['paɪnˌæpl] Ananas
pink [pɪŋk] rosa
place [pleɪs] Ort
place of birth ['pleɪs‿əv 'bɜ:θ] Geburtsort
place of pilgrimage [pleɪs‿əv 'pɪlgrɪmidʒ] Wallfahrtsort
place of residence [ˌpleɪs‿əv 'rezɪdəns] Wohnort
plain [pleɪn] Ebene
plain [pleɪn] einfarbig

plant [plɑ:nt] Pflanze
plaster ['plɑ:stə] Pflaster
plastic bag ['plæstɪk 'bæg] Plastikbeutel
plate [pleɪt] Teller
platform ['plætfɔ:m] Bahnsteig
platform ['plætfɔ:m] Gleis
play [pleɪ] Theaterstück
to play [pleɪ] spielen
playground [pleɪgraʊnd] Spielplatz
playmate [pleɪmeɪt] Spielkamerad/in
pleasant ['pleznt] angenehm
to please [pli:z] gefallen
pleased (with) [pli:zd (wɪð)] erfreut (über)
pleasure ['pleʒə] Vergnügen
plug [plʌg] Stecker
plumbs [plʌmz] Pflaumen
pneumonia [nju:'məʊnjə] Lungenentzündung
pocket ['pɒkɪt] Tasche
pocket calculator ['pɒkɪt 'kælkjʊˌleɪtə] Taschenrechner
pocket knife ['pɒkɪt naɪf] Taschenmesser
poison ['pɔɪzn] Gift
poisoning ['pɔɪznɪŋ] Vergiftung
poisonous ['pɔɪznəs] giftig
Polaroid® camera ['pəʊlərɔɪdˌkæmrə] Sofortbildkamera
police [pə'li:s] Polizei
police car [pə'li:s kɑ:] Polizeiwagen
police custody [pə'li:s 'kʌstədɪ] Untersuchungshaft
policeman/policewoman [pə'li:smən/pə'li:sˌwʊmən] Polizist/in
polio ['pəʊlɪəʊ] Kinderlähmung
polite [pə'laɪt] höflich
poor [pʊə] arm
porcelain [pɔ:slɪn] Porzellan
pork [pɔ:k] Schweinefleisch
port [pɔ:t] Hafen
portable CD player ['pɔ:təbl 'si:'di: 'pleɪə] tragbarer CD-Spieler
portal ['pɔ:tl] Portal
porter ['pɔ:tə] Portier
portion ['pɔ:ʃn] Portion
portrait ['pɔ:trɪt] Porträt
portrait format ['pɔ:treɪt ˌfɔ:mæt] Hochformat
posh [pɒʃ] vornehm
position [pə'zɪʃn] Lage *(eines Ortes)*
possible ['pɒsəbl] möglich
post code ['pəʊskəʊd] Postleitzahl
post office ['pəʊstˌɒfɪs] Post

postage [ˈpəʊstɪdʒ] Porto
post-box [ˈpəʊstbɒks] Briefkasten
postcard [ˈpəʊskɑːd] Postkarte
poste restante [ˈpəʊst rɪˈstænt] postlagernd
poster [ˈpəʊstə] Plakat
to postpone [ˌpəʊsˈpəʊn] verschieben *(zeitlich)*
potatoes [pəˈteɪtəʊz] Kartoffeln
pottery [ˈpɒtərɪ] Töpferei
pottery [ˈpɒtərɪ] Töpferwaren
pound(s) [paʊnd(z)] Pfund
powder [ˈpaʊdə] Puder
powder snow [ˈpaʊdə snəʊ] Pulverschnee
practical [ˈpræktɪkl] praktisch
to practise [ˈpræktɪs] üben
prawns [prɔːnz] Garnelen
to pray [preɪ] beten
pregnancy [ˈpregnənsɪ] Schwangerschaft
premiere [ˈpremɪeə] Premiere
to prepare [prɪˈpeə] zubereiten
to prepare [prɪˈpeə] vorbereiten
to prescribe [prjsÈkrajb] verschreiben
prescription [prɪsˈkrɪpʃn] Rezept
present [ˈpreznt], **gift** [gɪft] Geschenk
pretty [ˈprɪtɪ] hübsch
pretty [ˈprɪtɪ] ziemlich
to prevent [prɪˈvent] hindern
price [praɪs] Preis *(Kosten)*
price per kilometre/mile [praɪs pə ˈkɪləˌmiːtə/maɪl] Kilometerpreis
priest [priːst] Priester
prison [ˈprɪzn] Gefängnis
private [ˈpraɪvɪt] privat
prize [praɪz] Gewinn
probable [ˈprɒbəbl] *(adj)* wahrscheinlich
probably [ˈprɒbəblɪ] *(adv)* wahrscheinlich
problem [ˈprɒbləm] Problem
procession [prəˈseʃən] Prozession
product [ˈprɒdʌkt] Produkt
production [prəˈdʌkʃn] Inszenierung
profession [prəˈfeʃn] Beruf
profit [ˈprɒfɪt] Gewinn
programme [ˈprəʊgræm] Programm
programme [ˈprəʊgræm] Programm(heft)
programme [ˈprəʊgræm] Sendung *(Radio, Fernsehen)*
programme [ˈprəʊgræm] Spielplan
prohibited [prəˈhɪbɪtɪd] verboten

to pronounce [prə'naʊns] aussprechen
proper ['prɒpə] geeignet
prospectus [prəs'pektəs] Prospekt
protection factor [prə'tekʃn ˌfæktə] Lichtschutzfaktor
protection of historical monuments [prə'tekʃn‿əv hɪs'tɒrɪkəl 'mɒnjʊmənts] Denkmalschutz
provisional [prə'vɪʒənl] provisorisch
provisions [prə'vɪʒəns] Vorrat
pub [pʌb] Kneipe
public ['pʌblɪk] öffentlich
to pull [pʊl] ziehen
pulled ligament/muscle ['pʊld 'lɪgəmənt/'mʌsl] Zerrung
pullover ['pʊlˌəʊvə] Pullover
pulse [pʌls] Puls
pump [pʌmp] Luftpumpe
pumpkin ['pʌmpkɪn] Kürbis
punctual ['pʌŋktjʊəl] *(adj)* pünktlich
puncture ['pʌŋktʃə] Reifenpanne
punishment ['pʌnɪʃmənt] Strafe
purple ['pɜ:pl] lila
purple, violet ['pɜ:pl, 'vaɪəlɪt] violett
purse [pɜ:s] Geldbeutel
pus [pʌs] Eiter
to put [pʊt] legen
to put off ['pʊt 'ɒf] verschieben *(zeitlich)*
to put on ['pʊt 'ɒn] anziehen

Q

quality ['kwɒlɪtɪ] Qualität
quark [kwɑ:k] Quark
quay [ki:] Kai
queen [kwi:n] Königin
question ['kwestʃn] Frage
to queue (up) ['kju: ('ʌp)] Schlange
quick [kwɪk] *(adj)* schnell
quiet ['kwaɪət] leise
quiet ['kwaɪət] ruhig
quite [kwaɪt] ganz

R

rabbit ['ræbɪt] Kaninchen
race [reɪs] Rennen
racing bike ['reɪsɪŋ baɪk] Rennrad
racket ['rækɪt] Schläger
rack-railway [ræk 'reɪlweɪ] Zahnradbahn
radar speed check ['reɪdɑ: 'spi:d tʃek] Radarkontrolle
radiator ['reɪdɪeɪtə] Kühler
radio ['reɪdɪəʊ] Radio

rain [reɪn] Regen
raincoat ['reɪnkəʊt] Regenmantel
rainy ['reɪnɪ] regnerisch
to ramble ['ræmbl] wandern
ramp (for wheelchair users) [ræmp (fə wi:l'tʃeə ju:zəz)] Auffahrtrampe
ramp [ræmp] Rampe
rape [reɪp] Vergewaltigung
rare [reə] *(adj)* selten
rash [ræʃ] Ausschlag
rather ['rɑ:ðə] ziemlich
ravine [rə'vi:n] Schlucht
raw [rɔ:] roh
razorblade ['reɪzəbleɪd] Rasierklinge
to reach [ri:tʃ] erreichen
to read [ri:d] lesen
reading lamp ['ri:dɪŋlæmp] Nachttischlampe
ready ['redɪ] fertig *(bereit)*
real [rɪəl] wirklich
really ['rɪəlɪ] *(adv)* unbedingt
really ['rɪəlɪ] *(adv)* wirklich
rear light ['rɪə 'laɪt] Rücklicht
rearview mirror ['ri:əvju: 'mɪrə] Rückspiegel
reason ['ri:zn] Grund
receipt [rɪ'si:t] Quittung
to receive [rɪ'si:v] empfangen
to receive [rɪ'si:v] erhalten
receiver [rɪ'si:və] Hörer
recently ['ri:sntlɪ] kürzlich
reception [rɪ'sepʃn] Empfangshalle
reception [rɪ'sepʃn] Rezeption
to recommend [ˌrekə'mend] empfehlen
to recover [rɪ'kʌvə] sich erholen
red [red] rot
red wine [red waɪn] Rotwein
reduction [rɪ'dʌkʃn] Ermäßigung
refrigerator [rɪ'frɪdʒəreɪtə] Kühlschrank
refuge [refju:dʒ] Schutzhütte
to refuse [rɪ'fju:z] ablehnen
region ['ri:dʒən] Region
region ['ri:dʒən], **area** ['eərɪə], **district** ['dɪstrɪkt] Gegend
to register ['redʒɪstə] sich anmelden
registered letter ['redʒɪstəd 'letə] Einschreibebrief
registration [ˌredʒɪs'treɪʃn] Anmeldung
to regret [rɪ'gret] bedauern
regular ['regjʊlə] regelmäßig
related [rɪ'leɪtɪd] verwandt
religion [rɪ'lɪdʒn] Religion
reluctantly [rɪ'lʌktəntlɪ] nicht gern
to remain [rɪmeɪn] bleiben

remains [rɪˈmeɪnz] Überreste
to remark [rɪˈmɑːk] bemerken *(sagen)*
remedy [ˈremɪdɪ] Heilmittel
to remember [rɪˈmembə] sich erinnern
to remember s.th. [rɪˈmembə] sich etw merken
to remind [rɪˈmaɪnd] **s.o. of s.th.** jdn an etw erinnern
remittance [rɪˈmɪtəns] Überweisung
Renaissance [rəˈneɪsns] Renaissance
rent [rent] Miete
to rent [rent] mieten
to rent [rent] vermieten
to repair [rɪˈpeə] reparieren
(puncture) repair kit [(ˈpʌŋktʃə) rɪˈpeə kɪt] Flickzeug
to repeat [rɪˈpiːt] wiederholen
to replace [rɪˈpleɪs] ersetzen
replacement [rɪˈpleɪsmənt] Ersatz
to reply [rɪˈplaɪ] antworten
to reply [rɪˈplaɪ] beantworten
to report [rɪˈpɔːt] anzeigen
request [rɪˈkwest] Bitte
reservation [ˌrezəˈveɪʃn] Reservierung
to reserve [rɪˈzɜːv] reservieren
(place of) residence [(ˈpleɪs‿əv) ˈrezɪdəns] Wohnsitz
responsible [rɪsˈpɒnsəbl] verantwortlich
responsible [rɪˈspɒnsəbl] zuständig
rest [rest] Ruhe
to rest [rest] sich ausruhen
restaurant car [ˈrestərɔ̃ːŋ ˌkɑː] Speisewagen
to return [rɪˈtɜːn] wiederkommen
to return [rɪˈtɜːn] zurückfahren
return journey [rɪˈtɜːn ˈdʒɜːnɪ] Heimreise
return journey [rɪˈtɜːn ˈdʒɜːnɪ] Rückfahrt
return ticket [rɪˈtɜːn ˈtɪkɪt] Rückfahrkarte
reverse [rɪˈvɜːs] umgekehrt
reverse charge call [rɪˈvɜːs ˈtʃɑːdʒ ˈkɔːl] R-Gespräch
reverse gear [rɪˈvɜːs ˈgɪə] Rückwärtsgang
reward [rɪˈwɔːd] Belohnung
rheumatism [ˈruːmətɪzm] Rheuma
rice [reɪs] Reis
rich [rɪtʃ] reich
ride [raɪd] Ausritt
ride [raɪd] reiten
ridiculous [rɪˈdɪkjʊləs] lächerlich

go riding [gəʊ ˈraɪdɪŋ] reiten
riding school [ˈraɪdɪŋ ˈskuːl] Reitschule
right [raɪt] richtig
on the right [raɪt] rechts
to the right [raɪt] rechts
right(-hand) [ˈraɪt(ˌhænd)] rechte(r, -s)
rigid [ˈrɪdʒɪd] fest (hart)
to ring (up) [ˈrɪn (ˈʌp)] telefonieren
ring up [ˈrɪŋ‿ˈʌp] anrufen
ripe [raɪp] reif
river [ˈrɪvə] Fluss
road [rəʊd] Landstraße
road [rəʊd] Weg *(Straße)*
road map [ˈrəʊd mæp] Straßenkarte
roasted [ˈrəʊstɪd] gebraten
rock [rɒk] Fels
rock climbing [ˈrɒkˌklaɪmɪŋ] Bergsteigen
rolled oats [ˈrəʊld ˈəʊts] Haferflocken
roller skates [ˈrəʊləˌskeɪts] Rollschuhe
rollerblades [ˈrəʊləbleɪdz] Inliner
rolls [rəʊlz] Brötchen
roof [ruːf] Dach
room [ruːm] Raum *(Räumlichkeit)*
room [ruːm] Zimmer
rope [rəʊp] Seil
rosé wine [ˈrəʊzeɪ waɪn] Rosé
rosemary [ˈrəʊzmərɪ] Rosmarin
rotary steering wheel button [ˈrəʊtərɪ ˈstɪərɪŋ wiːl ˈbʌtn] Lenkrad-Drehknopf *(Auto)*
rotten [ˈrɒtn] faul *(Obst)*
rotten [ˈrɒtn] verdorben *(faul)*
rough sea [ˈrʌf ˈsiː] starker Seegang
round [raʊnd] rund
round trip [ˈraʊnd ˈtrɪp] Rundfahrt
route [ruːt] Route
to row [ˈrəʊ] rudern
rowing boat [ˈrəʊɪŋbəʊt] Ruderboot
rubber boots [ˈrʌbə ˈbuːts] Gummistiefel
rubber dinghy [ˈrʌbə ˈdɪŋgɪ] Schlauchboot
rubber ring [ˈrʌbə rɪŋ] Schwimmring
rubbish [ˈrʌbɪʃ] Abfall
rucksack [ˈrʌksæk] Rucksack
rudder [ˈrʌdə] Ruder
ruin [ˈruːɪn] Ruine
rule [ruːl] Vorschrift
to run [rʌn] rennen
rupture [ˈrʌptʃə] Leistenbruch

S

sad [sæd] traurig
safari park [sə'fɑ:rı pɑ:k] Wildpark
safe [seıf] Safe
safe(ly) [seıf(lı)] sicher
saffron ['sæfrn] Safran
sage [seıdʒ] Salbei
to sail ['seıl] segeln
sailing boat ['seılıŋbəʊt] Segelboot
salad ['sæləd] Salat
salad bar ['sæləd bɑ:] Salat-büfett
salami [sə'lɑ:mı] Salami
(clearance) sale [('klıərəns) seıl] Ausverkauf
salt [sɔ:lt] Salz
salt cellar ['sɔ:lt,selə] Salzstreuer
same [seım] gleich
sand pit [sændpıt] Sandkasten
sandals ['sændlz] Sandalen
sandcastle [sænd 'kɑ:sl] Sandburg
sanitary facilities ['sænıtərı fə'sılıtız] Sanitäreinrich-tungen
sanitary towels ['sænıtrı 'taʊəlz] Damenbinden
satisfied ['sætısfaıd] zufrieden
Saturday ['sætədı] Samstag
sauce [sɔ:s] Soße
saucer ['sɔ:sə] Untertasse
sauna ['sɔ:nə] Sauna
sausage ['sɒsıdʒ] Wurst
sausages ['sɒsıdʒız] Würstchen
to say [seı] sagen
to say goodbye [seı ,gʊd'baı] sich verabschieden
scar [skɑ:] Narbe
scarcely ['skeəslı] kaum
scarf [skɑ:f] Halstuch
scarf [skɑ:f] Schal
scenery ['si:nərı] Landschaft
school [sku:l] Schule
sciatica [saı'ætıkə] Ischias
scissors ['sızəz] Schere
scooter ['sku:tə] Roller
Scotland ['skɒtlənd] Schottland
Scotsman/Scotswoman ['skɒtsmən/'skɒts,wʊmən] Schotte/Schottin
Scottish ['skɒtıʃ] schottisch
to scream [skri:m] schreien *(schrill)*
screw [skru:] Schraube
sculptor/sculptress ['skʌlptə/'skʌlptrəs] Bildhauer/in
sculpture ['skʌlptʃə] Plastik
sculpture ['skʌlptʃə] Skulptur
sea [si:] Meer
seagull ['si:gʌl] Möwe

seaside resort ['si:saɪd rɪ'zɔ:t] Badeort
season ['si:zn] Jahreszeit
season ['si:zn] Saison
season ['si:zn] würzen
seasoning, spice ['si:znɪŋ, spaɪs] Gewürz
seat [si:t] Sitz
seat belt ['si:t belt] Sicherheitsgurt
seat reservation ['si:t ˌrezə'veɪʃn] Platzreservierung
secluded [sɪ'klu:dɪd] einsam *(Haus usw.)*
second ['seknd] Sekunde
second ['seknd] zweite(r, -s)
second(ly) ['seknd(lɪ)] zweitens
second-hand shop ['sekndhænd ʃɒp] Trödler
security [sɪ'kjʊərɪtɪ] Kaution
security [sɪ'kjʊərɪtɪ] Pfand
security charge [sɪ'kjʊərətɪ 'tʃɑ:dʒ] Sicherheitsgebühr
security control [sɪ'kjʊərətɪ kən'trəʊl] Sicherheitskontrolle
sedative ['sedətɪv] Beruhigungsmittel
to see [si:] sehen
seldom ['seldəm] *(adv)* selten
self-service [ˌself'sɜ:vɪs] Selbstbedienung
self-timer [self 'taɪmə] Selbstauslöser
to sell [sel] verkaufen
seminar ['semɪnɑ:] Seminar
to send [send] schicken
to send for ['send fɔ:] abholen lassen
to send on ['send‿'ɒn] nachsenden
sender ['sendə] Absender
sentence ['sentəns] Satz
September [sep'tembə] September
serious ['sɪərɪəs] ernst
serious ['sɪərɪəs] schwer *(Krankheit)*
to serve [sɜ:v] servieren
service ['sɜ:vɪs] Bedienung
service charge ['sɜ:vɪs 'tʃɑ:dʒ] Bearbeitungsgebühr
(motorway) services [('məʊtʌweɪ) 'sɜ:vɪsɪz] Raststätte
serviette [ˌsɜ:vɪ'et] Serviette
set [set] (Fernseh)Apparat
set meal/menu ['set 'mi:l/ 'menju:] Menü
setting lotion ['setɪŋ ˌləʊʃn] Haarfestiger
severe [sɪ'vɪə] stark *(Schmerzen)*

sexual harassment ['seksjʊəl 'hærəsmnt] sexuelle Belästigung
shade [ʃeɪd] Farbton
shadow ['ʃædəʊ] Schatten
shampoo [ʃæm'puː] Haarwaschmittel
shampoo [ʃæm'puː] Shampoo
shape [ʃeɪp] Form
shaver ['ʃeɪvə] Rasierapparat
shaving brush ['ʃeɪvɪŋ brʌʃ] Rasierpinsel
shaving foam ['ʃeɪvɪŋ fəʊm] Rasierschaum
she [ʃiː] *(sing)* sie
shell [ʃel] Muschel
shelter ['ʃeltə] Schutzhütte
shin [ʃɪn] Schienbein
shirt [ʃɜːt] Hemd
shoe ['ʃuː] Schuh
shoe shop ['ʃuː ʃɒp] Schuhgeschäft
shoebrush ['ʃuːbrʌʃ] Schuhbürste
shoecream ['ʃuː kriːm] Schuhcreme
shoemaker's ['ʃuːˌmeɪkəz] Schuhmacher
shop window ['ʃɒp 'wɪndəʊ] Schaufenster
shore [ʃɔː] Meeresufer
short [ʃɔːt] kurz
short film ['ʃɔːt 'fɪlm] Kurzfilm
short-circuit ['ʃɔːt'sɜːkɪt] Kurzschluss
short-cut ['ʃɔːtkʌt] Abkürzung
shorts [ʃɔːts] Shorts
shoulder ['ʃəʊldə] Schulter
shoulder bag ['ʃəʊldə bæg] Umhängetasche
to shout [ʃaʊt] schreien
show [ʃəʊ] Show
to show [ʃəʊ] zeigen
shower ['ʃaʊə] Dusche
shower ['ʃaʊə] Regenschauer
shower gel ['ʃaʊə dʒel] Duschgel
shower seat [ʃaʊə siːt] Duschsitz
shrimps [ʃrɪmps] Krabben
shut [ʃʌt] geschlossen
shut [ʃʌt] zu
shutter ['ʃʌtə] Auslöser
shuttlecock ['ʃʌtlkɒk] Federball *(Ball)*
shy [ʃaɪ] schüchtern
sick [sɪk] krank
side [saɪd] Seite
sideboards ['saɪdbɔːdz] Koteletten
sidelights ['saɪdlaɪts] Standlicht
sights [saɪts] Sehenswürdigkeiten

sightseeing tour of the town/ city ['saɪtˌsiːɪŋ'tʊərˬəv ðə 'taʊn/ 'sɪtɪ] Stadtrundfahrt
sign [saɪn] Schild
sign [saɪn] Wegweiser
sign [saɪn] Zeichen
to sign [saɪn] unterschreiben
sign language [saɪn 'læŋgwɪdʒ] Zeichensprache
signature ['sɪgnɪtʃə] Unterschrift
silence ['saɪləns] Ruhe *(Stille)*
silent ['saɪlənt] ruhig
silent ['saɪlənt] still
silk [sɪlk] Seide
silk painting ['sɪlk 'peɪntɪŋ] Seidenmalerei
silly ['sɪlɪ] blöd(e)
silver ['sɪlvə] Silber
silver ['sɪlvə] silberfarben
similar ['sɪmɪlə] ähnlich
simple ['sɪmpl] einfach
simultaneously [ˌsɪməl'teɪnjəslɪ] gleichzeitig
since [sɪns] seit (Zeitpunkt)
to sing [sɪŋ] singen
singer ['sɪŋə] Sänger/in
single ['sɪŋgl] ledig
singles ['sɪŋglz] Einzel
sink [sɪŋk] Geschirrspülbecken
sinusitis [ˌsaɪnə'saɪtɪs] Stirnhöhlenentzündung
sister ['sɪstə] Schwester
sister-in-law ['sɪstərɪnlɔː] Schwägerin
to sit [sɪt] sitzen
situation [ˌsɪtjʊ'eɪʃn] Lage
size [saɪz] Größe
skateboard [ˌskeɪtbɔːd] Skateboard
ski ['skiː] Ski
ski bindings ['skiː baɪndɪŋz] Skibindung
ski boots [skiː buːts] Skistiefel
ski goggles ['ski ˌgɒglz] Skibrille
ski instructor ['ski ɪn'strktə] Skilehrer/in
ski run ['skiː rʌn] Loipe
ski sticks ['skiːstɪks] Skistöcke
ski tow ['skiː təʊ] Schlepplift
ski trousers ['ski ˌtraʊzəz] Skihose
skiing ['skiːɪŋ] Skilaufen
skiing course ['skiːɪŋ ˌkɔːs] Skikurs
skin [skɪn] Haut
skirt [skɜːt] Rock
skittles ['skɪtlz] Kegeln
sky [skaɪ] Himmel
sledge [sledʒ] Schlitten
to sleep [sliːp] schlafen
sleeping pills ['sliːpɪŋ pɪlz] Schlaftabletten

sleeplessness ['sli:plɪsnɪs] Schlaflosigkeit
sleeve [sli:v] Ärmel
slender ['slendə] dünn
slender ['slendə] schlank
slice [slaɪs] Scheibe
slight [slaɪt] geringfügig
slim [slɪm] schlank
slim [slɪm] schmal *(Mensch; Buch)*
slip road (motorway) [('məʊtəweɪ) 'slɪp rəʊd] Auffahrt
slow(ly) ['sləʊ(lɪ)] langsam
small [smɔ:l] klein
small packet ['smɔ:l ˌpækɪt] Päckchen
smell [smel] Geruch
to smell [smel] riechen
to smell [smel], **to stink** [stɪŋk] stinken
to smoke [sməʊk] rauchen
smoked [sməʊkt] geräuchert
smoked ham ['sməʊkt 'hæm] roher Schinken
smoker [sməʊkə] Raucher
to smuggle ['smʌgl] schmuggeln
snack [snæk] Imbiss
snapshot Schnappschuss
to sneeze [sni:z] niesen
to snore [snɔ:] schnarchen
snorkel ['snɔ:kl] Schnorchel
snow [snəʊ] Schnee
so [səʊ], **thus** [ðʌs] also
soaked [səʊkt] durchnässt
soap [səʊp] Seife
sober ['səʊbə] nüchtern
socket ['sɒkɪt] Steckdose
socks [sɒks] Socken
soft [sɒft] weich
solarium [sə'leərɪəm] Solarium
sole [səʊl] Seezunge
sole [səʊl] Sohle
solid ['sɒlɪd] fest
solid ['sɒlɪd] hart
soloist ['səʊləʊɪst] Solist/in
some [sʌm] einige
somebody ['sʌmbədɪ] jemand
something ['sʌmθɪŋ] etwas
sometimes ['sʌmtaɪmz] manchmal
son [sʌn] Sohn
song [sɒŋ] Lied
soon [su:n] bald
sore throat ['sɔ: 'θrəʊt] Halsschmerzen
sort [sɔ:t] Art
sort [sɔ:t] Sorte
sound [saʊnd] Ton
soup [su:p] Suppe
soup plate [su:p pleɪt] Suppenteller
sour ['saʊə] sauer

sour cream ['saʊə skri:m] saure Sahne
source [sɔ:s] Quelle
south [saʊθ] Süden
south of [saʊθ‿əv] südlich von
souvenir ['su:vənɪə] Mitbringsel
souvenir shop ['su:vənɪə ʃɒp] Souvenirladen
space [speɪs] Raum
spare wheel ['speə 'wi:l] Ersatzrad
spark plug ['spɑ:kplʌg] Zündkerze
sparkling wine ['spɑ:klɪŋ waɪn] Sekt
to speak [spi:k] sprechen
speaker ['spi:kə] Lautsprecher
special ['speʃl] speziell
special issue stamp ['speʃl‿'ɪsju: stæmp] Sondermarke
specialist ['speʃəlɪst] Facharzt/-ärztin
speciality [ˌspeʃɪ'ælɪtɪ] Spezialität
spectator [spek'teɪtə] Zuschauer/in
speed [spi:d] Geschwindigkeit
speedometer [spɪ'dɒmɪtə] Tachometer
to spell [spel] buchstabieren
to spend [spend] ausgeben
to spend the night ['spend ðə 'naɪt] übernachten (eine Nacht)
spinach ['spɪnɪtʃ] Spinat
spine [spaɪn] Wirbelsäule
splint [splɪnt] Schiene
spoiled ['spɔɪlt] verdorben
spoon [spu:n] Löffel
sport [spɔ:t] Sport
sports ground ['spɔ:tsgraʊnd] Sportplatz
sports shop ['spɔ:ts ʃɒp] Sportartikel
sportsman/-woman ['spɔ:tsmən/'spɔ:tsˌwʊmən] Sportler/in
spot [spɒt] Stelle
sprained [spreɪnd] verstaucht
spring [sprɪŋ] Frühling
spring [sprɪŋ] Wasserquelle
square metre [ˌskweə 'mi:tə] Quadratmeter
squid [skwɪd] Tintenfisch
stadium ['steɪdɪəm] Stadion
stain [steɪn] Fleck(en)
staircase ['steəkeɪs] Treppe
stairs [steəz] Treppe
stalls [stɔ:lz] Parkett
stamp [stæmp] Briefmarke
stamp [stæmp] frankieren
stamp [stæmp] Stempel
stamp machine ['stæmp mə'ʃi:n] Briefmarkenautomat

to stand [stænd] stehen
standard ['stændəd] normal
star [stɑ:] Stern
to start (from) [stɑ:t (frɒm)] abfahren (von)
starter ['stɑ:tə] Vorspeise
state [steɪt] Staat
statement ['steɪtmənt] Angabe
station ['steɪʃn] Bahnhof
stationer's ['steɪʃnəz] Schreibwarengeschäft
statue ['stætʃu:] Statue
stay [steɪ] Aufenthalt
to stay [steɪ] bleiben
to stay [steɪ] sich aufhalten
to stay [steɪ] übernachten
to steal [sti:l] stehlen
steamed [sti:md] gedämpft
steamed [sti:md] gedünstet
steamer ['sti:mʃɪp] Dampfer
steamship ['sti:mʃɪp] Dampfer
steep [sti:p] steil
steeple ['sti:pl] Kirchturm
step [step] Stufe
stepless access [steplɪs ækses] stufenloser Zugang
steps [steps] Treppe
steward/stewardess [stjʊəd/ˌstjʊə'des] Steward/ess
stick [stɪk] Stock
still [stɪl] noch
still [stɪl] unbewegt
still life ['stɪl 'laɪf] Stillleben
to sting [stɪŋ] stechen
to stitch up ['stɪtʃ‿'ʌp] nähen
stock [stɒk] Vorrat
stockings ['stɒkɪŋz] Strümpfe
stomach ['stʌmək] Bauch
stomach ['stʌmək] Magen
stomachache ['stʌməkˌeɪk] Magenschmerzen
stone [stəʊn] Stein
stony ['stəʊnɪ] steinig
stop [stɒp] Aufenthalt *(Zug)*
stop [stɒp] Haltestelle
to stop [stɒp] anhalten
to stop [stɒp] aufhören
to stop [stɒp] sich aufhalten
to stop [stɒp] stehen bleiben
stop! [stɒp] halt!
stopover ['stɒpˌəʊvə] Zwischenlandung
store [stɔ:] Vorrat
storey ['stɔ:rɪ] Etage
storm ['stɔ:m] Sturm
story ['stɔ:rɪ] Geschichte
stove [stəʊv] Herd
straight [streɪt] gerade
straight across/through ['streɪt‿ə'krɒs/'θru:] quer durch
straight on [ˌstreɪt‿'ɒn] geradeaus
strange [streɪndʒ] fremd

stranger ['streɪndʒə] der/die Fremde
straw [strɔ:] Strohhalm
strawberries ['strɔ:brɪz] Erdbeeren
street [stri:t] Straße
strenuous ['strenjʊəs] anstrengend
string [strɪŋ] Bindfaden
stroke [strəʊk] Gehirnschlag
stroke [strəʊk] Schlaganfall
stroll [strəʊl] Spaziergang
strong [strɒŋ] stark
studio ['stju:dɪəʊ] Studio
studio couch ['stju:dɪəʊ kaʊtʃ] Schlafcouch
to study ['stʌdɪ] studieren
stuffed [stʌft] gefüllt
stupid ['stju:pɪd] blöd(e)
stupid ['stju:pɪd] dumm
style [staɪl] Stil
subtitles ['sʌbtaɪtlz] Untertitel
suburb ['sʌbɜ:b] Vorort
suburban train [sə'bɜ:bən treɪn] S-Bahn
subway ['sʌbweɪ] Unterführung
success [sək'ses] Erfolg
suddenly ['sʌdnlɪ] plötzlich
sufficient [sə'fɪʃənt] genug
sugar ['ʃʊgə] Zucker
suggestion [sə'dʒestʃn] Vorschlag
suit [sju:t] Anzug
suit [sju:t] Kostüm
to suit [sju:t] gelegen kommen
suitable for the disabled [su:təbl fə ðə dɪs'eɪbld] behindertengerecht
suitable for wheelchairs [su:təbl fə wi:l'tʃeəz] rollstuhlgerecht
suitcase ['sju:tkeɪs] Koffer
sum [sʌm] Summe
summer ['sʌmə] Sommer
summit ['sʌmɪt] Gipfel
summit station ['sʌmɪt steɪʃn] Bergstation
sun [sʌn] Sonne
sun blocker [sʌn blɒkə] Sonnenschutz
sun cream [sʌn kri:m] Sonnenschutz
sunbathing area [sʌn'beɪðɪŋ'eərɪə] Liegewiese
sunburn ['sʌnˌbɜ:n] Sonnenbrand
Sunday ['sʌndɪ] Sonntag
sunhat ['sʌnhæt] Sonnenhut
sunny ['sʌnɪ] sonnig
sunroof ['sʌnru:f] Schiebedach
sunstroke ['sʌnstrəʊk] Sonnenstich
suntan oil ['sʌntæn‿ɔɪl] Sonnenöl

supermarket [ˈsuːpəˌmɑːkɪt] Supermarkt
supporters [səˈpɔːtəz] Anhänger *(Fans)*
suppository [səˈpɒzɪtrɪ] Zäpfchen
sure(ly) [ʃʊə(lɪ)] gewiss
surf [ˈsɜːf] surfen
surfboard [ˈsɜːfbɔːd] Surfbrett
surgeon [ˈsɜːdʒn] Chirurg/in
surgery [ˈsɜːdʒərɪ] Sprechstunde
surname [ˈsɜːneɪm] Familienname
surroundings [səˈraʊndɪŋz] Umgebung
swamp [swɒmp] Sumpf
to sweat [swet] schwitzen
sweater [ˈswetə] Pullover
sweet [swiːt] süß
sweetcorn [ˈswiːtkɔːn] Mais
sweetener [ˈswiːtnə] Süßstoff
sweets [swiːts] Süßigkeiten
sweetshop [ˈswiːtʃɒp] Süßwarengeschäft
swelling [ˈswelɪŋ] Schwellung
to swim [swɪm] schwimmen
swimmer [ˈswɪmə] Schwimmer/in
swimming costume [ˈswɪmɪŋ ˈkɒstjuːm] Badeanzug
swimming hat [ˈswɪmɪŋ hæt] Bademütze
swimming lessons [ˈswɪmɪŋ lesnz] Schwimmkurs
swimming pool [ˈswɪmɪŋpuːl] Swimmingpool
swindle [ˈswɪndl] Betrug
Swiss franc(s) [ˈswɪs ˈfræŋk(s)] Schweizer Franken
to switch on [ˈswɪtʃ‿ˈɒn] einschalten
Switzerland [ˈswɪtsələnd] Schweiz
swollen [ˈswəʊlən] geschwollen
swordfish [sɔːdfɪʃ] Schwertfisch
symbol [ˈsɪmbl] Wahrzeichen
symphony concert [ˈsɪmfənɪ ˈkɒnsət] Sinfoniekonzert

T

table [ˈteɪbl] Tisch
table tennis [ˈteɪbl ˈtenɪs] Tischtennis
tablecloth [ˈteɪblklɒθ] Tischtuch
tablet [ˈtæblɪt] Tablette
tail light [ˈteɪl ˈlaɪt] Rücklicht
tailback [teɪlbæk] Stau
tailor [ˈteɪlə˞] Herrenschneider/in
to take [teɪk] (weg)bringen
to take [teɪk] benutzen
to take [teɪk] brauchen

to take [teɪk] mitnehmen
to take [teɪk] nehmen
to take a photo ['teɪk ə 'fəʊtəʊ] fotografieren
to take care of [teɪk 'keər‿əv] aufpassen (auf)
to take care of s.o./s.th. [teɪk 'keər‿əv] sich kümmern um
to take part (in) ['teɪk 'pɑ:t (ɪn)] teilnehmen (an)
to take place ['teɪk 'pleɪs] stattfinden
taken ['teɪkn] besetzt *(Platz)*
take-off ['teɪk-ɒf] Abflug
talk [tɔ:k] Gespräch
to talk [tɔ:k] reden
to talk [tɔ:k] sich unterhalten
tall [tɔ:l] groß *(Statur)*
tampons ['tæmpənz] Tampons
tangerines [ˌtændʒə'ri:n] Mandarinen
(petrol) tank [('petrəl) tæŋk] Tank
tap [tæp] Wasserhahn
to taste (of) ['teɪst (əv)] schmecken (nach)
taste [teɪst] Geschmack
to taste [teɪst] versuchen *(Speisen)*
tasty ['teɪstɪ] lecker
taxi rank ['tæksɪ ræŋk] Taxistand
taxidriver ['tæksɪˌdraɪvə] Taxifahrer/in
tea [ti:] Tee
tea bags ['ti:bægz] Teebeutel
tea towel ['ti: ˌtaʊəl] Geschirrtuch
to teach [ti:tʃ] unterrichten *(Schule)*
team [ti:m] Mannschaft *(Sport)*
teaspoon ['ti:spu:n] Teelöffel
teat [ti:t] Sauger
telephone ['telɪfəʊn] Telefon
telephone directory ['telɪfəʊn dɪ'rektrɪ] Telefonbuch
telephoto lens ['telɪˌfəʊtəʊ lenz] Teleobjektiv
television ['telɪˌvɪʒn] Fernseher
television lounge ['telɪˌvɪʒn laʊndʒ] Fernsehraum
telex ['teleks] Telex
to tell [tel] erzählen
to tell [tel] mitteilen
temperature ['fi:və] Fieber
temperature ['temprɪtʃə] Temperatur
temple ['templ] Tempel
temporary ['temprərɪ] provisorisch
ten minutes ago ['ten 'mɪnɪts‿ə'gəʊ] vor zehn Minuten
tender ['tendə] zart

tender [ˈtendə] zärtlich
tennis [ˈtenɪs] Tennis
tennis racket [ˈtenɪsˌrækɪt] Tennisschläger
tenpin bowling [ˈtenpɪn ˈbəʊlɪŋ] Bowling
tent [tent] Zelt
terminal [ˈtɜːmɪnl] Terminal
terminus [ˈtɜːmɪnəs] Endstation
terrace [ˈterəs] Terrasse
terracotta [ˌterəˈkɒtə] Terrakotta
terrible [ˈterəbl] fürchterlich
terrible [ˈterəbl] schrecklich
tetanus [ˈtetənəs] Tetanus
text display [tekst dɪˈspleɪ] Induktionsschleife
than [ðæn] als *(Vergleich)*
to thank [θæŋk] danken
that [ðæt] dass
that [ðæt] jene(r, -s)
the day after tomorrow [ðə ˈdeɪ‿ˈɑːftə təˈmɒrəʊ] übermorgen
the day before yesterday [ðə ˈdeɪ bɪˈfɔː ˈjestədɪ] vorgestern
the English Channel [ˈɪŋglɪʃ ˈtʃænl] Ärmelkanal
the other [ˈʌðə] der/die/das Andere
the same [seɪm] dasselbe
theatre [ˈθɪətə] Theater
theatre group [θɪətə gruːp] Theatergruppe
theft [θeft] Diebstahl
their [ðeə] *(pl)* ihr
then [ðen] damals
then [ðen] dann
there [ðeə] da (dort)
there [ðeə] dort
there is [ðeər‿ɪz], **there are** [ðeər‿ɑː] es gibt
therefore [ˈðeəfɔː] deshalb
thermometer [θəˈmɒmɪtə] Fieberthermometer
thermos flask [ˈθɜːməs flɑːsk] Thermosflasche
they [ðeɪ] *(pl)* sie
thick [θɪk] dick
thief [θiːf] Dieb/in
thin [θɪn] dünn
thin [θɪn] mager
thing [θɪŋ] Ding
thing [θɪŋ] Sache
to think (of) [ˈθɪŋk‿əv] denken (an)
to think [θɪŋk] meinen
third [θɜːd] dritte(r, -s)
third-party [θɜːdˈpɑːtɪ] Teilkasko
this [ðɪs], *(pl)* **these** [ðiːz] diese(r, -s)
this morning/this evening [ðɪs ˈmɔːnɪŋ/ðɪs‿ˈiːvnɪŋ] heute Morgen/heute Abend

those [ðəʊz] *(pl)* jene(r, -s)
thriller ['θrɪlə] Thriller
throat [θrəʊt] Kehle
throat lozenges ['θrəʊt 'lɒzɪndʒɪz] Halstabletten
through [θru:] durch
thunderstorm ['θʌndəstɔ:m] Gewitter
Thursday ['θɜ:zdɪ] Donnerstag
thus [ðʌs] also
thyme [taɪm] Thymian
(admission) ticket [(əd'mɪʃn) 'tɪkɪt] Eintrittskarte
ticket ['tɪkɪt] Fahrkarte
ticket collector ['tɪkɪtkə'lektə] Schaffner/in
ticket machine ['tɪkɪt mə'ʃi:n] Fahrkartenautomat
ticket office ['tɪkɪt‿ˌɒfɪs] Fahrkartenschalter
tie [taɪ] Krawatte
tight [taɪt] eng *(Kleider)*
tights [taɪts] Strumpfhose
till [tɪl] bis *(zeitlich)*
till now [tɪl 'naʊ] bis jetzt
time [taɪm] Zeit
time of arrival [taɪm‿əv‿ə'raɪvl] Ankunftszeit
time of departure [taɪm‿əv dɪ'pɑ:tʃə] Abfahrtszeit
timetable ['taɪmˌteɪbl] Fahrplan
tin [tɪn] (Konserven)Dose
tin foil ['tɪnfɔɪl] Alufolie
tin opener ['tɪnˌəʊpnə] Dosenöffner
tint [tɪnt] tönen
tip [tɪp] Tipp
tip [tɪp] Trinkgeld
tired ['taɪəd] müde
to [tu:] bis
to [tu:] zu *(Richtung)*
toast [təʊst] Toast
toasted ['təʊstɪd] geröstet *(Brot)*
toaster ['təʊstə] Toaster
tobacco [tə'bækəʊ] Tabak
tobacconist's [tə'bækənɪsts] Tabakladen
toboggan [tə'bɒgən] Schlitten
today [tə'deɪ] heute
today week [tə'deɪ 'wi:k] in einer Woche
toe [təʊ] Zehe
together [tə'geðə] *(adv)* gemeinsam
together [tə'geðə] zusammen
toilet ['tɔɪlɪt] Toilette
toilet for the disabled [tɔɪlɪt fə ðə dɪs'eɪbld] Behindertentoilette
toilet paper ['tɔɪlɪtˌpeɪpə] Toilettenpapier
tomatoes [tə'mɑ:təʊz] Tomaten
tomb [tu:m] Grab
tomorrow [tə'mɒrəʊ] morgen

tomorrow morning/tomorrow evening [tə'mɒrəʊ 'mɔ:nɪŋ/ tə'mɒrəʊ‿i:vnɪŋ] morgen früh/ morgen Abend
tone [təʊn] Umgangston
tongue [tʌŋ] Zunge
tonight [tə'naɪt] heute Nacht
tonsilitis [ˌtɒnsɪ'laɪtɪs] Mandelentzündung
tonsils ['tɒnslz] Mandeln
too [tu:] auch *(nachgestellt)*
too [tu:] zu *(mit adj)*
too much ['tu: 'mʌtʃ] zu sehr, zu viel
tools [tu:lz] Werkzeug
tooth, *(pl)* **teeth** [tu:θ, ti:θ] Zahn
toothache ['tu:θeɪk] Zahnschmerzen
toothbrush ['tu:θbrʌʃ] Zahnbürste
toothpaste ['tu:θpeɪst] Zahnpasta
toothpick ['tu:θpɪk] Zahnstocher
top station [tɒp steɪʃn] Bergstation
torn ligament ['tɔ:n 'lɪgəmənt] Bänderriss
to touch [tʌtʃ] berühren
tough [tʌf] zäh
tour [tʊə] Besichtigung
tour [tʊə] Rundfahrt
tour [tʊə] Tour
tour around the island [tʊə ə'raʊnd ðə 'aɪlnəd] Inselrundfahrt
tourist ['tʊərɪst] Tourist/in
tourist information office ['tʊərɪst‿ˌɪnfə'meɪʃn‿ˌɒfɪs] Verkehrsamt
to tow (away) [təʊ (ə'weɪ)] abschleppen
towel ['taʊəl] Handtuch
tower ['taʊə] Turm
town [taʊn] Ortschaft
town [taʊn] Stadt
town centre ['taʊn 'sentə] Stadtzentrum
town hall ['taʊn 'hɔ:l] Rathaus
town plan ['taʊn 'plæn] Stadtplan
town walls ['taʊn 'wɔ:lz] Stadtmauern
towrope ['təʊrəʊp] Abschleppseil
toy shop ['tɔɪ ʃɒp] Spielwarengeschäft
toys ['tɔɪz] Spielsachen
tracksuit bottoms ['træksju:t 'bɒtəmz] Jogginghose
traditional music [trə'dɪʃənl 'mju:zɪk] Volksmusik
traffic ['træfɪk] Verkehr
traffic jam ['træfɪk dʒæm] Stau

traffic lights [ˈtræfɪk ˌlaɪts] Ampel
tragedy [ˈtrædʒɪdɪ] Tragödie
train [treɪn] Zug
trainers [ˈtreɪnəz] Turnschuhe
training [ˈtreɪnɪŋ] Ausbildung
tram [træm] Straßenbahn
tranquillizer [ˈtrænkwɪlaɪzə] Beruhigungsmittel
transfer [ˈtrænsfɜː] Überweisung
transfer bus [ˈtrænsfɜː bʌs] Transferbus
transition [trænˈzɪʃn] Übergang *(Wechsel)*
to translate [trænsˈleɪt] übersetzen
transmission [trænzˈmɪʃn] *(Am)* Getriebe
transport service [ˈtrænspɔːt sɜːvɪs] Fahrdienst
trashcan [ˈtræʃkæn] *(Am)* Mülltonne
travel agency [ˈtrævl ˈeɪdʒənsɪ] Reisebüro
traveller's cheque [ˈtrævləz ˈtʃek] Reisescheck
travelling bag [trævlɪŋ bæg] Reisetasche
to treat [triːt] behandeln
tree [triː] Baum
trekking bike [ˈtrekɪŋ baɪk] Trekkingrad
trial [ˈtraɪəl] Probe
trip [trɪp] Ausflug
trip [trɪp] Tour
tripod [ˈtraɪpɒd] Stativ
trousers [pænts] Hose
true [truː] wahr
true [truː] wirklich *(echt)*
trunk [trʌŋk] *(Am)* Kofferraum
to try [traɪ] versuchen
to try hard [ˈtraɪ ˈhɑːd] sich bemühen
(inner) tube [(ˈɪnə)tjuːb] Schlauch (Reifen)
Tuesday [ˈtjuːzdɪ] Dienstag
tumbler [ˈtʌmblə] Wasserglas
tumour [ˈtjuːmə] Geschwulst
tuna [ˈtuːnə] Thunfisch
tunnel [ˈtʌnl] Tunnel
to turn back [ˈtɜːn ˈbæk] umkehren
turquoise [ˈtɜːkwɔɪz] türkis
TV [ˌtiːˈviː] Fernseher
tweezers [ˈtwiːzəz] Pinzette
twice *(adv)* [twaɪs] doppelt
typhoid [ˈtaɪfɔɪd] Typhus
typical [ˈtɪpɪkl] typisch
tyre [ˈtaɪə] Reifen

U

ugly [ˈʌglɪ] hässlich
ulcer [ˈʌlsə] Geschwür
umbrella [ʌmˈbrelə] Schirm
unbearable [ʌnˈbeərəbl] unerträglich
unconscious [ʌnˈkɒnʃəs] bewusstlos
under [ˈʌndə] unter
underground [ˈʌndəgraʊnd] U-Bahn
to understand [ˌʌndəˈstænd] verstehen
underwear [ˈʌndəweə] Unterwäsche
unemployed [ˌʌnɪmˈplɔɪd] arbeitslos
unfit [ˌʌnˈfɪt] ungeeignet
unfortunately [ʌnˈfɔːtʃnɪtlɪ] leider
unimportant [ˌʌnɪmˈpɔːtənt] unwichtig
university [ˌjuːnɪˈvɜːsɪtɪ] Universität
unlikely [ʌnˈlaɪklɪ] unwahrscheinlich
unpleasant [ʌnˈpleznt] unangenehm
unsuited [ˌʌnˈsjuːtɪd] ungeeignet
until [ənˈtɪl] bis *(zeitlich)*
unusual [ʌnˈjuːʒʊəl] ungewöhnlich
up [ʌp] aufwärts
up [ʌp] oben
up to date [ˈʌp tə ˈdeɪt] modern *(zeitgemäß)*
upward incline [ˈʌpwəd ɪnˈklaɪn] Steigung
urgent [ˈɜːdʒənt] dringend
urgent [ˈɜːdʒənt] eilig
urine [ˈjʊərɪn] Urin
us [ʌs] uns
to use [juːz] benutzen
usual [ˈjuːʒʊəl] gewöhnlich
usual [ˈjuːʒʊəl] üblich
usually [ˈjuːʒʊəlɪ] normalerweise
usually [ˈjuːʒʊəli] *(adv)* gewöhnlich

V

vacation *(Am)* [vəˈkeɪʃən] Ferien
vacation [vəˈkeɪʃn] *(Am)* Urlaub
vaccination [ˌvæksɪˈneɪʃn] Impfung
vaccination card [ˌvæksɪˈneɪʃn ˌkɑːd] Impfpass
valid [ˈvælɪd] gültig
valley [ˈvælɪ] Tal
valuables [ˈvæljʊəblz] Wertsachen

vantage point [ˈvæntɪdʒ pɔɪnt] Aussichtspunkt
variety theatre [vəˈraɪətɪ θɪˈetə] Varietee
vase [vɑːz] Vase
vault(s) [vɔːlt(s)] Gewölbe
veal [viːl] Kalbfleisch
vegetables [ˈvedʒtəblz] Gemüse
vegetarian [ˌvedʒɪˈteərɪən] vegetarisch
vending machine [ˈvendɪŋ məˈʃiːn] (Waren)Automat
ventilator [ˈventɪˌleɪtə] Ventilator
very [ˈverɪ] sehr
very much [ˈverɪ ˈmʌtʃ] sehr *(bei Verb)*
vest [vest] Unterhemd
video camera [ˈvɪdɪəʊˌkæmrə] Videokamera
view [vjuː] Aussicht
view [vjuː] Blick *(Ausblick)*
view [vjuː] Meinung
viewer [ˈvjuːə] Fernsehzuschauer/in
viewfinder [ˈvjuːˌfaɪndə] Sucher
villa [ˈvɪlə] Villa
village [ˈvɪlɪdʒ] Dorf
village [ˈvɪlɪdʒ] Ortschaft
vinegar [ˈvɪnɪgə] Essig
vineyard [ˈvɪnjəd] Weinberg
virus [ˈvaɪərəs] Virus
visa [ˈviːzə] Visum
to visit [ˈvɪzɪt] besichtigen
visit [ˈvɪzɪt] Besuch
to visit s.o. [ˈvɪzɪt] jdn besuchen
visiting hours [ˈvɪzɪtɪŋ ˌaʊəz] Besuchszeit
volcano [vɒlˈkeɪnəʊ] Vulkan
volleyball [ˈvɒlɪbɔːl] Volleyball
voltage [ˈvəʊltɪdʒ] Stromspannung
to vote [vəʊt] wählen *(Politik)*
voucher [ˈvaʊtʃə] Gutschein
voyage [ˈvɔɪɪdʒ] Fahrt *(See)*
voyage [ˈvɔɪɪdʒ] Schiffsreise
vulgar [ˈvʌlgə] gewöhnlich *(ordinär)*

W

waistcoat [ˈweɪskəʊt] Weste
to wait (for) [weɪt] warten (auf)
waiter [ˈweɪtə] Ober *(Anrede)*
waiter/waitress [ˈweɪtə/ˈweɪtrɪs] Kellner/in
waiting room [ˈweɪtɪŋrʊm] Wartesaal
waiting room [ˈweɪtɪŋrʊm] Wartezimmer
to wake [weɪk] wecken
to wake up [ˈweɪk ˈʌp] aufwachen
Wales [weɪlz] Wales
to walk [wɔːk] zu Fuß gehen

walk [wɔ:k] Spaziergang
wall [wɔ:l] Mauer
wall [wɔ:l] Wand
wallet [ˈwɒlɪt] Brieftasche
(wall)socket [(ˈwɔ:l)ˈsɒkɪt] Steckdose
to want [wɒnt] wünschen
to want [wɒnt] brauchen
to want [wɒnt] mögen
ward [wɔ:d] Station
warm [wɔ:m] warm
warm [wɔ:m], **sincere** [sɪnˈsɪə] herzlich
warning triangle [ˈwɔ:nɪŋ ˈtraɪæŋgl] Warndreieck
to wash [wɒʃ] waschen
washbasin [ˈwɒʃˌbeɪsn] Waschbecken
washing machine [ˈwɒʃɪŋ məˈʃi:n] Waschmaschine
washing-up brush [ˈwɒʃɪŋ‿ʌp brʌʃ] Spülbürste
washroom [ˈwɒʃrʊm] Waschraum
wasp [wɒsp] Wespe
to watch [wɒtʃ] zuschauen
watchmaker's [ˈwɒtʃˌmeɪkəz] Uhrmacher
water [ˈwɔ:tə] Wasser
water canister [ˈwɔ:tə ˈkænɪstə] Wasserkanister
water consumption [wɔ:tə kənˈsʌmpʃən] Wasserverbrauch
water skiing [ˈwɔ:tə ski:ɪŋ] Wasserski
water wing [ˈwɔ:təwɪŋ] Schwimmflügel
watercolour [ˈwɔ:təˌkʌlə] Aquarell
watercolour painting [ˈwɔ:təˌkʌlə ˈpeɪntɪŋ] Aquarellmalen
waterfall [ˈwɔ:təfɔ:l] Wasserfall
way [weɪ] Weg
way out [ˈweɪ ˈaʊt] Ausgang
we [wi:] wir
weak [wi:k] schwach
to wear [weə] tragen *(Kleidung)*
weather forecast [ˈweðə ˌfɔ:kɑ:st] Wettervorhersage
wedding [ˈwedɪŋ] Hochzeit
Wednesday [ˈwenzdɪ] Mittwoch
week [wi:k] Woche
week pass [wi:k pɑ:s] Wochenpass
weekend rate [ˌwi:kˈend reɪt] Wochenendpauschale
weekly [ˈwi:klɪ] *(adj)* wöchentlich
weekly season ticket [ˈwi:klɪ ˈsi:zn ˌtɪkɪt] Wochenkarte
weight [weɪt] Gewicht
to welcome [ˈwelkəm] begrüßen

welcome! [ˈwelkəm] willkommen!
well [wel] *(adv)* gut
well-done [ˈwelˈdʌn] durchgebraten
wellingtons [ˈwelɪŋtənz] Gummistiefel
well-known [ˈwelˈnəʊn] bekannt
Welsh [welʃ] walisisch
Welshman/Welshwoman [ˈwelʃmən/ˈwelʃˌwʊmən] Waliser/in
west of [west‿əv] westlich von
western [ˈwestən] Western
wet [wet] nass
wetsuit [wetsjuːt] Neoprenanzug
What a pity! [ˈwɒt‿ə ˈpɪtɪ] Wie schade!
what sort of ...? [ˈwɒt ˈsɔːt‿əv] was
wheel [wiːl] Rad
wheelchair [wiːlˈtʃeə] Rollstuhl
wheelchair user [wiːlˈtʃeə juːzə] Rollstuhlfahrer/in
when [wen] als *(zeitlich)*
when [wen] wann
when(ever) [wen(evə)] wenn *(zeitlich)*
whether [ˈweðə] ob
while [waɪl] *(conj)* während
whipping cream [wɪpɪŋ kriːm] Schlagsahne
white [waɪt] weiß
white bread [ˈwaɪt ˌbred] Weißbrot
white wine [waɪt waɪn] Weißwein
whole [həʊl] *(adj)* ganz
whooping-cough [ˈhuːpɪŋkɒf] Keuchhusten
wide [waɪd] weit *(nicht eng)*
widow [ˈwɪdəʊ] Witwe
widower [ˈwɪdəʊə] Witwer
width [wɪdθ] Breite
wife [waɪf] Ehefrau
wig [wɪg] Perücke
wild(ly) [waɪld(lɪ)] wild
win [wɪn] gewinnen
wind [wɪnd] Blähungen
wind [wɪnd] Wind
wind-force [ˈwɪndfɔːs] Windstärke
window [ˈwɪndəʊ] Fenster
window seat [ˈwɪndəʊ siːt] Fensterplatz
windscreen [ˈwɪndskriːn] Windschutzscheibe
windscreen wiper [ˈwɪndskriːn ˈwaɪpə] Scheibenwischer
windshield [ˈwɪndʃiːld] *(Am)* Windschutzscheibe

windsurf ['wɪnd 'sɜ:f] windsurfen
wine [waɪn] Wein
wine merchant's ['waɪn ˌmɜ:tʃənts] Weinhandlung
wineglass ['waɪnglɑ:s] Weinglas
wing [wɪŋ] Flügel
winter ['wɪntə] Winter
winter tyres ['wɪntə 'taɪəz] Winterreifen
wire ['waɪə] Draht
wisdom tooth ['wɪzdəm tu:θ] Weisheitszahn
to wish for [wɪʃ] wünschen
with [wɪð] mit
without [wɪ'ðaʊt] ohne
without obligation [wɪ'ðaʊt ˌɒblɪ'geɪʃn] unverbindlich
witness ['wɪtnɪs] Zeuge/Zeugin
woman ['wʊmən] Frau
woman ['wʊmən] Mensch
wonderful ['wʌndəfl] wunderbar
wood [wʊd] Holz
wood-carving ['wʊdˌkɑ:vɪŋ] Schnitzerei
woodcut ['wʊdkʌt] Holzschnitt
woods [wʊdz] Wald
wool [wʊl] Wolle
word [wɜ:d] Wort
to work [wɜ:k] arbeiten
to work [wɜ:k] funktionieren
work [wɜ:k] Arbeit
world [wɔ:ld] Welt
worm [wɜ:m] Wurm
to worry ['wʌrɪ] sich beunruhigen
worthless ['wɜ:θlɪs] wertlos
wound [wu:nd] Wunde
to wrap [ræp] einpacken
wrapping ['ræpɪŋ] Verpackung
wristwatch ['rɪstwɒtʃ] Armbanduhr
to write [raɪt] schreiben
to write down ['raɪt 'daʊn] aufschreiben
writing [raɪtɪŋ] Schrift
writing pad ['raɪtɪŋ pæd] Block
writing paper ['raɪtɪŋˌpeɪpə] Briefpapier
wrong [rɒŋ] falsch

X

X-ray [ˌeks'reɪ] röntgen
X-ray [ˌeks'reɪ] Röntgenaufnahme

Y

yacht [jɒt] Segelboot
yard [jɑ:d] Hof
year [jɪə] Jahr
yellow ['jeləʊ] gelb
yesterday ['jestədɪ] gestern
yet [jet], **however** [haʊ'evə] doch
yoga ['jəʊgə] Yoga
yoghurt ['jɒgət] Joghurt
you [ju:] dich
you [ju:] dir *(unmittelb. hinter d. Verb)*
you [ju:] du
you [ju:] euch
you [ju:] Sie
to you ['tə‿'ju:] dir
you ought to [jʊ ɔ:t‿tʊ] Sie sollten
young [jʌŋ] jung
young lady ['jʌŋ 'leɪdɪ] Fräulein
your [jɔ:] dein
your [jɔ:] euer
youth ['ju:θ] Jugendliche(r)

Z

zip code ['zɪpkəʊd] *(Am)* Postleitzahl
zoo [zu:] Zoo

Wörterbuch Deutsch - Englisch

A

Aal eel [i:l]
ab from [frɒm]
Abblendlicht dipped headlights [dɪpt ˈhedlaɪts]
Abend evening [ˈi:vnɪŋ], night [naɪt]
Abendessen dinner [ˈdɪnə]
Abendgarderobe evening wear [ˈi:vnɪŋ weə]
abends in the evening [ɪn ði:ˈi:vnɪŋ]
aber but [bʌt]
abfahren (**von**) to start (from) [stɑ:t (frɒm)], to leave [li:v]
Abfahrt departure [dɪˈpɑ:tʃə]; (motorway) exit [(ˈməʊtəweɪ) ˈeksɪt]
Abfahrtszeit time of departure [taɪm əv dɪˈpɑ:tʃə]
Abfall rubbish [ˈrʌbɪʃ]
Abfallbeutel bin liner [ˈbɪn ˌlaɪnə]
Abflug take-off [ˈteɪk-ɒf]
Abführmittel laxative [ˈlæksətɪv]
abgeben to hand in [ˈhænd ˈɪn], to leave [li:v]
abholen to call for [ˈkɔ:l fɔ:]; **~ lassen** to send for [ˈsend fɔ:]
Abkürzung abbreviation [əˌbri:vɪˈeɪʃn]; (*Weg*) short-cut [ˈʃɔ:tkʌt]
ablehnen to decline [dɪˈklaɪn], to refuse [rɪˈfju:z]
abreisen (**nach**) to leave (for) [ˈli:v fɔ:]
Absatz heel [hi:l]
Abschleppdienst breakdown service [ˈbreɪkdaʊn ˈsɜ:vɪs]
abschleppen to tow (away) [təʊ (əˈweɪ)]
Abschleppseil towrope [ˈtəʊrəʊp]
Abschleppwagen breakdown vehicle [ˈbreɪkdaʊn ˌvi:ɪkl]
abschließen to lock [lɒk]

abseits offside [ɒfsaɪd]
Absender sender ['sendə]
Abszess abscess ['æbsɪs]
Abtei abbey ['æbɪ]
Abteil compartment [kəm'pɑ:tmənt]
Achtung attention [ə'tenʃn]; (*Vorsicht!*) look out! ['lʊk'aʊt]
Actionfilm action film ['ækʃən 'fɪlm]
Adapter adapter [ə'dæptə]
Adresse address [ə'dres]
Aerobic aerobics [eə'rəʊbɪks]
Agentur agency ['eɪdʒənsɪ]
ähnlich similar ['sɪmɪlə]
akklimatisieren, s. ~ to become acclimatised [bɪ'kʌm‿ə'klaɪmətaɪzd]
Akt act ['ækt]; nude [nju:d]
Aktzeichnen drawing nudes ['drɔ:ɪŋ nju:dz]
Alarmanlage alarm system [ə'lɑ:m 'sɪstəm]
alkoholfrei non-alcoholic ['nɒnælkə'hɒlɪk]
alkoholfreies Bier non-alcoholic beer ['nɒnˌælkəˌhɒlɪk 'bɪə]
alle all [ɔ:l]
allein alone [ə'ləʊn]
Allergie allergy ['ælədʒɪ]
alles everything ['evrɪθɪŋ]
als (*zeitlich*) when [wen]; (*Vergleich*) than [ðæn]
also so [səʊ], thus [ðʌs]
alt old [əʊld]
Altar altar ['ɔ:ltə]
Alter age [eɪdʒ]
Altstadt old town ['əʊld 'taʊn]
Alufolie tin foil ['tɪnfɔɪl]
am Sonntag on Sunday [ɒn 'sʌndeɪ]
am Vormittag in the morning [ɪn ðə 'mɔ:nɪŋ]
am Wochenende at the weekend [ət ðə ˌwi:k'end]
Amerika America [ə'merɪkə]
Amerikaner/in American [ə'merɪkn]
Ampel traffic lights ['træfɪk ˌlaɪts]
Amphitheater amphitheatre ['æmfɪˌθɪətə]
Amt (*Dienststelle*) office ['ɒfɪs], department [dɪ'pɑ:tmənt]
amüsieren, s. ~ to have a good time ['hæv ə 'gʊd 'taɪm]
an on [ɒn]; **~ der Themse** on the Thames [temz]
Ananas pineapple ['paɪnˌæpl]
andere, der/die/das ~ the other ['ʌðə]
anders different(ly) ['dɪfrənt(lɪ)]
anderswo elsewhere ['els'weə]

Anfang beginning [bɪ'gɪnɪŋ]
anfangen to begin [bɪ'gɪn]
Angabe statement ['steɪtmənt]; **~n machen** to make [meɪk] a statement; **nähere ~n** particulars [pə'tɪkjʊləz]
Angel fishing rod ['fɪʃɪŋrɒd]
angeln to go fishing [gəʊ 'fɪʃɪŋ]
Angelschein fishing licence/permit ['fɪʃɪŋ 'laɪsns/pə'mɪt]
angenehm agreeable [ə'grɪəbl], pleasant ['pleznt]
Angina angina [æn'dʒaɪnə]
anhalten to stop [stɒp]
Anhänger pendant ['pendənt]; (*Fans*) supporters [sə'pɔ:təz]
ankommen to arrive [ə'raɪv]
Ankunft arrival [ə'raɪvl]
Ankunftszeit time of arrival [taɪm‿əv‿ə'raɪvl]
Anlage (*Park~*) park [pɑ:k]; (*Brief*) enclosure [ɪn'kləʊʃə]
Anlasser starter ['stɑ:tə]
anlegen in to land at, to dock at ['lænd‿ət, 'dɒk‿ət]
anmelden to announce [ə'naʊns]; **s. ~** to register ['redʒɪstə]
Anmeldung registration [ˌredʒɪs'treɪʃn]
Anorak anorak ['ænəræk]
Anreisetag day of arrival [deɪ‿əv‿ə'raɪvl]
Anruf (phone) call [('fəʊn)kɔ:l]
Anrufbeantworter answering machine ['ɑ:nsərɪŋ mə'ʃi:n]
anrufen to phone, to call [fəʊn, kɔ:l]
Anschluss connection [kə'nekʃn]
ansehen to look at ['lʊk‿ət]
Ansichtskarte picture postcard ['pɪktʃə 'pəʊstkɑ:d]
anstatt instead of [ɪn'sted‿əv]
ansteckend contagious [kən'teɪdʒəs]
anstrengend strenuous ['strenjʊəs]
Antibabypillen contraceptive pills [ˌkɒntrə'septɪv pɪlz]
Antibiotika antibiotics [ˌæntɪbaɪ'ɒtɪks]
antik ancient ['eɪnʃnt]
Antiquitätengeschäft antique shop [æn'ti:k ʃɒp]
antworten to answer ['ɑ:nsə], to reply [rɪ'plaɪ]
anzahlen to deposit sth [dɪ'pɒzɪt]
Anzahlung deposit [dɪ'pɒzɪt]
anzeigen to report [rɪ'pɔ:t]
anziehen to put on ['pʊt 'ɒn]; **s. ~** to dress [dres]
Anzug suit [sju:t]

anzünden to light [laɪt]
Apartment flat (*Am* apartment) [flæt, əˈpɑːtmənt]
Äpfel apples [ˈæplz]
Apfelsinen oranges [ˈɒrɪndʒɪz]
Apotheke chemist's [ˈkemɪsts]
Apparat gadget [ˈgædʒɪt]; (*Foto~*) camera [ˈkæmərə]; (*Fernseh~*) set [set]
Appetit appetite [ˈæpɪtaɪt]
Aprikosen apricots [ˈeɪprɪkɒts]
April April [ˈeɪprəl]
Aquarell watercolour [ˈwɔːtəˌkʌlə]
Aquarellmalen watercolour painting [ˈwɔːtəˌkʌlə ˈpeɪntɪŋ]
Arbeit work [wɜːk]; (*Anstellung*) job [dʒɒb]
arbeiten to work [wɜːk]
arbeitslos unemployed [ˌʌnɪmˈplɔɪd]
Archäologie archaeology [ˌɑːkɪˈɒlədʒɪ]
Architekt/in architect [ˈɑːkɪtekt]
Architektur architecture [ˈɑːkɪtektʃə]
ärgern, s. ~ (**über**) to be angry [ˈæŋgrɪ] (about/at)
Arm arm [ɑːm]
arm poor [pʊə]
Armband bracelet [ˈbreɪslɪt]
Armbanduhr wristwatch [ˈrɪstwɒtʃ]
Ärmel sleeve [sliːv]
Ärmelkanal the English Channel [ˈɪŋglɪʃ ˈtʃænl]
Art kind [kaɪnd], sort [sɔːt]
Artischocken artichokes [ˈɑːtɪtʃəʊks]
Aschenbecher ashtray [ˈæʃtreɪ]
Aspirin aspirin [ˈæsprɪn]
Asthma asthma [ˈæsmə]
Atembeschwerden difficulty in breathing [ˈdɪfɪkəltɪ‿ɪn ˈbriːðɪŋ]
Atlantik Atlantic [ətˈlæntɪk]
atmen to breathe [briːð]
Attest certificate [səˈtɪfɪkət]
Auberginen aubergines [ˈəʊbəʒiːnz]
auch also [ˈɔːlsəʊ]; (*nachgestellt*) too [tuː]; **~ nicht** nor [nɔː], neither [ˈnaɪðə]
auf on [ɒn]; **~ Englisch** in English [ˈɪŋglɪʃ]; (*offen*) open [ˈəʊpən]
aufbewahren to keep [kiːp]
aufbrechen to break into/open [breɪk‿ˈɪntʊ/ˈəʊpən]
Aufenthalt stay [steɪ]; (*Zug*) stop [stɒp]
Aufenthaltsraum lounge [laʊndʒ]

Auffahrt (motorway) slip road [(ˈməʊtəweɪ) ˈslɪp rəʊd]
Auffahrtrampe ramp (for wheelchair users) [ræmp (fə wiːlˈtʃeə juːzəz)]
Aufführung performance [pəˈfɔːməns]
aufhalten, s. ~ to stop [stɒp], to stay [steɪ]
aufhören to stop [stɒp]
aufpassen (auf) to take care of [teɪk ˈkeər‿əv], to look after [lʊk ˈɑːftə]
Aufschnitt cold meat [ˈkəʊld ˈmiːt]
aufschreiben to write down [ˈraɪt ˈdaʊn]
aufstehen to get up [ˈget ˈʌp]
aufwachen to wake up [ˈweɪk ˈʌp]
aufwärts up [ʌp]
Aufzug lift (*Am* elevator) [lɪft, ˈelɪveɪtə]
Augen eyes [aɪz]
Augenblick moment [ˈməʊmənt]
Augentropfen eye drops [ˈaɪ drɒps]
August August [ˈɔːgəst]
aus (*Herkunft*) from [frɒm]; (*Material*) of [ɒv]; (*Grund*) for [fɔː]
Ausbildung training [ˈtreɪnɪŋ]; (*Schul~*) education [ˌedjʊˈkeɪʃn]
Ausdruck expression [ɪksˈpreʃn]
ausdrücklich explicit(ly) [ɪksˈplɪsɪt(lɪ)]
Ausfahrt exit [ˈegzɪt]
Ausflug excursion, trip [ɪkˈskɜːʃn, trɪp]
ausfüllen fill in [fɪl‿ˈɪn]
Ausgang exit [ˈegzɪt], way out [ˈweɪ ˈaʊt]
ausgeben to spend [spend]
ausgehen to go out [ˈgəʊ ˈaʊt]
ausgezeichnet excellent [ˈeksələnt]
Ausgrabungen excavations [ˌekskəˈveɪʃnz]
Auskunft information [ɪnfəˈmeɪʃn]
Ausland foreign countries [ˈfɒrən ˈkʌntrɪz]; **im/ins ~** abroad [əˈbrɔːd]
Ausländer/in foreigner [ˈfɒrənə]
ausländisch foreign [ˈfɒrən]
Auslandsflug international flight [ˌɪntəˈnæʃənl flaɪt]
Auslandsgespräch international call [ˌɪntəˈnæʃənl kɔːl]
Auslöser shutter [ˈʃʌtə]
Auspuff exhaust [ɪgˈzɔːst]

Ausreise on leaving the country [ɒn 'li:vɪŋ ðə 'kʌntrɪ]
Ausritt ride [raɪd]
ausruhen, s. ~ to rest [rest]
Ausschlag rash [ræʃ]
außen outside [ˌaʊt'saɪd]; **von ~** from the outside
außer except [ɪk'sept]
außerdem besides [bɪ'saɪdz]
außergewöhnlich extraordinary [ɪks'trɔ:dnrɪ]
außerhalb outside [ˌaʊt'saɪd]
Aussicht view [vju:]
Aussichtspunkt vantage point ['væntɪdʒ pɔɪnt]
aussprechen to pronounce [prə'naʊns]
aussteigen get out ['get 'aʊt]
Ausstellung exhibition [ˌeksɪ'bɪʃn]
aussuchen to pick out ['pɪk 'aʊt]
austauschen to exchange [ɪks'tʃeɪndʒ]
Austern oysters ['ɔɪstəz]
Ausverkauf (clearance) sale [('klɪərəns) seɪl]
Auswahl choice [tʃɔɪs]
auszahlen pay out [ˌpeɪ‿'aʊt]
Auto car [kɑ:]; **~ fahren** to drive a car [draɪv]
Autobahn motorway ['məʊtəweɪ]
Autobahnausfahrt motorway exit ['məʊtəweɪ 'eksɪt]
Autobahngebühren motorway toll ['məʊtəweɪ təʊl]
Automat (*Waren~*) vending machine ['vendɪŋ mə'ʃi:n]
Automatik(getriebe) automatic (transmission) [ˌɔ:tə'mætɪk (trænz'mɪʃn)]
automatisch automatic [ˌɔ:tə'mætɪk]
Autoradio car radio ['kɑ: 'reɪdɪəʊ]
Autoreisezug motorail service ['məʊtəreɪl 'sɜ:vɪs]
Avocado avocado [ˌævə'kɑ:dəʊ]

B

Baby baby ['beɪbɪ]
Babyfon baby intercom [beɪbɪ 'ɪntəkɒm]
Babylift baby lift [beɪbɪ lɪft]
Babynahrung baby food ['beɪbɪ fu:d]
Babyschale (*fürs Auto*) baby seat [beɪbɪ si:t]
Babysitter babysitter ['beɪbɪˌsɪtə]
Bäckerei baker's ['beɪkəz]
Badeanzug swimming costume ['swɪmɪŋ 'kɒstju:m]

Badehose bathing trunks ['beɪðɪŋ trʌŋks]
Bademantel bathrobe ['bɑ:θrəʊb]
Bademeister/in *(im Schwimmbad)* attendant [ə'tendənt]; *(am Strand)* lifeguard ['laɪfgɑ:d]
Bademütze swimming hat ['swɪmɪŋ hæt]
Badeort seaside resort ['si:saɪd rɪ'zɔ:t]
Badeschuhe bathing shoes ['beɪðɪŋ 'ʃu:z]
Badewanne bath [bɑ:θ]
Badezimmer bathroom ['bɑ:θrʊm]
Badminton badminton ['bædmɪntən]
Bahnhof station ['steɪʃn]
Bahnsteig platform ['plætfɔ:m]
bald soon [su:n]; **so ~ wie möglich** as soon as possible ['pɒsəbl]
Balkon balcony ['bælkənɪ]
Ball ball [bɔ:l]; *(Fest)* ball, dance [dɑ:ns]
Ballett ballet ['bæleɪ]
Bananen bananas [bə'nɑ:nəz]
Band band [bænd]
Bänderriss torn ligament ['tɔ:n 'lɪgəmənt]
Bank bank [bæŋk]; *(Sitz~)* bench [bentʃ]
Bar bar [bɑ:]
bar, Bargeld cash [kæʃ]
bar zahlen to pay (in) cash [peɪ(ɪn) ˌkæʃ]
Barock/barock Baroque [bə'rɒk]
barrierefrei barrier-free ['bærɪə fri:]
Barsch perch [pɜ:tʃ]
Bart beard [bɪəd]
Basilikum basil ['bæzl]
Basketball basketball ['bɑ:skɪtbɔ:l]
Batterie battery ['bætrɪ]
Bauch stomach ['stʌmək]
Bauernhof farm [fɑ:m]
Baum tree [tri:]
Baumwolle cotton ['kɒtn]
Bauwerk building ['bɪldɪŋ]
beachten to pay attention to [peɪ‿ə'tenʃn tu:]
Beach-Volleyball beach volleyball [bi:tʃ 'vɒlɪbɔ:l]
beantworten to reply [rɪ'plaɪ], to answer ['ɑ:nsə]
Bearbeitungsgebühr service charge ['sɜ:vɪs 'tʃɑ:dʒ]
bedauern to regret [rɪ'gret]
Bedeutung *(Sinn)* meaning ['mi:nɪŋ]

Bedienung service ['sɜ:vɪs]
beeilen, s. ~ to hurry ['hʌrɪ]
beeindruckend impressive [ɪm'presɪv]
befinden, s. ~ to be [bi:]; (*sich fühlen*) to feel [fi:l]
befreundet sein to be friends [frendz]
befürchten to fear [fɪə]
begegnen to meet [mi:t]
begeistert (**von**) enthusiastic (about) [ɪnˌθju:zɪ'æstɪk (ə'baʊt)]
begleiten to accompany [ə'kʌmpənɪ]
Begleitperson accompanying person [əkʌmpənɪɪŋ pɜ:sn]
begrüßen to greet [gri:t], to welcome ['welkəm]
behalten to keep [ki:p]
Behälter container [kən'teɪnə]
behandeln to treat [tri:t]
behaupten to maintain [meɪn'teɪn]; (*bestimmt*) to insist [ɪn'sɪst]
Behindertenausweis disabled persons' card [dɪs'eɪbld pɜ:snz kɑ:d]
behindertengerecht suitable for the disabled [su:təbl fə ðə dɪs'eɪbld]
Behindertenparkplatz parking space for the disabled ['pɑ:kɪŋ speɪs fə ðə dɪs'eɪbld]
Behindertentoilette toilet for the disabled [tɔɪlɪt fə ðə dɪs'eɪbld]
Behörde authorities [ɔ:'θɒrɪtɪz]
bei (*örtlich*) near [nɪə]
beide both [bəʊθ]
Beifall applause [ə'plɔ:z]
beige beige [beɪʒ]
Bein leg [leg]
Beispiel example [ɪg'zɑ:mpl]; **zum ~** for example [frˍɪg'zɑ:mpl]
beißen to bite [baɪt]
bekannt well-known ['wel'nəʊn]; **~ machen** to introduce [ˌɪntrə'dju:s]
Bekannte, der/die acquaintance [ə'kweɪntəns], friend [frend]
Bekanntschaft acquaintance [ə'kweɪntəns]
beklagen, s. ~ (**über**) to complain (of/about) [kəm'pleɪnˍ(əv/ə'baʊt)]
bekommen to get [get]
belästigen to bother ['bɒðə]
belegte Brötchen filled rolls ['fɪld rəʊlz]
Beleidigung insult ['ɪnsʌlt]

Belgien Belgium ['beldʒəm]
Belgier/in Belgian ['beldʒən]
Belichtungsmesser light meter ['laɪt ˌmiːtə]
Belohnung reward [rɪ'wɔːd]
bemerken to notice ['nəʊtɪs]; (*sagen*) to remark [rɪ'mɑːk]
bemühen, s. ~ to try hard ['traɪ 'hɑːd]
benachrichtigen to inform [ɪn'fɔːm]
benutzen to use [juːz]; (*Verkehrsmittel*) to take [teɪk]
Benzinkanister petrol can ['petrəl kæn]
Benzinpumpe petrol pump ['petrəl pʌmp]
bequem comfortable ['kʌmftəbl]
berechnen to calculate ['kælkjʊleɪt]
bereits already [ɔːl'redɪ]
Berg mountain ['maʊntɪn]
Bergdorf mountain village ['maʊntɪn 'vɪlɪdʒ]
Bergstation top station, summit station [tɒp steɪʃn, 'sʌmɪt steɪʃn]
Bergsteigen rock climbing ['rɒkˌklaɪmɪŋ], mountaineering [ˌmaʊntɪ'nɪərɪŋ]
Beruf job [dʒɒb], profession [prə'feʃn]
beruhigen, s. ~ to calm down ['kɑːm 'daʊn]
Beruhigungsmittel sedative, tranquillizer ['sedətɪv, 'træŋkwɪlaɪzə]
berühmt famous ['feɪməs]
berühren to touch [tʌtʃ]
beschädigen to damage ['dæmɪdʒ]
bescheinigen to certify ['sɜːtɪfaɪ]
Bescheinigung certificate [sə'tɪfɪkət]
beschlagnahmen confiscate ['kɒnfɪskeɪt]
beschließen to decide [dɪ'saɪd]
beschreiben to describe [dɪs'kraɪb]
beschweren, s. ~ (über) to complain (about) [kəm'pleɪn (ə'baʊt)]
besetzt (*Platz*) occupied ['ɒkjʊpaɪd], taken ['teɪkn]; (*voll*) full [fʊl]; (*Telefon; Toilette*) engaged [ɪn'geɪdʒd]
besichtigen to visit ['vɪzɪt]
Besichtigung tour [tʊə]
Besitzer/in owner ['əʊnə]
besonders particularly [pə'tɪkjʊləlɪ], especially [ɪ'speʃlɪ]
besorgen to get [get]
besser better ['betə]

bestätigen to confirm [kən'fɜ:m]
beste(r, -s) best [best]
Besteck cutlery ['kʌtlərɪ]
bestehen auf to insist on [ɪn'sɪst‿ɒn]; **~ aus** to consist of [kən'sɪst‿əv]
Bestellung order ['ɔ:də]
bestimmt certain(ly) ['sɜ:tn(lɪ)]
Besuch visit ['vɪzɪt]
besuchen, jdn ~ to visit s.o. ['vɪzɪt], to call on s.o. ['kɔ:l‿ɒn]
Besuchszeit visiting hours ['vɪzɪtɪŋ ˌauəz]
beten to pray [preɪ]
Betrag amount [ə'maunt]
Betreuungsdienst care service [keə sɜ:vɪs]
Betrug (*Gaunerei*) swindle ['swɪndl]; (*Handel*) fraud [frɔ:d]
betrunken drunk [drʌŋk]
Bett bed [bed]; **zu ~ gehen** to go to bed ['gəu tə 'bed]
Bettdecke blanket ['blæŋkɪt]
Bettwäsche bed linen ['bedˌlɪnɪn]
beunruhigen, s. ~ to worry ['wʌrɪ]
bevor before [bɪ'fɔ:]
bewölkt cloudy ['klaudɪ]
bewusstlos unconscious [ʌn'kɒnʃəs]
bezahlen to pay [peɪ]
bezaubernd charming ['tʃɑ:mɪŋ]
Biene bee [bi:]
Bier beer [bɪə]
bieten to offer ['ɒfə]
Bikini bikini [bɪ'ki:nɪ]
Bild picture ['pɪktʃə]; (*Abbildung*) illustration [ˌɪləs'treɪʃn]; (*Gemälde*) painting ['peɪntɪŋ]
Bildhauer/in sculptor/ sculptress ['skʌlptə/'skʌlptrəs]
billig cheap [tʃi:p]
Bindfaden string [strɪŋ]
Bioladen organic food shop [ɔ:'gənɪk fu:d ʃɒp]
Birnen pears [peəz]
bis to [tu:]; (*zeitlich*) till [tɪl], until [ən'tɪl]; **~ jetzt** till now [tɪl 'nau]
bisschen, ein ~ a bit [bɪt]
Bitte request [rɪ'kwest]
bitten, jdn um etw ~ to ask s.o. for s.th. [ɑ:sk]
bitter bitter ['bɪtə]
Blähungen wind [wɪnd]
Blase bladder ['blædə]
Blatt leaf [li:f]
blau blue [blu:]
Blazer blazer ['bleɪzə]
bleiben to remain [rɪmeɪn], to stay [steɪ]

Blick look [lʊk]; *(Ausblick)* view [vjuː]
blind blind [blaɪnd]
Blinddarmentzündung appendicitis [əˌpendɪˈsaɪtɪs]
Blinde/r blind person [blaɪnd pɜːsn]
Blindenhund guide dog [gaɪddɒg]
Blinklicht indicator [ˈɪndɪkeɪtə]
Blitz lightning [ˈlaɪtnɪŋ]
Blitzgerät flash [flæʃ]
Block writing pad [ˈraɪtɪŋ pæd]
blöd(e) silly [ˈsɪlɪ], stupid [ˈstjuːpɪd]
blond blond(e) [blɒnd]
Blues blues [bluːz]
Blume flower [ˈflaʊə]
Blumengeschäft florist's [flɒrɪsts]
Blumenkohl cauliflower [ˈkɒlɪˌflaʊə]
Bluse blouse [blaʊz]
Blut blood [blʌd]
Blutdruck (hoher/niedriger) blood pressure (high/low) [ˈblʌd ˌpreʃə (ˈhaɪ/ˈləʊ)]
bluten to bleed [bliːd]
Blutgruppe blood group [ˈblʌd gruːp]
Blutung bleeding [ˈbliːdɪŋ]
Blutvergiftung blood-poisoning [ˈblʌdˌpɔɪznɪŋ]
Bö gust of wind [ˌgʌst‿əv ˈwɪnd]
Boden ground [graʊnd]; *(Fuß~)* floor [flɔː]
Bodybuilding bodybuilding [ˈbɒdɪbɪldɪŋ]
Bogen arch [ɑːtʃ]
Bohnen beans [biːnz]
Bonbons sweets *(Am* candy) [swiːts (ˈkændɪ)]
Bordkarte boarding card [ˈbɔːdɪŋ kɑːd]
böse evil [ˈiːvl]; *(ungezogen)* naughty [ˈnɔːtɪ]; *(verärgert)* angry [ˈæŋgrɪ]
Botanischer Garten botanic gardens [bəˈtænɪk ˈgɑːdnz]
Botschaft *(dipl. Vertretung)* embassy [ˈembəsɪ]
Boulespiel boules [ˈbuːl]
Boutique boutique [buːˈtiːk]
Bowling tenpin bowling [ˈtenpɪn ˈbəʊlɪŋ]
Braille braille [breɪl]
Brandsalbe ointment for burns [ˈɔɪntmənt fə ˈbɜːnz]
brauchen to need [niːd], to want [wɒnt]; *(Zeit)* to take [teɪk]
braun brown [braʊn]
Brechreiz nausea [ˈnɔːsjə]

breit broad [brɔ:d], wide [waɪd]
Breite width [wɪdθ]
Bremse brake [breɪk]
Bremsflüssigkeit brake fluid ['breɪk ˌfluɪd]
Bremslichter brake lights ['breɪkˌlaɪts]
Brennspiritus methylated spirits ['meθɪleɪtɪd 'spɪrɪts]
Brief letter ['letə]
Briefkasten post-box ['pəʊstbɒks]
Briefmarke stamp [stæmp]
Briefmarkenautomat stamp machine ['stæmp mə'ʃi:n]
Briefpapier writing paper ['raɪtɪŋˌpeɪpə]
Brieftasche wallet ['wɒlɪt]
Briefumschlag envelope ['envələʊp]
bringen (*her~*) to bring [brɪŋ]; (*weg~*) to take [teɪk]
Brombeeren blackberries ['blækbrɪz]
Bronchien bronchial tubes ['brɒŋkjəl 'tju:bz]
Bronchitis bronchitis [brɒŋ'kaɪtɪs]
Bronze bronze [brɒnz]
Brosche brooch [brəʊtʃ]
Brot bread [bred]
Brötchen rolls [rəʊlz]
Bruch (*Leisten~*) hernia ['hɜ:njə]; (*Knochen~*) fracture ['fræktʃə]
Brücke bridge [brɪdʒ]
Bruder brother ['brʌðə]
Brunnen fountain ['faʊntɪn]
Brust chest, (*weibliche ~*) breast [tʃest/brest]
Buch book [bʊk]
buchen (*Platz*) to book [bʊk]
Buchhandlung bookshop ['bʊkʃɒp]
buchstabieren to spell [spel]
Bucht bay [beɪ]
Buchung booking ['bʊkɪŋ]
bügeln to iron ['aɪən]
Bungalow bungalow ['bʌŋgələʊ]
Bungeejumping bungee jumping [bʌndʒɪ dʒʌmpɪŋ]
bunt colourful ['kʌləfʊl]
Burg castle ['kɑ:sl]
Büro office ['ɒfɪs]
Bürste brush [brʌʃ]
Bus bus [bʌs]
Busbahnhof bus station ['bʌs‿ˌsteɪʃn]
Busch bush [bʊʃ]
Bußgeld fine [faɪn]
Butter butter ['bʌtə]
Buttermilch buttermilk ['bʌtəmɪlk]
Bypass bypass (operation) ['baɪpɑ:s‿(ˌɒpə'reɪʃn)]

C

Café café ['kæfeɪ]
Camcorder camcorder [kæm,kɔ:də]
Camping camping ['kæmpɪŋ]
Campingführer camping guide ['kæmpɪŋ gaɪd]
Campingplatz camping site ['kæmpɪŋsaɪt]
CD CD ['si:'di:]
CD-Spieler CD player ['si:'di: pleɪə]
Cent cent [sent]
Champagner champagne [ˌʃæm'peɪn]
Check-in check-in [tʃek'ɪn]
Chef head [hed], boss [bɒs]
chemisch reinigen dry-clean ['draɪ'kli:n]
Chicoree chicory ['tʃɪkərɪ]
Chipkarte chip card [tʃɪp kɑ:d]
Chirurg/in surgeon ['sɜ:dʒn]
Cholera cholera ['kɒlərə]
Chor choir ['kwaɪə]
Christentum Christianity [ˌkrɪstɪ'ænɪtɪ]
Clubhaus clubhouse [klʌb'haʊs]
Cousin/e cousin ['kʌzn]
Creme cream [kri:m]
Curling curling ['kɜ:lɪŋ]

D

da *(dort)* there [ðeə]; *(Grund)* as [æz], because [bɪ'kɒz]; **da sein** *(anwesend)* to be present ['preznt], to be there [ðeə]
Dach roof [ru:f]
dafür sein to be for it ['fɔ:r‿ɪt]
dagegen sein to be against it [ə'genst‿ɪt]
daheim at home [ət‿'həʊm]
damals then [ðen], at that time [taɪm]
Damen Ladies ['leɪdɪz]
Damenbinden sanitary towels ['sænɪtrɪ 'taʊəlz]
Dampfer steamer, steamship ['sti:mə, 'sti:mʃɪp]
danach afterwards ['ɑ:ftəwədz]
danken to thank [θæŋk]
dann then [ðen]
Darm intestines [ɪn'testɪnz]
dass that [ðæt]
dasselbe the same [seɪm]
Datteln dates [deɪts]
Datum date [deɪt]
dauern to last [lɑ:st]
Dauerwelle perm [pɜ:m]
Deck deck [dek]
Decke ceiling ['si:lɪŋ]
Defekt fault [fɔ:lt]
dein your [jɔ:]

denken (**an**) to think (of) ['θɪŋk‿əv]
Denkmal monument ['mɒnjʊmənt]
Denkmalschutz protection of historical monuments [prə'tekʃn‿əv hɪs'tɒrɪkəl 'mɒnjʊmənts]
denn for [fɔ:]
Deo(**dorant**) deodorant [di:'əʊdərnt]
deshalb therefore ['ðeəfɔ:]
Desinfektionsmittel disinfectant [ˌdɪsɪn'fektənt]
desinfizieren disinfect [ˌdɪsɪn'fekt]
deutlich distinct [dɪs'tɪŋkt]
deutsch German ['dʒɜ:mən]
Deutsche, der/die German ['dʒɜ:mən]
Deutschland Germany ['dʒɜ:mənɪ]
Devisen foreign currency ['fɒrən 'kʌrənsɪ]
Dezember December [dɪ'sembə]
Diabetes diabetes [ˌdaɪə'bi:ti:z]
Diabetiker/in diabetic [ˌdaɪə'betɪk]
Diagnose diagnosis [ˌdaɪəg'nəʊsɪs]
Diät diet ['daɪət]
dich you [ju:]
dick thick [θɪk]
Dieb/in thief [θi:f]
Diebstahl theft [θeft]
Dienstag Tuesday ['tju:zdɪ]
diese(**r, -s**) this [ðɪs], (*pl*) these [ði:z]
Digitalkamera digital camera ['dɪdʒɪtəl ˌkæmrə]
Ding thing [θɪŋ]
Diphtherie diphtheria [dɪp'θɪərɪə]
dir to you ['tə‿'ju:]; (*unmittelb. hinter d. Verb*) you [ju:]
direkt direct [dɪ'rekt]; (*sofort*) immediately [ɪ'mi:djətlɪ]
Direktion management ['mænɪdʒmənt]
Dirigent/in conductor [kən'dʌktə]
Disko discotheque ['dɪskətek]
doch yet [jet], however [haʊ'evə]
Dokumentarfilm documentary [ˌdɒkjʊ'mentərɪ]
Dom cathedral [kə'θi:drl]
Donnerstag Thursday ['θɜ:zdɪ]
Doppel doubles ['dʌblz]
doppelt *adj* double ['dʌbl]; *adv* twice [twaɪs]
Dorf village ['vɪlɪdʒ]
dort there [ðeə]

Dose box [bɒks]; *(Konserve)* tin [tɪn], *(Am)* can [kæn]
Dosenöffner tin opener ['tɪnˌəʊpnə]
Drachenfliegen hang-gliding ['hæŋˌglaɪdɪŋ]
Draht wire ['waɪə]
Drama drama ['drɑːmə]
draußen outside [ˌaʊt'saɪd]
Dressing dressing ['dresɪŋ]
drin, drinnen inside [ˌɪn'saɪd], indoors [ˌɪn'dɔːz]
dringend urgent ['ɜːdʒənt]
dritte(r, -s) third [θɜːd]
Drogerie chemist's ['kemɪsts]
du you [juː]
dumm stupid ['stjuːpɪd]
dunkel dark [dɑːk]
dünn thin [θɪn]; *(schlank)* slim [slɪm], slender ['slendə]
durch through [θruː]; *(quer ~)* across [ə'krɒs]; *(Mittel)* by (means of) [baɪ ('miːnz‿əv)]
Durchfahrt entrance ['entrən(t)s]; thoroughfare ['θʌrəfeə]; **~ verboten** no thoroughfare [nəʊ 'θʌrəfeə]
Durchfall diarrhoea [ˌdaɪə'rɪə]
durchgebraten well-done ['wel'dʌn]
Durchreise, auf der ~ passing through ['pɑːsɪŋ 'θruː]
durchschnittlich *adj* average ['ævrɪdʒ]; *adv* on average
dürfen to be allowed [ə'laʊd]
durstig sein to be thirsty ['θɜːstɪ]
Dusche shower ['ʃaʊə]
Duschgel shower gel ['ʃaʊə dʒel]
Duschsitz shower seat [ʃaʊə siːt]
Dynastie dynasty ['dɪnəstɪ]

E

Ebbe low tide ['ləʊ 'taɪd]
Ebene plain [pleɪn]
ebenerdig at ground level [ət graʊnd levl]
echt genuine ['dʒenjʊɪn]
Ecke corner ['kɔːnə]
Ehefrau wife [waɪf]
Ehemann husband ['hʌzbənd]
Eier eggs [egz]
eigen own [əʊn]
eigentlich actual(ly) ['æktʃʊəl(ɪ)]
Eigentümer/in owner ['əʊnə]
Eilbrief express letter [ɪks'pres 'letə]
eilig urgent ['ɜːdʒənt]; **es ~ haben** to be in a hurry ['hʌrɪ]
ein(e) one [wʌn]
einchecken to check in [ˌtʃek‿'ɪn]
einfach simple ['sɪmpl]

einfarbig plain [pleɪn]
Eingang entrance ['entrəns]
einheimisch native ['neɪtɪv], local ['ləʊkl]
einige some [sʌm]; *(bei Frage, Verneinung, Bedingung)* any ['enɪ]
einkaufen to buy [baɪ], to go shopping [gəʊ 'ʃɒpɪŋ]
einladen to invite [ɪn'vaɪt]
einmal once [wʌns]
einpacken to wrap [ræp], to pack [pæk]
Einreise on entering the country [ɒn 'entəɪŋ ðə 'kʌntrɪ]
einsam *(Mensch)* lonely ['ləʊnlɪ]; *(Haus usw.)* secluded [sɪ'klu:dɪd], isolated ['aɪsəleɪtɪd]
einschalten to switch on ['swɪtʃ‿'ɒn]
Einschreibebrief registered letter ['redʒɪstəd 'letə]
einsteigen get on ['get‿'ɒn]
Einstiegshilfe entry assistance ['entrɪ ə'sɪstəns]
Eintritt entrance ['entrəns]
Eintrittskarte (admission) ticket [(əd'mɪʃn) 'tɪkɪt]
Eintrittspreis admission charge [əd'mɪʃn 'tʃɑ:dʒ]
Einwohner inhabitant [ɪn'hæbɪtənt]
Einzel singles ['sɪŋglz]
einzig only ['əʊnlɪ]
Eis ice [aɪs]
Eisbahn ice rink ['aɪsrɪŋk]
Eisenwarengeschäft ironmonger's ['aɪənˌmʌŋgəz]
Eishockey ice hockey ['aɪsˌhɒkɪ]
Eislauf ice skating ['aɪsˌskeɪtɪŋ]
Eiter pus [pʌs]
Elastikbinde elastic bandage [ɪ'læstɪk 'bændɪdʒ]
elektrisch electric [ɪ'lektrɪk]
Elektroladen electrical shop [ɪ'lektrɪkəlʃɒp]
Elektrolytlösung electrolyte solution [ɪ'lektrəʊlaɪt sə'lu:ʃn]
Elektrorollstuhl electric wheelchair [ɪ'lektrɪk wi:l'tʃeə]
Eltern parents ['peərənts]
empfangen to receive [rɪ'si:v]; *(begrüßen)* to greet [gri:t], to welcome ['welkəm]
Empfänger addressee [ˌædre'si:]
Empfangshalle reception [rɪ'sepʃn]
empfehlen to recommend [ˌrekə'mend]
Ende end [end]
endgültig *adj* definite ['defɪnɪt]; *adv* definitely ['defɪnɪtlɪ]
endlich finally ['faɪnəlɪ]
Endstation terminus ['tɜ:mɪnəs]

eng narrow ['nærəʊ]; (*Kleider*) tight [taɪt]
England England ['ɪŋglənd]
Engländer/in Englishman/ Englishwoman ['ɪŋglɪʃmən/ 'ɪŋglɪʃˌwʊmən]
englisch English ['ɪŋglɪʃ]
Enkel/in grandson ['grænsʌn]/ granddaughter ['grænˌdɔːtə]
entdecken to discover [dɪs'kʌvə]
Entfernung distance ['dɪstəns]
entgegengesetzt opposite ['ɒpəzɪt]
entscheiden to decide [dɪ'saɪd]
entschuldigen, s. ~ to apologise [ə'pɒlədʒaɪz]
Entschuldigung excuse [ɪks'kjuːs]; **Ich bitte um ~!** I beg your pardon! [aɪ 'beg jɔː 'pɑːdn]
enttäuscht disappointed [ˌdɪsə'pɔɪntɪd]
entweder ... oder either ... or ['aɪðə ... 'ɔː]
entwickeln to develop [dɪ'veləp]
entzückend charming ['tʃɑːmɪŋ], delightful [dɪ'laɪtfʊl]
Entzündung inflammation [ˌɪnflə'meɪʃn]
Epilepsie epilepsy ['epɪlepsɪ]
Epoche epoch ['iːpɒk]
er he [hiː]
Erbsen peas [piːz]
Erdbeeren strawberries ['strɔːbrɪz]
Erde earth [ɜːθ]
Erdgeschoss ground-floor ['graʊnd'flɔː]
erfahren to learn [lɜːn], to hear [hɪə]; *adj* experienced [ɪks'pɪərɪənst]
erfreut (**über**) pleased (with) [pliːzd (wɪð)], glad (of) [glæd (ˌəv)]
erhalten to receive [rɪ'siːv], to get [get]
erholen, s. ~ to recover [rɪ'kʌvə]
erinnern, jdn an etw ~ to remind [rɪ'maɪnd] s.o. of s. th.; **s. ~** to remember [rɪ'membə]
erlauben to allow sth [ə'laʊ]; **Haustiere (nicht) erlaubt** pets are (aren't) allowed [pets ɑːʳ (ɑːnt) ə'laʊ]
Erkältung cold [kəʊld]
Ermäßigung reduction [rɪ'dʌkʃn]
ernst serious ['sɪərɪəs]
erreichen to reach [riːtʃ]
Ersatz replacement [rɪ'pleɪsmənt]; (*Ausgleich*) compensation [ˌkɒmpen'seɪʃn]

Ersatzrad spare wheel ['speə 'wi:l]
erschöpft exhausted [ɪg'zɔ:stɪd]
erschrecken to frighten ['fraɪtn], to startle ['stɑ:tl]; (*erschrocken sein*) to be alarmed [ə'lɑ:md]
ersetzen to replace [rɪ'pleɪs]; (*Schaden*) to make good ['meɪk 'gʊd]
erst (*zuerst*) first of all ['fɜ:st‿əv‿ˌɔ:l]; (*nicht früher als*) only ['əʊnlɪ]
erste(r, -s) first [fɜ:st]
erster Gang first/bottom gear ['fɜ:st/'bɒtəm 'gɪə]
Erwachsene(r) adult ['ædʌlt]
erwarten (*rechnen mit*) to expect [ɪks'pekt]
erzählen to tell [tel]
essbar edible ['edɪbl]
Essen (*Mahlzeit*) meal [mi:l]; (*Nahrung*) food [fu:d]
essen to eat [i:t]
Essig vinegar ['vɪnɪgə]
Etage floor, storey [flɔ:, 'stɔ:rɪ]
Etagenbett bunk bed ['bʌŋk ˌbed]
etwa about [ə'baʊt]
etwas something ['sʌmθɪŋ]; (*ein wenig*) a little ['lɪtl]
EU-Bürger EU citizen [i: jʊ: 'sɪtɪzn]
euch you [ju:]
euer your [jɔ:]
Euro euro [jʊərəʊ]
Europa Europe ['jʊərəp]
Europäer/in European [ˌjʊərə'pɪən]
europäisch European
Exponat exhibit [ɪg'zɪbɪt]
Expressionismus expressionism [ɪk'spreʃənɪzəm]
extra extra ['ekstrə], special ['speʃl]

F

Fabrik factory ['fæktərɪ]
Facharzt/-ärztin specialist ['speʃəlɪst]
Fahrdienst transport service ['trænspɔ:t sɜ:vɪs]
Fähre ferry ['ferɪ]
fahren (*mit dem Zug, Auto*) to go [gəʊ] by train, car etc.; (*lenken*) to drive [draɪv]
Fahrer/in driver ['draɪvə]
Fahrgast passenger ['pæsɪndʒə]
Fahrkarte ticket ['tɪkɪt]
Fahrkartenautomat ticket machine ['tɪkɪt mə'ʃi:n]
Fahrkartenschalter ticket office ['tɪkɪt‿ˌɒfɪs]
Fahrplan timetable ['taɪmˌteɪbl]
Fahrpreis fare [feə]

Fahrrad bicycle, bike ['baɪsɪkl, baɪk]
Fahrradhelm crash helmet ['kræʃ ˌhelmɪt]
Fahrradweg cycle path ['saɪkl pɑ:θ]
Fahrschein ticket ['tɪkɪt]
Fahrstuhl lift [lɪft], *(Am)* elevator ['elɪveɪtə]
Fahrt *(Reise)* journey ['dʒɜ:nɪ], trip [trɪp]; *(See)* voyage ['vɔɪɪdʒ]; *(Auto)* drive [draɪv]
fair fair [feə]
fallen to fall [fɔ:l]
falls in case [ɪn 'keɪs], if [ɪf]
Fallschirmspringen parachuting ['pærəˌʃu:tɪŋ]
falsch wrong [rɒŋ]; *(betrügerisch)* deceitful [dɪ'si:tfʊl]
Faltrollstuhl folding wheelchair [fəʊldiŋ wi:l'tʃeə]
Familie family ['fæmɪlɪ]
Familienname surname ['sɜ:neɪm]
fangen to catch [kætʃ]
färben dye [daɪ]
farbig coloured ['kʌləd]
Farbstift coloured pencil ['kʌləd 'pensl]
Fassade faCade [fə'sɑ:d]
fast almost ['ɔ:lməʊst], nearly ['nɪəlɪ]
fasten to fast [fɑ:st]
faul lazy ['leɪzɪ]; *(Obst)* rotten ['rɒtn]
faulenzen to laze around [leɪz ə'raʊnd]
Februar February ['februərɪ]
Federball (Ball) shuttlecock ['ʃʌtlkɒk]; (Spiel) badminton ['bædmɪntən]
fehlen to be missing ['mɪsɪŋ]
Fehler *(den man macht)* mistake [mɪs'teɪk]; *(den man hat)* fault [fɔ:lt]
Fehlgeburt miscarriage [ˌmɪs'kærɪdʒ]
Feigen figs [fɪgz]
fein *(dünn)* fine [faɪn]
Feinkostgeschäft delicatessen [ˌdelɪkə'tesn]
Feld field [fi:ld]
Fell fur [fɜ:], *(Schafs~)* fleece [fli:s]
Fels rock [rɒk]; *(Klippe)* cliff [klɪf]
Fenchel fennel ['fenl]
Fenster window ['wɪndəʊ]
Fensterplatz window seat ['wɪndəʊ si:t]
Ferien holidays ['hɒlədɪz], *(Am)* vacation [və'keɪʃən]

Ferienanlage holiday camp ['hɒlədɪ kæmp]
Ferienhaus holiday home ['hɒlədɪ ˌhəʊm]
Ferienwohnung self-catering accommodation ['self'keɪtərɪŋ əkɒmə'deɪʃn]
Ferngespräch long-distance call [ˌlɒŋ 'dɪstəns kɔ:l]
Fernlicht full beam ['fʊl'bi:m]
Fernseher television, TV ['telɪˌvɪʒn, ˌti:'vi:]
Fernsehraum television lounge ['telɪˌvɪʒn laʊndʒ]
fertig *(bereit)* ready ['redɪ]
fest firm [fɜ:m]; *(hart)* rigid ['rɪdʒɪd]; *(dauernd)* solid ['sɒlɪd]
Fest celebration [sele'breɪʃn], party ['pɑ:tɪ]
Festival festival ['festɪvl]
Festland mainland, dry land ['meɪnlænd, 'draɪ 'lænd]
Festung fortress, castle ['fɔ:trɪs, 'kɑ:sl]
fett fat [fæt]
fettarme Milch low-fat milk ['ləʊ'fæt 'mɪlk]
feucht moist [mɔɪst], damp [dæmp]
Feuer fire ['faɪə]
feuergefährlich inflammable [ɪn'flæməbl]
Feuerlöscher fire extinguisher ['faɪərɪksˌtɪŋgwɪʃə]
Feuermelder fire alarm ['faɪərəˌlɑ:m]
Feuerwehr fire brigade ['faɪəbrɪˌgeɪd]
Feuerwerk fireworks ['faɪəwɜ:ks]
Fieber fever, temperature ['fi:və, 'temprɪtʃə]
Fieberthermometer thermometer [θə'mɒmɪtə]
Film film *(Am* movie) ['fɪlm ('mu:vɪ)]
Filmempfindlichkeit film speed ['fɪlm ˌspi:d]
Filmschauspieler/in film actor/ actress ['fɪlm 'æktə/æktrɪs]
finden to find [faɪnd]
Finger finger ['fɪŋgə]
Firma firm [fɜ:m], company ['kʌmpənɪ]
Fisch fish [fɪʃ]
Fischerort fishing village ['fɪʃɪŋ 'vɪlɪdʒ]
Fischgeschäft fishmonger's ['fɪʃˌmʌŋgəz]
Fischhändler fishmonger ['fɪʃˌmʌŋgə]
fit fit [fɪt]

Fitnesscenter fitness centre ['fɪtnɪs ˌsentə]
FKK-Strand nudist beach ['nju:dɪst bi:tʃ]
flach flat [flæt]; (*eben*) level ['levl]
Fläschchenwärmer bottle warmer [bɒtl wɔ:mə]
Flasche bottle ['bɒtl]
Flaschenöffner bottle opener ['bɒtlˌəʊpnə]
Flaute calm [kɑ:m]
Fleck(en) stain [steɪn]
Fleisch meat [mi:t]
Flickzeug (puncture) repair kit [('pʌŋktʃə) rɪ'peə kɪt]
Fliege fly [flaɪ]
fliegen to fly [flaɪ]
Flohmarkt flea market ['fli:ˌmɑ:kɪt]
Flug flight [flaɪt]
Flugzeug aeroplane ['eərə(ʊ)pleɪn]
Flügel wing [wɪŋ]
Fluggesellschaft airline ['eəlaɪn]
Flughafen airport ['eəpɔ:t]
Flughafenbus airport bus ['eəpɔ:t 'bʌs]
Flughafengebühr airport tax ['eəpɔ:t 'tæks]
Flugsteig gate [geɪt]
Fluss river ['rɪvə]
flüssig liquid ['lɪkwɪd]
Flut high tide ['haɪ 'taɪd]
Föhn hair dryer ['heəˌdraɪə]
föhnen to blow-dry ['bləʊ'draɪ]
Folklore folklore [fəʊklɔ:]
Folkloreabend folklore evening [fəʊklɔ: 'i:vnɪŋ]
Form form [fɔ:m], shape [ʃeɪp]
Formular form [fɔ:m]
fort away [ə'weɪ]
Foto photo(graph) ['fəʊtəʊ(grɑ:f)]
Fotoapparat camera ['kæmrə]
Fotografie photography [fə'tɒgrəfɪ]
fotografieren to take a photo ['teɪk ə 'fəʊtəʊ]
Frage question ['kwestʃn]
fragen to ask [ɑ:sk]
frankieren to stamp [stæmp]
französisch French [frentʃ]
Frau woman ['wʊmən]; (*Ehe~*) wife [waɪf]; (*Anrede*) Madam ['mædəm]; (*vor Namen*) Mrs ['mɪsɪz]
Fräulein young lady ['jʌŋ 'leɪdɪ]; (*Anrede, vor Namen*) Miss [mɪs]
frei free [fri:]; (*von Abgaben*) exempt [ɪg'zempt]; im Freien in the open air ['əʊpən 'eə]

Freilichtkino drive-in cinema [ˈdraɪvˌɪn ˈsɪnəmə]
Freitag Friday [ˈfraɪdɪ]
Freizeitpark amusement park [əˈmjuːzmnt pɑːk]
fremd strange [streɪndʒ]
Fremde, der/die ~ stranger [ˈstreɪndʒə]; *(Ausländer)* foreigner [ˈfɒrənə]
Fremdenführer/in guide [gaɪd]
Fremdenzimmer bed-and-breakfast [ˈbedn ˈbrekfəst]
freuen, s. ~ (über) to be pleased (with/about) [ˈpliːzd (wɪð/əˈbaʊt)]; **s. ~ auf** to look forward to [ˈlʊk ˈfɔːwəd tuː]
Freund/in (boy)friend/ (girl)friend [(ˈbɔɪ)frend/(ˈgɜːl) frend]
freundlich friendly [ˈfrendlɪ], kind [kaɪnd]
Friedhof graveyard, cemetery
frieren to be cold [kəʊld], to freeze [frɪːz]
frisch fresh [freʃ]; *(kühl)* cool [kuːl]; *(neu)* new [njuː]; *(Wäsche)* clean [kliːn]
Frischhaltefolie clingfilm [ˈklɪŋfɪlm]
Friseur hairdresser's, (Herren) barber's [ˈheəˌdresəz, ˈbɑːbəz]
frisieren to do someone's hair [duː ˈsʌmwʌnz ˈheə]
Frisur hairstyle [ˈheəstaɪl]
froh glad [glæd]; *(glücklich)* happy [ˈhæpɪ]; *(lustig)* merry [ˈmerɪ]
Frost frost [frɒst]
Frostschutzmittel anti-freeze [ˈæntɪfriːz]
früh early [ˈɜːlɪ]
früher (eher) earlier [ˈɜːlɪə]
Frühling spring [sprɪŋ]
Frühstück breakfast [ˈbrekfəst]
frühstücken to have breakfast [hæv ˈbrekfəst]
Frühstücksbüfett buffet breakfast [ˈbʊfeɪ ˈbrekfəst]
Frühstücksraum breakfast room [ˈbrekfəstrʊm]
fühlen to feel [fiːl]
Führer *(für Fremde)* guide [gaɪd]
Führerschein driving licence [ˈdraɪvɪŋ ˈlaɪsns]
Führung guided tour [ˈgaɪdɪd ˈtʊə]
Fundbüro lost-property office [ˈlɒstˈprɒpətɪ ˌɒfɪs]
Funde finds [faɪndz]
funktionieren to work [wɜːk]
für for [fɔː]
fürchten to fear [fɪə]; **s. ~ vor** to be afraid of [əˈfreɪd]

fürchterlich terrible ['terəbl], dreadful ['dredfʊl]
Fuß foot, (*pl*) feet [fʊt, fi:t]
Fußball (*Spiel und Ball*) football ['fʊtbɔ:l]
Fußballplatz football ground ['fʊtbɔ:l graʊnd]
Fußballspiel football match ['fʊtbɔ:l mætʃ]
Fußgänger/in pedestrian [pɪ'destrɪən]
Fußgängerzone pedestrian precinct [pɪ'destriən 'pri:sɪŋkt]

G

Gabel fork [fɔ:k]
Galerie gallery ['gælərɪ]
Gallenblase gall-bladder ['gɔ:lˌblædə]
Gang course [kɔ:s]; corridor ['kɒrɪdɔ:]; gear [gɪə]
ganz *adj* whole [həʊl]; *pl* all [ɔ:l]; (*vollständig*) entire [ɪn'taɪə], complete [kəm'pli:t]; *adv* quite [kwaɪt]
gar done [dʌn]
Garage garage ['gærɑ:dʒ]
Garantie guarantee [ˌgærən'ti:]
Garderobe cloakroom ['kləʊkrʊm]
Garnelen prawns [prɔ:nz]
Garten garden ['gɑ:dn]
Gasflasche gas canister ['gæs 'kænɪstə]
Gaskartusche gas cartridge ['gæs 'kɑ:trɪdʒ]
Gaskocher gas cooker ['gæsˌkʊkə]
Gaspedal accelerator [ək'seləreɪtə]
Gasse alley, lane ['ælɪ, leɪn]
Gast guest [gest]
Gastfreundschaft hospitality [ˌhɒspɪ'tælɪtɪ]
Gastgeber/in host/hostess [həʊst/'həʊstɪs]
Gebäck biscuits ['bɪskɪts]
gebacken baked [beɪkt]
Gebäude building ['bɪldɪŋ]
geben to give [gɪv]
Gebirge mountains ['maʊntɪnz]
geboren born [bɔ:n]
gebraten fried [fraɪd], roasted ['rəʊstɪd]
gebräuchlich common ['kɒmən]
gebrochen broken ['brəʊkn]
Gebühren fees [fi:z]
Geburtsdatum date of birth ['deɪt‿əv 'bɜ:θ]
Geburtsname maiden name ['meɪdn neɪm]
Geburtsort place of birth ['pleɪs‿əv 'bɜ:θ]
Geburtstag birthday ['bɜ:θdeɪ]

gedämpft steamed [sti:md]
Gedeck cover [kʌvər]
Gedenkstätte memorial [mɪˈmɔ:rɪəl]
Geduld patience [ˈpeɪʃns]
gedünstet steamed [sti:md]
Gefahr danger [ˈdeɪndʒə]
gefährlich dangerous [ˈdeɪndʒrəs]
gefallen to please [pli:z]
Gefängnis prison [ˈprɪzn]
Gefühl feeling [ˈfi:lɪŋ]
gefüllt stuffed [stʌft]
gegen against [əˈgenst]; (*zeitlich*) about [əˈbaʊt]
gegen Mittag about noon/midday/lunchtime [əˈbaʊt ˈnu:n/ˈmɪddeɪ/ˈlʌntʃtaɪm]
Gegend region [ˈri:dʒən], area [ˈeərɪə], district [ˈdɪstrɪkt]
Gegenstand object [ˈɒbdʒɪkt], item [ˈaɪtəm]
Gegenteil opposite [ˈɒpəzɪt], contrary [ˈkɒntrərɪ]; **im ~** on the contrary
gegenüber opposite [ˈɒpəzɪt]
Geheimzahl Personal Identification Number (PIN) [ˈpɜ:snəl aɪˈdentɪfɪˈkeɪʃən ˌnʌmbə]
gehen to go [gəʊ]; (*zu Fuß*) to walk [wɔ:k]
Gehirn brain [breɪn]
Gehirnerschütterung concussion [kənˈkʌʃn]
Gehirnschlag stroke [strəʊk]
Gehör hearing [ˈhɪərɪŋ]
gehören to belong to [bɪˈlɒŋ tu:]
gehörlos deaf [def]
Gehörlose/r deaf person [def pɜ:sn]
gekocht boiled [bɔɪld]
gekochter Schinken cooked ham [ˈkʊkt ˈhæm]
Gelände ground [graʊnd]
gelb yellow [ˈjeləʊ]
Geld money [ˈmʌnɪ]
Geldanweisung transfer [ˈtrænsfɜ:]
Geldautomat automated teller machine, cashpoint [ˈɔ:təmeɪtɪd ˈtelə məˈʃi:n, ˌkæʃ pɔɪnt]
Geldbeutel purse [pɜ:s]
Geldschein banknote [ˈbæŋknəʊt]
Geldwechsel exchange [ɪksˈtʃeɪndʒ]
gelegentlich *adv* occasionally [əˈkeɪʒnəlɪ]
Gelenk joint [dʒɔɪnt]
Gemälde painting [ˈpeɪntɪŋ]
gemeinsam *adj* common [ˈkɒmən]; *adv* together [təˈgeðə]

gemischt mixed [mɪkst]
Gemüse vegetables ['vedʒtəblz]
gemütlich cosy ['keʊzɪ]
genau exact(ly) [ɪg'zækt(lɪ)];
~ so ... wie just as ... as ['dʒʌst‿əz ... əz]
genießen to enjoy [ɪn'dʒɔɪ]
genug enough [ɪ'nʌf], sufficient [sə'fɪʃənt]
geöffnet open ['əʊpən]
Gepäck luggage (*Am* baggage) ['lʌgɪdʒ, 'bægɪdʒ]
Gepäckabfertigung luggage/baggage check-in ['lʌgɪdʒ/'bægɪdʒ 'tʃekɪn]
Gepäckaufbewahrung left-luggage office ['left 'lʌgɪdʒ ˌɒfɪs]
Gepäckausgabe luggage/baggage reclaim ['lʌgɪdʒ/'bægɪdʒ ˌri:'kleɪm]
Gepäckschalter luggage counter ['lʌgɪdʒ kaʊntə]
Gepäckwagen luggage van ['lʌgɪdʒ væn]
gerade straight [streɪt]; (*zeitlich*) just [dʒʌst]
geradeaus straight on [ˌstreɪt‿'ɒn]
geräuchert smoked [sməʊkt]
Geräusch noise [nɔɪz]
gern gladly ['glædlɪ]; **nicht ~** reluctantly [rɪ'lʌktəntlɪ]
geröstet (*Brot*) toasted ['təʊstɪd]
Geruch smell [smel]
Geschenk present ['preznt], gift [gɪft]
Geschichte history ['hɪstərɪ]; (*Erzählung*) story ['stɔ:rɪ]
Geschirr crockery ['krɒkərɪ]
Geschirrspülbecken sink [sɪŋk]
Geschirrspülmaschine dishwasher ['dɪʃˌwɒʃə]
Geschirrtuch tea towel ['ti:ˌtaʊəl]
geschlossen shut [ʃʌt], closed [kləʊzd]
Geschmack taste [teɪst]
geschmort braised [breɪzd]
Geschwindigkeit speed [spi:d]
geschwollen swollen ['swəʊlən]
Geschwulst growth, tumour [grəʊθ, 'tju:mə]
Geschwür ulcer ['ʌlsə]
Gespräch conversation [ˌkɒnvə'seɪʃn], talk [tɔ:k]
gestern yesterday ['jestədɪ]
gesund healthy ['helθɪ]
Getränk drink [drɪŋk]
Getriebe gearbox (*Am* transmission) ['gɪəbɒks (trænz'mɪʃn)]
Gewicht weight [weɪt]
Gewinn profit ['prɒfɪt]

gewinnen to win [wɪn]
Gewitter thunderstorm ['θʌndəstɔ:m]
gewöhnlich usual ['ju:ʒʊəl], ordinary ['ɒdnrɪ]; *(ordinär)* vulgar ['vʌlgə]; *adv* usually ['ju:ʒʊəli]
gewohnt, etw ~ sein to be used to s.th. ['ju:st tʊ]
Gewölbe vault(s) [vɔ:lt(s)]
Gewürz seasoning, spice ['si:znɪŋ, spaɪs]
gibt, es ~ there is [ðeər‿ɪz], there are [ðeər‿ɑ:]
Giebel gable ['geɪbl]
Gift poison ['pɔɪzn]
giftig poisonous ['pɔɪznəs]
Gipfel summit ['sʌmɪt]
Glas glass [glɑ:s]
Glasmalerei glass painting ['glɑ:s ˌpeɪntɪŋ]
glauben to believe [bɪ'li:v]
gleich same [seɪm]; *(sofort)* immediately [ɪ'mi:djətlɪ], at once [ət 'wʌns]
gleichzeitig simultaneously [ˌsɪməl'teɪnjəslɪ]
Gleis platform ['plætfɔ:m]
Gleitschirm paraglider ['pærə ˌglaɪdə]
Glück luck [lʌk]; *(Erfolg)* success [sək'ses]
glücklich happy ['hæpɪ]; *(Glück gehabt)* lucky ['lʌkɪ]
Glückwunsch congratulations [kənˌgrætjʊ'leɪʃnz]
Glühbirne bulb [bʌlb]
Gold gold [gəʊld]
goldfarben gold [gəʊld]
Goldschmiedekunst gold work ['gəʊld wɜ:k]
Golf golf [gɒlf]
Golfclub golf club ['gɒlfklʌb]
Golfschläger golf clubs ['gɒlfklʌbz]
Gotik Gothic ['gɒθɪk]
Gott God [gɒd]
GPS GPS *(Global Positioning System)* [ˌdʒi:pi:'es]
Grab tomb, grave [tu:m, greɪv]
Grabmal monument ['mɒnjʊmənt]
Grafik graphic arts ['græfɪk 'ɑ:ts]
Gramm gram(s) [græm(z)]
Gräte fishbone ['fɪʃbəʊn]
gratis free [fri:]
gratulieren to congratulate [kən'grætjʊleɪt]
grau grey [greɪ]
Grenze border ['bɔ:də]
griechisch Greek [gri:k]
Grill grill [grɪl]
Grillanzünder firelighters ['faɪəˌlaɪtəz]

Grillkohle charcoal [ˈtʃɑːkəʊl]
Grippe influenza, flu [ˌɪnfluˈenzə, fluː]
groß big [bɪg], large [lɑːdʒ]; *(Statur)* tall [tɔːl]; *(bedeutend)* great [greɪt]
Größe *(Umfang)* size [saɪz]; *(Länge, Höhe)* height [haɪt]
Großmutter grandmother [ˈgrænˌmʌðə]
Großraumwagen open-plan carriage [ˈəʊpənˈplæn ˈkærɪdʒ]
Großvater grandfather [ˈgrænˌfɑːðə]
Grotte grotto [ˈgrɒtəʊ]
grün green [griːn]
Grund reason [ˈriːzn], cause [kɔːz]; *(Beweg~)* motive [ˈməʊtɪv]
grüne Bohnen green beans [ˈgriːn ˈbiːnz]
grüne Versicherungskarte green card [ˈgriːn ˈkɑːd]
Gruppe group [gruːp]
grüßen to greet [griːt]
gültig valid [ˈvælɪd]
Gummistiefel rubber boots, wellingtons [ˈrʌbə ˈbuːts, ˈwelɪŋtənz]
Gurke cucumber [ˈkjuːkʌmbə]
Gürtel belt [belt]
gut *adj* good [gʊd]; *adv* well [wel]
Gutschein voucher [ˈvaʊtʃə]
Gymnastik gymnastics [dʒɪmˈnæstɪks]

H

Haar hair [heə]
Haarfestiger setting lotion [ˈsetɪŋ ˌləʊʃn]
Haargel hair gel [ˈheə dʒel]
Haargummi hairband [ˈheəbænd]
Haarklammern hairpins [ˈheəpɪnz]
Haarwaschmittel shampoo [ʃæmˈpuː]
haben to have [hæv]
Hackfleisch mince, minced meat [mɪns, ˈmɪnst ˈmiːt]
Hafen port [pɔːt]
Haferflocken rolled oats [ˈrəʊld ˈəʊts]
Hähnchen chicken [ˈtʃɪkɪn]
Haken hook [hʊk]; *(Kleider~)* peg [peg]
halb *adj/adv* half [hɑːf]
Halbpension half board [ˈhɑːf ˈbɔːd]
Hälfte half [hɑːf], *pl* halves [hɑːvz]

Hals neck; (*Kehle*) throat [nek, θrəʊt]
Halsschmerzen sore throat [ˈsɔː ˈθrəʊt]
Halstabletten throat lozenges [ˈθrəʊt ˈlɒzɪndʒɪz]
Halstuch scarf [skɑːf]
halt! halt! [hɔːlt], stop! [stɒp]
haltbar durable [ˈdjʊərəbl]
Haltegriff handle [ˈhændl]
halten to keep [kiːp]; (*dauern*) to last [lɑːst]; (*stehen bleiben*) to stop [stɒp]; **~ verboten** no waiting
Haltestelle stop [stɒp]
Hammelfleisch mutton [ˈmʌtn]
Hand hand [ˈhænd]
Handball handball [ˈhændbɔːl]
Handbike hand-operated bike [hændˈɒpəreɪtɪd baɪk]
Handbremse handbrake [ˈhændbreɪk]
Handgas (*Auto*) hand throttle [hænd θrɒtl]
handgemacht handmade [ˈhændˈmeɪd]
Handlauf handrail [hændreɪl]
Handschuhe gloves [glʌvz]
Handtasche handbag [ˈhændbæg]
Handtuch towel [ˈtaʊəl]
Handwaschbecken washbasin [ˈwɒʃˌbeɪsn]
Handy mobile (phone) [ˈməʊbaɪl (ˈfəʊn)]
hart hard [hɑːd], solid [ˈsɒlɪd]
hässlich ugly [ˈʌglɪ]
häufig frequent(ly) [ˈfriːkwənt(lɪ)]
Hauptbahnhof central station [ˈsentrəl ˈsteɪʃn]
Hauptrolle leading role [ˈliːdɪŋ ˈrəʊl]
Hauptsaison high season [ˈhaɪ ˌsiːzn]
Hauptspeise main course [ˈmeɪn ˈkɔːs]
Hauptstadt capital [ˈkæpɪtl]
Hauptstraße main street [ˈmeɪn ˈstriːt]
Haus house [haʊs]
Hausbesitzer/in landlord/ landlady [ˈlænlɔːd, ˈlænˌleɪdɪ]
Hausboot houseboat [ˈhaʊsbəʊt]
hausgemacht home-made [ˌhəʊmˈmeɪd]
Hausnummer house number [ˈhaʊs ˌnʌmbə]
Haustiere pets [pets]
Haut skin [skɪn]
Heide moor, heath [mɔː, hiːθ]
heilig holy [ˈhəʊlɪ]

Heiliger Abend Christmas Eve ['krɪsməs‿'iːv]
Heimat home [həʊm], native country ['neɪtɪv 'kʌntrɪ]
Heimreise return journey [rɪ'tɜːn 'dʒɜːnɪ], journey home ['dʒɜːnɪ 'həʊm]
heiraten to marry ['mærɪ]
heiser hoarse [hɔːs]
heiß hot [hɒt]
heißen to be called [bɪ 'kɔːld]
Heizung heating ['hiːtɪŋ]
helfen, jdm ~ to help s.o. [help]
hellblau/hellgrün light ... [laɪt]
Hemd shirt [ʃɜːt]
Herbst autumn (*Am* fall) ['ɔːtəm (fɔːl)]
Herd cooker, stove ['kʊkə, stəʊv]
herein! come in! ['kʌm 'ɪn]
hereinkommen to come in ['kʌm 'ɪn]
Hering herring ['herɪŋ]
Herr gentleman ['dʒentlmən]; (*vor Namen*) Mr ['mɪstə]
Herren Gentlemen [dʒentlmən], Gents [dʒents]
herrlich glorious ['glɔːrɪəs], splendid ['splendɪd]
Herz heart [hɑːt]
Herzanfall heart attack ['hɑːt‿ə'tæk]
Herzbeschwerden heart trouble ['hɑːt ˌtrʌbl]
Herzinfarkt heart attack, cardiac infarction ['hɑːt‿ə'tæk, 'kɑːdɪæk‿ɪn'fɑːkʃn]
herzlich warm [wɔːm], sincere [sɪn'sɪə]
Herzschrittmacher pacemaker ['peɪsˌmeɪkə]
Heuschnupfen hay fever ['heɪ ˌfiːvə]
heute today [tə'deɪ]
heute Morgen/heute Abend this morning/this evening [ðɪs 'mɔːnɪŋ/ðɪs‿'iːvnɪŋ]
Hexenschuss lumbago [lʌm'beɪgəʊ]
hier here [hɪə]
Hilfe help [help], aid [eɪd]; **erste ~** first aid ['fɜːst 'eɪd]
Himmel sky [skaɪ]; (*rel*) heaven ['hevn]
hindern to prevent [prɪ'vent], to hinder ['hɪndə]
hinlegen to put down ['pʊt 'daʊn]; **s. ~** to lie down ['laɪ 'daʊn]
hinten at the back [bæk]
hinter behind [bɪ'haɪnd]
Hinterland hinterland ['hɪntəlænd]
hinterlegen to deposit [dɪ'pɒzɪt]

hinzufügen to add [æd]
Hitze heat [hi:t]
Hitzewelle heatwave [ˈhi:tweɪv]
hoch high [haɪ]
Hochformat portrait format [ˈpɔ:treɪt ˌfɔ:mæt]
höchstens at the most [ət ðə ˈməʊst], at best [ət ˈbest]
Hochzeit wedding [ˈwedɪŋ]
Hof yard [jɑ:d]
höflich polite [pəˈlaɪt]
Höhe height [haɪt]
Höhepunkt highlight [ˈhaɪlaɪt]
Höhle cave [keɪv]
Holz wood [wʊd]; *(Brenn~)* firewood [ˈfaɪəwʊd]
Holzschnitt woodcut [ˈwʊdkʌt]
Honig honey [ˈhʌnɪ]
hören to hear [hɪə]; **zu~** to listen [ˈlɪsn] (to)
Hörer receiver [rɪˈsi:və]
hörgeschädigt hard of hearing [hɑ:d‿əv ˈhɪərɪŋ]
Hose trousers *(Am* pants) [ˈtraʊzəz, pænts]
Hotel hotel [həʊˈtel]
Hublift lifting ramp [lɪftɪŋ ræmp]
hübsch pretty [ˈprɪtɪ]
Hüfte hip [hɪp]
Hügel hill [hɪl]
Hund dog [dɒg]
hungrig sein be hungry [bi:ˈhʌŋgrɪ]
Hupe horn [hɔ:n]
Husten cough [kɒf]
Hustensaft cough mixture [ˈkɒf ˈmɪkstʃə]
Hut hat [hæt]
Hütte hut [hʌt], cottage [ˈkɒtɪdʒ]

I

ich I [aɪ]
Idee idea [aɪˈdɪə]
ihr *(poss prn, f)* her [hɜ:], *(pl)* their [ðeə]
Illustrierte magazine [ˌmægəˈzi:n]
Imbiss snack [snæk]
immer always [ˈɔ:lweɪz]
Impfpass vaccination card [ˌvæksɪˈneɪʃn ˌkɑ:d]
Impfung vaccination [ˌvæksɪˈneɪʃn]
Impressionismus impressionism [ɪmˈpreʃənɪzm]
in in [ɪn]
in einer Woche today week [təˈdeɪ ˈwi:k]
inbegriffen included [ɪnˈklu:dɪd]
Induktionsschleife text display [tekst dɪˈspleɪ]
Infektion infection [ɪnˈfekʃn]

informieren to inform [ɪnˈfɔːm]
Infusion infusion [ɪnˈfjuːzn]
Inhalt contents [ˈkɒntents]
Inlandsflug domestic flight [dəˈmestɪk flaɪt]
Inliner rollerblades [ˈrəʊləbleɪdz]
innen inside [ˈɪnˈsaɪd]
Innenhof inner courtyard [ˈɪnə ˈkɔːtjɑːd]
Inschrift inscription [ɪnˈskrɪpʃn]
Insekt insect [ˈɪnsekt]
Insel island [ˈaɪlənd]
Inselrundfahrt tour around the island [tʊə əˈraʊnd ðə ˈaɪlnəd]
Insulin insulin [ˈɪnsjʊlɪn]
Inszenierung production [prəˈdʌkʃn]
interessant interesting [ˈɪntrɪstɪŋ]
interessieren, s. ~ (für) to be interested (in) [ˈɪntrɪstɪd]
international international [ˌɪntəˈnæʃənl]
Interrail interrail [ɪntəˈreɪl]
Ire/Irin Irishman/Irishwoman [ˈaɪrɪʃmən/ˈaɪrɪʃˌwʊmən]
irisch Irish [ˈaɪrɪʃ]
Irland Ireland [ˈaɪələnd], Eire [ˈeərə]
Irrtum mistake [mɪsˈteɪk]
Ischias sciatica [saɪˈætɪkə]

J

Jacke jacket [ˈdʒækɪt]
Jahr year [jɪə]
Jahreszeit season [ˈsiːzn]
Jahrhundert century [ˈsentʃʊrɪ]
jährlich annual(ly) [ˈænjʊəl(ɪ)]
Januar January [ˈdʒænjʊərɪ]
Jazz jazz [dʒæz]
Jazzgymnastik jazz aerobics [dʒæz eəˈrəʊbɪks]
Jeans jeans [dʒiːnz]
jeden Tag every day [ˈevrɪ ˈdeɪ]
jeder every [ˈevrɪ]; **~ beliebige** any [ˈenɪ]; **~ einzelne** each [iːtʃ]; **~mann** everybody [ˈevrɪˌbɒdɪ]
jemand somebody [ˈsʌmbədɪ]; (*in verneinten u. fragenden Sätzen*) anybody [ˈenɪˌbɒdɪ]
jene(r, -s) that [ðæt], *pl* those [ðəʊz]
jetzt now [naʊ]
Jod(tinktur) (tincture of) iodine [(ˈtɪŋktʃər‿əv) ˈaɪədiːn]
joggen go jogging, jog [gəʊ ˈdʒɒgɪŋ, dʒɒg]
Jogginghose tracksuit bottoms [ˈtræksjuːt ˈbɒtəmz]
Joghurt yoghurt [ˈjɒgət]
jucken to itch [ɪtʃ]
Jugendliche(r) youth [ˈjuːθ]

Jugendstil Art Nouveau [ˈɑ:nu:ˈvəʊ]
Juli July [dʒu:ˈlaɪ]
jung young [jʌŋ]
Junge boy [bɔɪ]
Junggeselle bachelor [ˈbætʃələ]
Juni June [dʒu:n]
Juwelier jeweller's [ˈdʒu:ələz]

K

Kabarett cabaret [ˈkæbəreɪ]
Kabine cabin [ˈkæbɪn]; (*Umkleide~*) cubicle [ˈkju:bɪkəl]
Kaffee coffee [ˈkɒfɪ]
Kaffeemaschine coffee machine [ˈkɒfɪ məˈʃi:n]
Kai quay [ki:]
Kaiser/in emperor [ˈemprə]/ empress [ˈemprɪs]
Kalbfleisch veal [vi:l]
kalt cold [kəʊld]
kaltes Wasser cold water [ˈkəʊld ˈwɔ:tə]
Kamillentee camomile tea [ˈkæməˌmaɪl ti:]
Kamm comb [kəʊm]
kämmen to comb [kəʊm]
Kanal canal [kəˈnæl]; channel [ˈtʃænl]
Kaninchen rabbit [ˈræbɪt]
Kanu canoe [kəˈnu:]
Kapelle chapel [ˈtʃæpl]
Kapitän captain [ˈkæptɪn]
kaputt broken [ˈbrəʊkn], out of order [aʊt‿əv ˈɔ:də]
Karaffe carafe [kəˈræf]
Karfreitag Good Friday [ˈgʊd ˈfraɪdɪ]
Karotten carrots [ˈkærəts]
Kartoffeln potatoes [pəˈteɪtəʊz]
Käse cheese [tʃi:z]
Kasse cash-desk [ˈkæʃdesk]; (*Theater~*) booking-(box-) office [ˈbʊkɪŋ(ˈbɒks)ˌɒfɪs]
Kathedrale cathedral [kəˈθi:drl]
Katze cat [kæt]
kaufen to buy [baɪ]
Kaufhaus department store [dɪˈpɑ:tmənt stɔ:]
kaum hardly [ˈhɑ:dlɪ], scarcely [ˈskeəslɪ]
Kaution security [sɪˈkjʊərɪtɪ]
Kegeln skittles, ninepins [ˈskɪtlz, ˈnaɪnpɪnz]
kein no [nəʊ], not any [nɒt enɪ]
Kekse biscuits [ˈbɪskɪts]
Kellner/in waiter/waitress [ˈweɪtə/ˈweɪtrɪs]
kennen to know [nəʊ]; **~ lernen** to meet [mi:t]
Keramik ceramics [sɪˈræmɪks]
Kerzen candles [ˈkændlz]
Ketschup ketchup [ˈketʃʌp]
Kette necklace [ˈneklɪs]

Keuchhusten whooping-cough ['hu:pɪŋkɒf]
Kfz-Schein car registration documents ['kɑ: ˌredʒɪs'treɪʃn 'dɒkjʊmənts]
Kichererbsen chickpeas ['tʃɪkpi:z]
Kiefer jaw [dʒɔ:]
Kilogramm kilogram(s) ['kɪləgræm(z)]
Kilometer kilometre ['kɪləˌmi:tə]
Kilometerpreis price per kilometre/mile [praɪs pə 'kɪləˌmi:tə/maɪl]
Kind child [tʃaɪld], *pl* children ['tʃɪldrən]
Kinderbecken children's pool [tʃɪldrənz pu:l]
Kinderbetreuung babysitting service ['beɪbɪˌsɪtɪŋ 'sɜ:vɪs]
Kinderbett cot [kɒt]
Kinderermäßigung child reduction [tʃaɪld rɪ'dʌkʃn]
Kinderfahrkarte half [hɑ:f]
Kinderkleidung children's clothing [tʃɪldrənz kləʊðɪŋ]
Kinderkrankheit children's illness ['tʃɪldrənz 'ɪlnɪs]
Kinderlähmung polio ['pəʊlɪəʊ]
Kindersitz child seat [tʃaɪld si:t]
Kindersitzkissen (*fürs Auto*) child seat cushion [tʃaɪld si:t 'kʊʃən]
Kinderteller children's portion ['tʃɪldrənz 'pɔ:ʃn]
Kino cinema ['sɪnəmə]
Kirche church [tʃɜ:tʃ]
Kirchturm steeple ['sti:pl]
Kirmes funfair ['fʌnfeə]
Kirschen cherries ['tʃerɪz]
Kiste box [bɒks], chest [tʃest]
klar clear [klɪə]
Klasse class [klɑ:s]
Klassik classical ['klæsɪkəl]
Klassiker classic film ['klæsɪk 'fɪlm]
Klassizismus classicism ['klæsɪsɪzm]
Kleid dress [dres]
Kleiderbügel coathanger ['kəʊtˌhæŋə]
Kleidung clothing ['kləʊðɪŋ]
klein little [lɪtl], small [smɔ:l]
Kleingeld change [tʃeɪndʒ]
Kleinkunstbühne cabaret ['kæbəreɪ]
Klima climate ['klaɪmɪt]
Klimaanlage air-conditioning ['eəkənˌdɪʃnɪŋ]
Klingel bell [bel]

Kloster (Mönchs-) monastery ['mɒnəstrɪ]; (Nonnen-) convent ['kɒnvənt]
klug clever ['klevə], intelligent [ɪn'telɪdʒənt]
Kneipe pub [pʌb]
Knie knee [ni:]
Knoblauch garlic ['gɑ:lɪk]
Knöchel ankle ['æŋkl]
Knochen bone [bəʊn]
Knochenbruch fracture ['fræktʃə]
Koch cook [kʊk]
Kochbuch cookbook [kʊk bʊk]
kochen to cook [kʊk]; (*Kaffee, Tee*) to make [meɪk]; (*Wasser*) to boil [bɔɪl]
Kocher cooker ['kʊkə]
Kochnische kitchenette [ˌkɪtʃɪ'net]
Koffer suitcase ['sju:tkeɪs]
Kofferraum boot (*Am* trunk) [bu:t (trʌŋk)]
Kohl cabbage ['kæbɪdʒ]
Kokosnuss coconut ['kəʊkənʌt]
Kolik colic ['kɒlɪk]
Kollege/Kollegin colleague ['kɒli:g]
kommen to come [kʌm]
Komödie comedy ['kɒmɪdɪ]
Kompass compass ['kʌmpəs]
Komponist/in composer [kəm'pəʊzə]
Konditorei cake shop ['keɪk ʃɒp]
Kondom condom ['kɒndəm]
König/in king [kɪŋ]/queen [kwi:n]
können to be able to ['eɪbl tʊ]
Konsulat consulate ['kɒnsjʊlɪt]
Kontakt contact ['kɒntækt]
Konto account [ə'kaʊnt]
Kontrolleur/in inspector [ɪn'spektə]
kontrollieren (*beherrschen*) to control [kən'trəʊl]; (*nachprüfen*) to check [tʃek]
Konzert concert ['kɒnsət]
Kopf head [hed]
Kopfhörer headphones ['hedfəʊnz]
Kopfkissen pillow ['pɪləʊ]
Kopfsalat lettuce ['letɪs]
Kopfschmerzen headache ['hedeɪk]
Kopfschmerztabletten headache tablets ['hedeɪk 'tæblɪts]
Kopie copy ['kɒpɪ]
Korb basket ['bɑ:skɪt]
Korkenzieher corkscrew ['kɔ:kskru:]
Körper body ['bɒdɪ]

Körperbehinderung physical handicap, disability [fɪzɪkəl hændɪkæp, ˌdɪsə'bɪlɪtɪ]
kosten to cost [kɒst]
Kosten costs, expenses [kɒsts, ɪk'spen(t)sɪs]
kostenlos free (of charge) [fri: (əv 'tʃɑ:dʒ)]
Kostüm suit [sju:t]
Kotelett chop, cutlet [tʃɒp, 'kʌtlɪt]
Koteletten sideboards ['saɪdbɔ:dz]
Krabben shrimps [ʃrɪmps]
Krampf cramp [kræmp]
krank ill [ɪl], sick [sɪk]; ~ **werden** to be taken ill ['teɪkn 'ɪl]
Krankenhaus hospital ['hɒspɪtl]
Krankenkasse medical insurance ['medɪkl‿ɪn'ʃʊərns]
Krankenschwester nurse [nɜ:s]
Krankenwagen ambulance ['æmbjʊləns]
Krankheit illness ['ɪlnɪs]
Kräuter herbs [hɜ:bz]
Krawatte tie [taɪ]
kreativ creative [kri:'eɪtɪv]
Krebs crab [kræb]; cancer ['kænsə]
Kreditkarte credit card ['kredɪt kɑ:d]
Kreislaufmittel cardiac stimulant ['kɑ:dɪæk 'stɪmjʊlənt]
Kreislaufstörungen dizziness 'dɪzɪnəs]
Kreuz cross [krɒs]
Kreuzfahrt cruise [kru:z]
Kreuzgang cloister ['klɔɪstə]
Kreuzung crossroads, junction ['krɒsrəʊdz, 'dʒʌŋkʃn]
Kristall crystal ['krɪstl]
Krone crown [kraʊn]
Krücke crutch [krʌtʃ]
Küche kitchen ['kɪtʃɪn]
Kuchen cake [keɪk]
Kugelschreiber ballpoint pen ['bɔ:lpɔɪnt 'pen]
kühl cool [ku:l]
Kühlelement ice pack ['aɪspæk]
Kühler radiator ['reɪdɪeɪtə]
Kühlschrank refrigerator, fridge [rɪ'frɪdʒəreɪtə, frɪdʒ]
Kühltasche cold bag ['kəʊld bæg]
Kühlwasser cooling water ['ku:lɪŋ 'wɔ:tə]
Kuli biro ['baɪrəʊ]
Kultur culture ['kʌltʃə]
Kümmel caraway seed(s) ['kærəweɪ si:d(z)]
kümmern, s. ~ um to look after s.o/s.th. [ˌlʊk‿'ɑ:ftə], to take care of s.o./s.th. [teɪk 'keər‿əv]

Kunde/Kundin customer ['kʌstəmə]
Kunst art [ɑ:t]
Kunstgewerbe arts and crafts ['ɑ:ts‿ən 'krɑ:fts]
Kunsthändler art dealer ['ɑ:t 'di:lə]
Kuppel dome [dəʊm]
Kupplung clutch [klʌtʃ]
Kürbis pumpkin ['pʌmpkɪn]
Kurs course [kɔ:s]
Kurve bend [bend]
kurz short [ʃɔ:t]
Kurzfilm short film ['ʃɔ:t 'fɪlm]
kurzfristig at short notice [ət 'ʃɔ:t 'nəʊtɪs]
kürzlich recently ['ri:sntlɪ]
Kurzschluss short-circuit ['ʃɔ:t'sɜ:kɪt]
Kuss kiss [kɪs]
küssen to kiss [kɪs]
Küste coast [kəʊst]

L

lachen to laugh [lɑ:f]
lächerlich ridiculous [rɪ'dɪkjʊləs]
Ladegerät battery charger ['bætrɪ 'tʃɑ:dʒə]
Lage situation [ˌsɪtjʊ'eɪʃn]; *(eines Ortes)* position [pə'zɪʃn]
Lähmung paralysis [pə'rælɪsɪs]
Lammfleisch lamb [læm]
Lampe lamp [læmp]
Land country ['kʌntrɪ]; *(Gegensatz zu Wasser)* land [lænd]
Landausflug excursion [ɪks'kɜ:ʃn]
Landgut estate [ɪs'teɪt]
Landkarte map ['mæp]
Landschaft scenery, countryside ['si:nərɪ, 'kʌntrɪsaɪd]
Landsmann fellow countryman ['feləʊ 'kʌntrɪmən]
Landstraße country road, B road ['kʌntrɪ ˌrəʊd, 'bi:rəʊd]
Landung landing ['lændɪŋ]
lang long [lɒŋ]
langsam slow(ly) ['sləʊ(lɪ)]
langweilig boring ['bɔ:rɪŋ]
Lärm noise [nɔɪz]
lästig annoying [ə'nɔɪɪŋ]
Lauch leek(s) [li:k(s)]
laufen *(rennen)* to run [rʌn]; *(gehen)* to go [gəʊ]; *(zu Fuß gehen)* to walk [wɔ:k]
laut loud [laʊd]; *(Lärm)* noisy ['nɔɪzɪ]
Lautsprecher speaker ['spi:kə]
leben to live [lɪv]
Lebensmittelgeschäft food store, grocer's ['fu:d stɔ:, 'grəʊsəz]

Lebensmittelvergiftung food poisoning [ˈfuːdˌpɔɪznɪŋ]
Leber liver [ˈlɪvə]
Leberpastete liver pâté [ˈlɪvəˌpæteɪ]
lebhaft lively [ˈlaɪvlɪ]
lecker tasty [ˈteɪstɪ]
Lederjacke leather jacket [ˈleðə ˈdʒækɪt]
Lederwarengeschäft leather shop [ˈleðə ʃɒp]
ledig single [ˈsɪŋgl]
leer empty [ˈemptɪ]
Leerlauf neutral [ˈnjuːtrəl]
Leerung collection [kəˈlekʃən]
legen to put [pʊt]
Leggins leggings [ˈlegɪŋz]
leicht easy [ˈiːzɪ]; *(geringfügig)* slight [slaɪt]; *(Gewicht)* light [laɪt]
Leichtathletik athletics [æθˈletɪks]
leider unfortunately [ʌnˈfɔːtʃnɪtlɪ]
leihen *(jdm)* to lend [lend]; *(von jdm)* to borrow [ˈbɒrəʊ]
Leihwagen hire car [haɪə kɑːʳ]
Leinen linen [ˈlɪnɪn]
leise quiet [ˈkwaɪət]
Leistenbruch hernia, rupture [ˈhɜːnjə, ˈrʌptʃə]
Leiter/in head [hed], boss [bɒs], manager [ˈmænɪdʒə]
Lenkrad-Drehknopf *(Auto)* rotary steering wheel button [ˈrəʊtərɪ ˈstɪərɪŋ wiːl ˈbʌtn]
lernen to learn [lɜːn]
lesen to read [riːd]
letzte(r, -s) last [lɑːst]
letzten Montag last Monday [ˈlɑːst ˈmʌndɪ]
Leuchtturm lighthouse [ˈlaɪthaʊs]
Leute people [ˈpiːpl]
Licht light [laɪt]
Lichtmaschine dynamo [ˈdaɪnəməʊ]
Lichtschalter light switch [ˈlaɪtswɪtʃ]
Lichtschutzfaktor protection factor [prəˈtekʃn ˌfæktə]
lieb nice [naɪs]; **jdn ~ haben** to be fond of s.o. [ˈfɒnd‿əv]
Liebe love [lʌv]
lieben to love [lʌv]
liebenswürdig kind [kaɪnd]
lieblich *(Wein)* medium sweet [swiːt]
Liebling darling [ˈdɑːlɪŋ]; *(Lieblings-)* favourite [ˈfeɪvrɪt]
Lied song [sɒŋ]
liegen to lie [laɪ]

Liegewagenplatz couchette [kuːˈʃet]
Liegewiese sunbathing area [sʌnˈbeɪðɪŋˈeərɪə]
lila purple [ˈpɜːpl]
Limonade lemonade [ˌleməˈneɪd]
Linie line [laɪn]
linke(r, -s) left(-hand) [ˈleft(ˌhænd)]
links on the left, to the left [left]
Linse lens [lenz]
Linsen lentils [ˈlentɪlz]
Lippe lip [lɪp]
Lippenstift lipstick [ˈlɪpstɪk]
Liter litre [ˈliːtə]
Livemusik live music [ˈlaɪv ˈmjuːzɪk]
Loch hole [həʊl]; *(Reifen)* puncture [ˈpʌŋktʃə]
Locken curls [kɜːlz]
Lockenwickler curlers [ˈkɜːləz]
Löffel spoon [spuːn]
Loge box [bɒks]
Loipe ski run [ˈskiː rʌn]
Lorbeer bay-leaves [ˈbeɪliːvz]
Luft air [eə]
Luftkissenboot hovercraft [ˈhɒvəkrɑːft]
Luftmatratze airbed [ˈeəbed]
Luftpumpe pump [pʌmp]
Lunge lungs [lʌŋz]
Lungenentzündung pneumonia [njuːˈməʊnjə]
lustig merry [ˈmerɪ]; *(erheiternd)* funny [ˈfʌnɪ]
luxuriös luxurious [lʌgˈzjʊərɪəs]

M

machen to do [duː]; *(herstellen)* to make [meɪk]
Mädchen girl [gɜːl]
Magen stomach [ˈstʌmək]
Magenschmerzen stomachache [ˈstʌməkˌeɪk]
mager thin [θɪn]; *(Fleisch)* lean [liːn]
Mahlzeit meal [miːl]
Mai May [meɪ]
Mais sweetcorn [ˈswiːtkɔːn]
Makrele mackerel [ˈmækrl]
Malbuch colouring book [ˈkʌlərɪŋ bʊk]
malen to paint [peɪnt]
Maler/in painter [ˈpeɪntə]
Malerei painting [ˈpeɪntɪŋ]
man one [wʌn]
manchmal sometimes [ˈsʌmtaɪmz]
Mandarinen mandarins, tangerines [ˈmændərɪn, ˌtændʒəˈriːn]

Mandelentzündung tonsilitis [ˌtɒnsɪˈlaɪtɪs]
Mandeln almonds [ˈɑːməndz]
Mandeln tonsils [ˈtɒnslz]
Mann man [mæn], *pl* men [men]; (*Ehe~*) husband [ˈhʌzbənd]
Mannschaft (*Sport*) team [tiːm]; (*Schiff*) crew [kruː]
Mantel coat [kəʊt]
Margarine margarine [ˌmɑːdʒəˈriːn]
Markt market [ˈmɑːkɪt]
Marmelade jam [dʒæm]; (*Orangen~*) marmalade [ˈmɑːməleɪd]
März March [mɑːtʃ]
Maschine machine [məˈʃiːn]
Masern measles [ˈmiːzlz]
Massage massage [ˈmæsɑːʒ]
Material material [məˈtɪərɪəl]
Matratze mattress [ˈmætrɪs]
Mauer wall [wɔːl]
Mayonnaise mayonnaise [ˌmeɪəˈneɪz]
Medikament medicine [ˈmedsən]
Meer sea [siː]
Mehl flour [ˈflaʊə]
mehr more [mɔː]; **~ als** more than
mein my [maɪ]
meinen to think [θɪŋk]
meinetwegen I don't mind [ˈaɪ dəʊnt ˈmaɪnd]
Meinung opinion [əˈpɪnjən], view [vjuː]
Melone melon [ˈmelən]
Mensch person [ˈpɜːsn], man/woman [mæn/ˈwʊmən]; (*der ~*) man [mæn]
Menstruation menstruation [ˌmenstrʊˈeɪʃn]
Menü set meal/menu [ˈset ˈmiːl/ˈmenjuː]
merken to be aware of [əˈweər‿əv]; **s. etw ~** to remember s.th. [rɪˈmembə]
Messe (*rel*) mass [mæs]
Messer knife [naɪf]
Meter metre [ˈmiːtə]
Metzgerei butcher's [ˈbʊtʃəz]
mich me [miː]
Miesmuscheln mussels [ˈmʌslz]
Miete rent [rent]
mieten to rent [rent], to hire [ˈhaɪə]
Mietwagen hire car [haɪəʳ kɑːʳ]
Migräne migraine [ˈmiːgreɪn]
Mikrowelle microwave [maɪkrəʊweɪv]
Milch milk [mɪlk]
mild mild [maɪld]

Millimeter millimetre ['mɪlɪˌmiːtə]
mindestens at least [ət 'liːst]
Minibar mini-bar ['mɪnɪbɑː]
Minigolf crazy golf ['kreɪzɪgɒlf]
Minute minute ['mɪnɪt]
mir me [miː], to me
Missverständnis misunderstanding [ˌmɪsʌndə'stændɪŋ]
mit with [wɪð]
mitbringen to bring [brɪŋ]
Mitbringsel souvenir ['suːvənɪə]
mitnehmen to take [teɪk]
Mittag noon [nuːn]
Mittagessen lunch [lʌntʃ]
mittags at lunchtime [ət 'lʌnʃtaɪm]
Mitte middle ['mɪdl]
Mitteilung announcement [ə'naʊnsmənt]
Mittel means [miːnz]; (*Heil~*) remedy ['remɪdɪ]
Mittelalter Middle Ages ['mɪdl‿'eɪdʒɪz]
Mittelohrentzündung inflammation of the middle ear [ˌɪnflə'meɪʃn‿əv ðə 'mɪdl‿'ɪə]
Mittwoch Wednesday ['wenzdɪ]
Möbel furniture ['fɜːnɪtʃə]
Mobilitätsbehinderte paraplegic [ˌpærə'pliːdʒɪk]
Mobiltelefon mobile (phone) ['məʊbaɪl ('fəʊn)]
Mode fashion ['fæʃn]
Modell model ['mɒdl]
modern modern ['mɒdn], (*zeitgemäß*) up to date ['ʌp tə 'deɪt]
Modeschmuck fashion jewellery ['fæʃən 'dʒuːəlrɪ]
mögen (*gern haben*) to like [laɪk]; (*wünschen*) to want [wɒnt]
möglich possible ['pɒsəbl]
Monat month [mʌnθ]
monatlich monthly ['mʌnθlɪ]
Mond moon [muːn]
Montag Monday ['mʌndɪ]
morgen tomorrow [tə'mɒrəʊ]
Morgen morning ['mɔːnɪŋ]
morgen früh/morgen Abend tomorrow morning/ tomorrow evening [tə'mɒrəʊ 'mɔːnɪŋ/tə'mɒrəʊ‿iːvnɪŋ]
morgens in the morning [ɪn ðə 'mɔːnɪŋ]
Mosaik mosaic [məʊ'zeɪɪk]
Motel motel [məʊ'tel]
Motor motor, engine ['məʊtə, 'endʒɪn]
Motorboot motorboat ['məʊtəbəʊt]

Motorhaube bonnet (*Am* hood) ['bɒnɪt (hʊd)]
Mountainbike mountain bike ['maʊntɪn baɪk]
Möwe seagull ['si:gʌl]
Mücke gnat [næt], midge [mɪdʒ]
müde tired ['taɪəd]
Müll rubbish ['rʌbɪʃ], (*Am*) garbage ['gɑ:bɪdʒ]
Mullbinde gauze bandage ['gɔ:z 'bændɪdʒ]
Mülltonne dustbin ['dʌstbɪn], (*Am*) trashcan ['træʃkæn]
Mumps mumps [mʌmps]
Mund mouth [maʊθ]
Mündung (*Fluss*) mouth [maʊθ]; (*Straße*) end [end]
Münze coin [kɔɪn]
Muschel shell [ʃel]
Museum museum [mju:'zɪəm]
Musical musical ['mju:zɪkl]
Musik music ['mju:zɪk]
Musik hören listening to music ['lɪsnɪŋ tə'mju:zɪk]
musizieren to make music ['meɪk'mju:zɪk]
Muskatnuss nutmeg ['nʌtmeg]
Muskel muscle ['mʌsl]
Müsli muesli ['mju:zlɪ]
Mutter mother ['mʌðə]
Mütze cap [kæp]

N

nach after ['ɑ:ftə]; **~ London** to London [tʊ 'lʌndən]
Nachbar/in neighbour ['neɪbə]
Nachmittag afternoon [ˌɑ:ftə'nu:n]
nachmittags in the afternoon [ɪn ðɪ‿ˌɑ:ftə'nu:n]
Nachricht message ['mesɪdʒ]
Nachsaison low season ['ləʊ ˌsi:zn]
nachsenden to send on ['send‿'ɒn]
nächste(r, -s) next [nekst]
nächstes Jahr next year ['nekst 'jɪə]
Nacht night [naɪt]; **heute ~** tonight [tə'naɪt]
Nachtisch dessert, sweet [dɪ'zɜ:t, swi:t]
Nachtklub nightclub ['naɪtklʌb]
nachts at night [ət 'naɪt]
Nachttisch bedside table ['bedsaɪd 'teɪbl]
Nachttischlampe reading lamp ['ri:dɪŋlæmp]
nackt naked ['neɪkɪd], nude [nju:d]
Nadel needle ['ni:dl]
Nagellack nail varnish ['neɪlˌvɑ:nɪʃ]

Nagellackentferner nail varnish remover ['neɪlˌvɑːnɪʃ rɪ'muːvə]
Nagelschere nail scissors ['neɪlˌsɪzəz]
nah near [nɪə]
nahe near [nɪə], close [kləʊs]; **~ bei** close to
nähen to stitch up ['stɪtʃ‿'ʌp]
Nahverkehrszug local train ['ləʊkl 'treɪn]
Name name [neɪm]
Narbe scar [skɑː]
Narkose anaesthetic [ˌænɪs'θetɪk]
Nase nose [nəʊz]
Nasenbluten nose bleed ['nəʊz bliːd]
nass wet [wet], moist [mɔɪst]; (*durchnässt*) soaked [səʊkt]
Nationalitätskennzeichen international car index mark [ˌɪntə'næʃənl 'kɑːr‿ˌɪndeks mɑːk]
Nationalpark national park ['næʃnl 'pɑːk]
Natur nature ['neɪtʃə]
natürlich *adj* natural ['nætʃrəl]; *adv* of course [əv 'kɔːs]
Naturschutzgebiet nature reserve ['neɪtʃə rɪ'zɜːv]
Nebel fog [fɒg]
neben next to [nekst tʊ], beside [bɪ'saɪd]
Nebenkosten additional costs, extras [ə'dɪʃənl 'kɒsts, 'ekstrəz]
negativ negative ['negətɪv]
nehmen to take [teɪk]
Nelken cloves [kləʊvz]
Neoprenanzug wetsuit [wetsjuːt]
Nerv nerve [nɜːv]
nervös nervous ['nɜːvəs]
nett nice [naɪs]
Netz net [net]
neu new [njuː]
neugierig curious ['kjʊərɪəs]
Neujahr New Year's Day ['njuː‿jɪəz 'deɪ]
nicht not [nɒt]; **gar ~** not at all ['nɒt‿ət 'ɔːl]
Nichtraucherabteil no-smoking compartment ['nəʊ'sməʊkɪŋ kəm'pɑːtmənt]
nichts nothing ['nʌθɪŋ]
nie never ['nevə]
nieder, niedrig low [ləʊ]
niemand nobody ['nəʊbədɪ]
Niere kidney ['kɪdnɪ]
Nierenentzündung nephritis [ne'fraɪtɪs]
Nierengurt kidney belt ['kɪdnɪ belt]
Nierenstein kidney stone ['kɪdnɪstəʊn]
niesen to sneeze [sniːz]

nirgends nowhere ['nəʊweə]
noch still [stɪl]; **– nicht** not yet ['nɒt 'jet]
Norden north [nɔ:θ]
Nordirland Northern Ireland ['nɔ:ðən 'aɪələnd]
nördlich von (to the) north of ['nɔ:θ‿əv]
Nordsee North Sea ['nɔ:θ 'si:]
normal normal ['nɔ:ml]; *(Format)* standard ['stændəd]
normalerweise normally ['nɔ:məlɪ], usually ['ju:ʒʊəlɪ]
Notausgang emergency exit [ɪ'mɜ:dʒənsɪ 'eksɪt]
Notebook notebook [nəʊtbʊk]
Notfall emergency [ɪ'mɜ:dʒənsɪ]
Notrufsäule emergency telephone [ɪ'mɜ:dʒənsɪ 'telɪfəʊn]
notwendig necessary ['nesɪsrɪ]
November November [nəʊ'vembə]
nüchtern sober ['səʊbə]
Nudeln pasta ['pæstə]
Nummer number ['nʌmbə]
Nummernschild number plate ['nʌmbə pleɪt]
nur only ['əʊnlɪ]
Nüsse nuts [nʌts]

O

ob whether ['weðə]
oben up [ʌp]
Ober *(Anrede)* waiter ['weɪtə]
Objektiv lens, objective [lenz, əb'dʒektɪv]
Obst fruit [fru:t]
Obst- und Gemüsehändler greengrocer's [gri:n'grəʊsəz]
obwohl although [ɔ:l'ðəʊ]
oder or [ɔ:]
offen open ['əʊpən]
öffentlich public ['pʌblɪk]
offiziell official [ə'fɪʃl]
öffnen to open ['əʊpən]
Öffnungszeiten opening hours ['əʊpnɪŋ ˌaʊəz], hours of business ['aʊəz‿əv 'bɪznɪs]
oft often ['ɒfn]
ohne without [wɪ'ðaʊt]
Ohnmacht faint ['feɪnt]
Ohr ear [ɪə]
Ohrentropfen ear-drops ['ɪədrɒps]
Ohrringe earrings ['ɪərɪŋz]
Oktober October [ɒk'təʊbə]
Öl oil [ɔɪl]
Oliven olives ['ɒlɪvz]
Olivenöl olive oil ['ɒlɪv‿'ɔɪl]
Ölmalerei oil painting ['ɔɪl 'peɪntɪŋ]

Ölwechsel oil change [ˈɔɪl ˈtʃeɪndʒ]
Oper opera [ˈɒprə]
Operation operation [ˌɒpəˈreɪʃn]
Operette operetta [ˌɒpəˈretə]
Optiker optician's [ɒpˈtɪʃənz]
orange orange [ˈɒrɪndʒ]
Orangensaft orange juice [ˈɒrɪndʒ dʒuːs]
Orchester orchestra [ˈɔːkɪstrə]
Orden *(rel)* order [ˈɔːdə]
Original original [əˈrɪdʒənl]
Originalfassung original version [əˈrɪdʒənl ˈvɜːʃən]
Ort place [pleɪs]; *(Stelle)* spot [spɒt]
Ortschaft village [ˈvɪlɪdʒ], town [taʊn]
Ortsgespräch local call [ˈləʊkl kɔːl]
Osten east [iːst]
Ostermontag Easter Monday [ˈiːstə ˈmʌndɪ]
Ostern Easter [ˈiːstə]
Österreich Austria [ˈɔːstrɪə]
Österreicher/in Austrian [ˈɔːstrɪən]
östlich von east of [iːst‿əv]

P

Paar pair [ˈpeər]; *(Ehe~)* couple [ˈkʌpl]
paar, ein ~ a few [fjuː]
Päckchen small packet [ˈsmɔːl ˌpækɪt]
Paddelboot canoe [kəˈnuː]
Paket parcel [ˈpɑːsl]
Palast palace [ˈpælɪs]
Panne breakdown [ˈbreɪkdaʊn]; *(Reifen~)* puncture, flat (tyre) [ˈpʌŋktʃə, flæt (ˈtaɪə)]
Pannendienst breakdown service [ˈbreɪkdaʊn ˌsɜːvɪs]
Papier paper [ˈpeɪpə]
Papiere papers, documents [ˈpeɪpəz, ˈdɒkjʊmənts]
Papierservietten paper napkins, serviettes [ˈpeɪpə ˈnæpkɪnz, ˌsɜːvɪˈets]
Papiertaschentücher paper handkerchiefs [ˈpeɪpə ˈhæŋkətʃɪfs]
Paprika paprika [ˈpæprɪkə]
Paprikaschoten peppers [ˈpepəz]
Parfüm perfume, scent [ˈpɜːfjuːm, sent]
Parfümerie perfumery [pəˈfjuːmərɪ]
Park park [pɑːk]

parken to park [pɑ:k];
– verboten no parking (area)
Parkett stalls [stɔ:lz]
Parkplatz car park ['kɑ:pɑ:k]
Party party ['pɑ:tɪ]
Pass pass [pɑ:s]
Passagier passenger ['pæsɪndʒə]
passen to fit [fɪt]; *(gelegen kommen)* to suit [sju:t]
Passkontrolle passport control ['pɑ:spɔ:t kən'trəʊl]
Pauschalpreis flat rate ['flæt 'reɪt]
Pause interval ['ɪntəvl]
Pension guest house ['gesthaʊs]; *(Halb~/Voll~)* half/full board ['hɑ:f/'fʊl 'bɔ:d]
Perle pearl [pɜ:l]
Person person ['pɜ:sn]
Personalausweis identity card [aɪ'dentɪtɪ kɑ:d]
Personalien particulars [pə'tɪkjʊləz]
persönlich personal ['pɜ:snəl]
Perücke wig [wɪg]
Petersilie parsley ['pɑ:slɪ]
Petroleum paraffin ['pærəfɪn]
Pfand deposit [dɪ'pɒzɪt], security [sɪ'kjʊərɪtɪ]
Pfannengericht fry-up ['fraɪʌp]
Pfeffer pepper ['pepə]
Pfeffermühle pepper mill ['pepə,mɪl]
Pferd horse [hɔ:s]
Pfirsiche peaches ['pi:tʃɪz]
Pflanze plant [plɑ:nt]
Pflaster plaster ['plɑ:stə]
Pflaumen plumbs [plʌmz]
pflegebedürftig in need of care [ɪn ni:d‿əv keə]
Pfund pound(s) [paʊnd(z)]
Pilot/in pilot ['paɪlət]
Pilz fungal infection ['fʌŋgl ɪn'fekʃn]
Pinzette tweezers ['twi:zəz]
Plakat poster ['pəʊstə]
Planschbecken paddling pool ['pædlɪŋ 'pu:l]
Plastik sculpture ['skʌlptʃə]
Plastikbeutel plastic bag ['plæstɪk 'bæg]
Platten flat tyre ['flæt 'taɪə]
Platz place [pleɪs]; *(Sitz~)* seat [si:t]
Platzreservierung seat reservation ['si:t ,rezə'veɪʃn]
Plombe filling ['fɪlɪŋ]
plötzlich suddenly ['sʌdnlɪ]
Polizei police [pə'li:s]
Polizeiwagen police car [pə'li:s kɑ:]

Polizist/in policeman/ policewoman [pəˈli:smən/ pəˈli:sˌwʊmən]
Pony fringe [frɪndʒ]
Portal portal [ˈpɔ:tl]
Portier porter [ˈpɔ:tə]
Portion portion [ˈpɔ:ʃn]
Porto postage [ˈpəʊstɪdʒ]
Porträt portrait [ˈpɔ:trɪt]
Porzellan china, porcelain [ˈtʃaɪnə, pɔ:slɪn]
Post post office [ˈpəʊstˌɒfɪs]
Postkarte postcard [ˈpəʊskɑ:d]
postlagernd poste restante [ˈpəʊst rɪˈstænt]
Postleitzahl post code (*Am* zip code) [ˈpəʊskəʊd, (ˈzɪpkəʊd)]
praktisch practical [ˈpræktɪkl]
Präservativ condom [ˈkɒndəm]
Preis (*Kosten*) price [praɪs]; (*Gewinn*) prize [praɪz]
Prellung bruise, contusion [bru:z, kənˈtju:ʒn]
Premiere premiere [ˈpremɪeə]
Priester priest [pri:st]
privat private [ˈpraɪvɪt]
Probe experiment [ɪksˈperɪmnt], trial [ˈtraɪəl]
Problem problem [ˈprɒbləm]
Produkt product [ˈprɒdʌkt]
Programm programme [ˈprəʊgræm]
Programm(heft) programme [ˈprəʊgræm]
Promillegrenze legal alcohol limit [ˈlɪ:gl ˈælkəhɒl ˈlɪmɪt]
Prospekt prospectus [prəsˈpektəs], leaflet [ˈli:flɪt], brochure [ˈbrəʊʃə]
Prothese artifical limb [ˌɑ:tɪˈfɪʃl ˈlɪm]
provisorisch provisional [prəˈvɪʒənl], temporary [ˈtemprərɪ]
Prozent percent [pəˈsent]
Prozession procession [prəˈseʃən]
Puder powder [ˈpaʊdə]
Pullover pullover, jumper, sweater [ˈpʊlˌəʊvə, ˈdʒʌmpə, ˈswetə]
Puls pulse [pʌls]
Pulverschnee powder snow [ˈpaʊdə snəʊ]
pünktlich *adj* punctual [ˈpʌŋktjʊəl]; *adv* on time [ɒn ˈtaɪm]
putzen to clean [kli:n]

Q

Quadratmeter square metre [ˌskweə ˈmiːtə]
Qualität quality [ˈkwɒlɪtɪ]
Quark quark [kwɑːk], curd cheese [kɜːd tʃiːz]
Quelle source [sɔːs]; (*Wasser*) spring [sprɪŋ]
quer durch straight across/through [ˈstreɪt‿əˈkrɒs/ˈθruː]
Querformat landscape format [ˈlænskeɪp ˌfɔːmæt]
querschnittsgelähmt paraplegic [ˌpærəˈpliːdʒɪk]
Quittung receipt [rɪˈsiːt]

R

Rabatt discount [ˈdɪskaʊnt]
Rad wheel [wiːl]
Rad fahren cycle [ˈsaɪkl]
Radarkontrolle radar speed check [ˈreɪdɑː ˈspiːd tʃek]
Radierung etching [ˈetʃɪŋ]
Radio radio [ˈreɪdɪəʊ]
Radsport cycling [ˈsaɪklɪŋ]
Radtour cycle tour [ˈsaɪkl ˌtʊə]
Rampe ramp [ræmp]
Rasen lawn [lɔːn], grass [grɑːs]
Rasierapparat shaver [ˈʃeɪvə]
Rasierklinge razorblade [ˈreɪzəbleɪd]
Rasierpinsel shaving brush [ˈʃeɪvɪŋ brʌʃ]
Rasierschaum shaving foam [ˈʃeɪvɪŋ fəʊm]
Rasierwasser after-shave lotion [ˈɑːftəʃeɪv ˌləʊʃn]
Rastplatz (motorway) picnic area [(ˈməʊtʌweɪ) ˈpɪknɪk ˈeərɪə]
Raststätte (motorway) services [(ˈməʊtʌweɪ) ˈsɜːvɪsɪz]
Rathaus town hall (*Am* city hall) [ˈtaʊn ˈhɔːl, ˈsɪtɪ ˈhɔːl]
rauchen to smoke [sməʊk]
Raucher smoker [sməʊkə]
Raucherabteil smoking compartment [ˈsməʊkɪŋ kəmˈpɑːtmənt]
Raum space [speɪs]; (*Räumlichkeit*) room [ruːm]
Rechnung bill [bɪl]
rechte(r, -s) right(-hand) [ˈraɪt(ˌhænd)]
rechts on the right, to the right [raɪt]
Rechtsanwalt/-anwältin lawyer [ˈlɔːjə]
rechtzeitig *adv* in time [ɪn ˈtaɪm]
reden to talk [tɔːk]
Reformhaus health food shop [ˈhelθˌfuːd ʃɒp]
regelmäßig regular [ˈregjʊlə]

Regen rain [reɪn]
Regenmantel raincoat ['reɪnkəʊt]
Regenschauer shower ['ʃaʊə]
Regie directed by [dɪ'rektɪd baɪ]
Regierung government ['gʌvnmənt]
Region region ['riːdʒən]
regnerisch rainy ['reɪnɪ]
reich rich [rɪtʃ]
reif ripe [raɪp]; *(geistig, körperlich)* mature [mə'tjʊə]
Reifen tyre ['taɪə]
reinigen to clean [kliːn]
Reinigung, chemische dry cleaner's ['draɪ'kliːnəz]
Reis rice [reɪs]
Reise journey ['dʒɜːnɪ]; *(Schiffs~)* voyage ['vɔɪɪdʒ]
Reisebüro travel agency ['trævl 'eɪdʒənsɪ]
Reiseführer guide [gaɪd]
Reisegesellschaft party ['pɑːtɪ]
reisen to travel ['trævl]; **~ nach** to go to ['gəʊ tʊ]
Reisepass passport ['pɑːspɔːt]
Reisescheck traveller's cheque ['trævləz 'tʃek]
Reisetasche travelling bag, holdall [trævlɪŋ bæg, 'həʊldɔːl]
reiten to ride, to go riding [raɪd, gəʊ 'raɪdɪŋ]
Reitschule riding school ['raɪdɪŋ 'skuːl]
reklamieren to complain [kəm'pleɪn]
Religion religion [rɪ'lɪdʒn]
Renaissance Renaissance [rə'neɪsns]
Rennen race [reɪs]
Rennrad racing bike ['reɪsɪŋ baɪk]
reparieren to repair [rɪ'peə]
reservieren to reserve [rɪ'zɜːv]
Reservierung reservation [ˌrezə'veɪʃn]
Rettungsboot lifeboat ['laɪfbəʊt]
Rettungsring lifebelt ['laɪfbelt]
Rezept prescription [prɪs'krɪpʃn]
Rezeption reception [rɪ'sepʃn]
R-Gespräch reverse charge call [rɪ'vɜːs 'tʃɑːdʒ 'kɔːl]
Rheuma rheumatism ['ruːmətɪzm]
Richter/in judge [dʒʌdʒ]
richtig right [raɪt]; *(geeignet)* proper ['prɒpə]
Richtung direction [dɪ'rekʃn]
riechen to smell [smel]
Rindfleisch beef [biːf]
Rock skirt [skɜːt]
roh raw [rɔː]
roher Schinken smoked ham ['sməʊkt 'hæm]

Roller scooter ['sku:tə]
Rollschuhe roller skates ['rəʊləˌskeɪts]
Rollstuhl wheelchair [wi:l'tʃeə]
Rollstuhlfahrer/in wheelchair user [wi:l'tʃeə ju:zə]
rollstuhlgängiger Wagen (*Zug*) carriage with wheelchair access ['kærɪdʒ wɪð wi:l'tʃeə ækses]
rollstuhlgerecht suitable for wheelchairs [su:təbl fə wi:l'tʃeəz]
Rollstuhlkabine (*Schiff*) wheelchair cabin [wi:l'tʃeə 'kæbɪn]
Roman novel ['nɒvl]
röntgen X-ray [ˌeks'reɪ]
Röntgenaufnahme X-ray [ˌeks'reɪ]
rosa pink [pɪŋk]
Rosé rosé wine ['rəʊzeɪ waɪn]
Rosmarin rosemary ['rəʊzmərɪ]
rot red [red]
Röteln German measles ['dʒɜ:mən 'mi:zlz]
Rotwein red wine [red waɪn]
Route route [ru:t]
Rücken back [bæk]
Rückenschmerzen backache ['bækeɪk]
Rückfahrkarte return ticket [rɪ'tɜ:n 'tɪkɪt]
Rückfahrt return journey [rɪ'tɜ:n 'dʒɜ:nɪ]
Rückholservice pick-up service ['pɪkʌp 'sɜ:vɪs]
Rücklicht rear light, tail light ['rɪə 'laɪt, 'teɪl 'laɪt]
Rucksack rucksack ['rʌksæk]
Rückspiegel rearview mirror ['ri:əvju: 'mɪrə]
rückwärts backwards ['bækwədz]
Rückwärtsgang reverse gear [rɪ'vɜ:s 'gɪə]
Ruder rudder ['rʌdə]
Ruderboot rowing boat ['rəʊɪŋbəʊt]
rudern to row ['rəʊ]
Ruhe rest [rest]; (*seelisch*) calm [kɑ:m]; (*Stille*) silence ['saɪləns]
ruhig silent ['saɪlənt], quiet ['kwaɪət], calm [kɑ:m]
Ruine ruin ['ru:ɪn]
rund round [raʊnd]
Rundfahrt round trip ['raʊnd 'trɪp]
Rundfahrt tour [tʊə]

S

Saal hall [hɔ:l]
Sache thing [θɪŋ]; (*Angelegenheit*) matter ['mætə]
Safe safe [seɪf]
Safran saffron ['sæfrn]
saftig juicy ['dʒu:sɪ]
sagen to say [seɪ]; (*mitteilen*) to tell [tel]
Sahne cream [kri:m]
Saison season ['si:zn]
Salami salami [sə'lɑ:mɪ]
Salat salad ['sæləd]
Salatbüfett salad bar ['sæləd bɑ:]
Salbe ointment ['ɔɪntmənt]
Salbei sage [seɪdʒ]
Salz salt [sɔ:lt]
Salzstreuer salt cellar ['sɔ:lt,selə]
sammeln to collect [kə'lekt]
Samstag Saturday ['sætədɪ]
Sandalen sandals ['sændlz]
Sandburg sandcastle [sænd 'kɑ:sl]
Sandkasten sand pit [sændpɪt]
Sänger/in singer ['sɪŋə]
Sanitäreinrichtungen sanitary facilities ['sænɪtərɪ fə'sɪlɪtɪz]
satt full [fʊl]
Satz sentence ['sentəns]
sauber clean [kli:n]
sauer sour ['saʊə]
Sauerstoffgerät breathing apparatus [bri:ðɪŋ ,æpə'reɪtəs]
Sauger teat [ti:t]
Saugflasche feeding bottle ['fi:dɪŋ ,bɒtl]
Säule column, pillar ['kɒləm, 'pɪlə]
Sauna sauna ['sɔ:nə]
saure Sahne sour cream ['saʊə skri:m]
S-Bahn suburban train [sə'bɜ:bən treɪn]
schade, Wie ~! What a pity! ['wɒt‿ə 'pɪtɪ]
Schaden damage ['dæmɪdʒ]
Schaffner/in ticket collector, conductor ['tɪkɪtkə'lektə, kən'dʌktə]
Schal scarf [skɑ:f]
scharf hot [hɒt]
Schatten shadow ['ʃædəʊ]
schauen to look [lʊk]
Schaufenster shop window ['ʃɒp 'wɪndəʊ]
Schauspieler/in actor/actress ['æktə/'æktrɪs]
Scheibe slice [slaɪs]
Scheibenwischer windscreen wiper ['wɪndskri:n 'waɪpə]

Scheinwerfer headlights ['hedlaɪts]
Scheitel parting ['pɑ:tɪŋ]
schenken to give as a present ['gɪv‿əz‿ə 'preznt]
Schere scissors ['sɪzəz]
schicken to send [send]
Schiebedach sunroof ['sʌnru:f]
Schienbein shin [ʃɪn]
Schiene splint [splɪnt]
Schild sign [saɪn]
Schinken ham [hæm]
Schirm umbrella [ʌm'brelə]
Schlafcouch studio couch ['stju:dɪəʊ kaʊtʃ]
schlafen to sleep [sli:p]
Schlaflosigkeit sleeplessness, insomnia ['sli:plɪsnɪs, ɪn'sɒmnɪə]
Schlaftabletten sleeping pills ['sli:pɪŋ pɪlz]
Schlafzimmer bedroom ['bedrʊm]
Schlaganfall stroke [strəʊk]
Schläger racket ['rækɪt]
Schlagsahne whipping cream [wɪpɪŋ kri:m]
Schlange snake [sneɪk]; **~ stehen** to queue (up) ['kju: ('ʌp)]
schlank slim [slɪm], slender ['slendə]
Schlauch (*Reifen*) (inner) tube [('ɪnə)tju:b]
Schlauchboot rubber dinghy ['rʌbə 'dɪŋgɪ]
schlecht *adj* bad [bæd]; *adv* badly ['bædlɪ]
Schlepplift ski tow ['ski: təʊ]
Schließfach left-luggage locker ['left 'lʌgɪdʒ ˌlɒkə]
Schlitten sledge, toboggan [sledʒ, tə'bɒgən]
Schlittschuhe ice skates ['aɪsˌskeɪts]; **~ laufen** ice skate, go ice skating ['aɪsˌskeɪt, gəʊ 'aɪsˌskeɪtɪŋ]
Schloss castle ['kɑ:sl]; (*Tür*) lock [lɒk]
Schlucht gorge, ravine [gɔ:dʒ, rə'vi:n]
Schlüssel key [ki:]
Schlüsselbein collarbone ['kɒləbəʊn]
Schlüsselübergabe handover of the key ['hændəʊvər‿əv ðə ki:]
schmal narrow ['nærəʊ]; (*Mensch*; *Buch*) slim [slɪm]
schmecken (**nach**) to taste (of) ['teɪst (əv)]
Schmerzen pain [peɪn]
Schmerztabletten pain-killing tablets ['peɪnˌkɪlɪŋ 'tæblɪts]
Schmuck jewellery ['dʒu:əlrɪ]

Stein stone [stəʊn]
steinig stony ['stəʊnɪ]
Stempel stamp [stæmp]
Stern star [stɑː]
Sternwarte observatory [əb'zɜːvətrɪ]
Steward/ess steward/ stewardess [stjʊəd/ˌstjʊə'des]
Stiefel boots [buːts]
Stil style [staɪl]
still *(ruhig)* quiet ['kwaɪət], silent ['saɪlənt]; *(unbewegt)* still [stɪl], calm [kɑːm]
Stillleben still life ['stɪl 'laɪf]
stinken to smell [smel], to stink [stɪŋk]
Stirnhöhlenentzündung sinusitis [ˌsaɪnə'saɪtɪs]
Stock stick [stɪk]
Stockwerk floor [flɔː]
Stoff material [mə'tɪərɪəl]
stören to disturb [dɪs'tɜːb], to bother ['bɒðə]
stornieren *(Zimmer, Fahr-, Flugkarten)* to cancel ['kænsl]
Stoßstange bumper ['bʌmpə]
Strafe punishment ['pʌnɪʃmənt]; *(Geld~)* fine [faɪn]
Strafraum penalty box ['penəltɪ bɒks]
Strähnchen highlights ['haɪlaɪts]
Strand beach [biːtʃ]
Strandschuhe beach shoes [biːtʃ 'ʃuːz]
Straße street [striːt]; *(Land~)* road [rəʊd]
Straßenbahn tram [træm]
Straßenkarte road map ['rəʊd mæp]
Strauß *(Blumen)* bunch of flowers ['bʌntʃ əv 'flaʊəz]
Streichholz match [mætʃ]; **-schachtel** matchbox ['mætʃbɒks]
Strickjacke cardigan ['kɑːdɪgən]
Strohhalm straw [strɔː]
Strom *(el)* current ['kʌrnt]
Stromanschluss electric point [ɪ'lektrɪk 'pɔɪnt]
Strompauschale flat rate for electricity ['flæt 'reɪt fə ˌɪlek'trɪsɪtɪ]
Stromspannung voltage ['vəʊltɪdʒ]
Strümpfe stockings ['stɒkɪŋz]
Strumpfhose tights [taɪts]
Stück piece [piːs]; *(Theater~)* play [pleɪ]
studieren to study ['stʌdɪ]
Studio studio ['stjuːdɪəʊ]
Stufe step [step]
stufenloser Zugang stepless access [steplɪs ækses]

Stufenschnitt layered cut [ˈleɪəd ˌkʌt]
Stuhl chair [tʃeə]
Stuhlgang bowel movement [ˈbaʊəl ˌmuːvmənt]
stumm mute [mjuːt]
Stunde hour [ˈaʊə]; *(Unterrichts~)* lesson [ˈlesn]; **eine halbe ~** half an hour [ˈhɑːfənˈaʊə]; **eine Viertel~** a quarter of an hour [ˈkwɔːtr‿əv‿ən ˈaʊə]
stündlich every hour, hourly [ˈevrɪ‿ˈaʊə, ˈaʊəlɪ]
Sturm storm [ˈstɔːm], gale [geɪl]
stürzen *(fallen)* to fall [fɔːl]
Sturzhelm crash helmet [ˈkræʃ ˌhelmɪt]
suchen to look for [ˈlʊk fɔː]
Sucher viewfinder [ˈvjuːˌfaɪndə]
Süden south [saʊθ]
südlich von south of [saʊθ‿əv]
Summe sum [sʌm]; *(Betrag)* amount [əˈmaʊnt]
Sumpf marsh [mɑːʃ]; *(tropisch)* swamp [swɒmp]
Supermarkt supermarket [ˈsuːpəˌmɑːkɪt]
Suppe soup [suːp]
Suppenteller soup plate [suːp pleɪt]
Surfbrett surfboard [ˈsɜːfbɔːd]
surfen to surf [ˈsɜːf]
süß sweet [swiːt]
Süßigkeiten sweets *(Am* candy) [swiːts (ˈkændɪ)]
Süßstoff sweetener [ˈswiːtnə]
Süßwarengeschäft sweetshop [ˈswiːtʃɒp]
Swimmingpool swimming pool [ˈswɪmɪŋpuːl]
sympathisch nice [naɪs], pleasant [ˈpleznt]

T

Tabak tobacco [təˈbækəʊ]
Tabakladen tobacconist's [təˈbækənɪsts]
Tablette tablet, pill [ˈtæblɪt, pɪl]
Tachometer speedometer [spɪˈdɒmɪtə]
Tag day [deɪ]
Tagesausflug day trip [ˈdeɪ trɪp]
Tagesgericht dish of the day [ˈdɪʃ‿əv ðə ˈdeɪ]
Tageskarte one-day travelcard [ˈwʌndeɪ ˈtrævlkɑːd]
Tagespass day pass [deɪ pɑːs]
Tagestour day excursion [deɪ ɪksˈkɜːʃn]
täglich every day, daily [ˈevrɪ ˈdeɪ, ˈdeɪlɪ]
tagsüber during the day [ˈdjʊərɪŋ ðə ˈdeɪ]

Tal valley ['vælɪ]
Talstation station at the bottom of the ski lift [steɪʃn ət ðə 'bɒtəm‿əv ðə 'ski: lɪft]
Tampons tampons ['tæmpənz]
Tank (petrol) tank [('petrəl) tæŋk]
tanken to fill up ['fɪl 'ʌp]
tanzen to dance [dɑ:ns]
Tänzer/in dancer ['dɑ:nsə]
Tanzkapelle dance band ['dɑ:ns ˌbænd]
Tanztheater dance theatre ['dɑ:ns θɪətə]
Tasche pocket ['pɒkɪt]; (*Hand~*) bag [bæg]
Taschenbuch paperback ['peɪpəbæk]
Taschendieb/in pickpocket ['pɪkˌpɒkɪt]
Taschenmesser pocket knife ['pɒkɪt naɪf]
Taschenrechner pocket calculator ['pɒkɪt 'kælkjʊˌleɪtə]
Tasse cup [kʌp]
Taststock cane [keɪn]
taub deaf [def]
taubstumm deaf-mute [def mju:t]
Taubstumme/r deaf-mute [def mju:t]
tauchen to dive [daɪv]
Taucherausrüstung diving equipment ['daɪvɪŋ ɪ'kwɪpmənt]
Taucherbrille diving goggles ['daɪvɪŋ ˌgɒglz]
täuschen, s. ~ to be mistaken [mɪs'teɪkn], to be wrong [rɒŋ]
Taxifahrer/in taxidriver ['tæksɪˌdraɪvə]
Taxistand taxi rank ['tæksɪ ræŋk]
Tee tea [ti:]
Teebeutel tea bags ['ti:bægz]
Teelöffel teaspoon ['ti:spu:n]
Teil part [pɑ:t]
Teilkasko third-party, fire and theft insurance [θɜ:d'pɑ:tɪ, faɪə‿ənd θeft ɪn'ʃʊərəns]
teilnehmen (an) to take part (in) ['teɪk 'pɑ:t (ɪn)]
Telefon telephone ['telɪfəʊn]
Telefonbuch telephone directory ['telɪfəʊn dɪ'rektrɪ]
telefonieren to make a phone call [meɪk‿ə 'fəʊnkɔ:l]; to phone [fəʊn], to ring (up) ['rɪn ('ʌp)]
Telefonkarte phonecard ['fəʊnkɑ:d]
Telefonnummer phone number ['fəʊn ˌnʌmbə]
Telefonzelle phone box ['fəʊnbɒks]
Teleobjektiv telephoto lens ['telɪˌfəʊtəʊ lenz]

Telex telex ['teleks]
Teller plate [pleɪt]
Tempel temple ['templ]
Temperatur temperature ['temprɪtʃə]
Tennis tennis ['tenɪs]
Tennisschläger tennis racket ['tenɪsˌrækɪt]
Termin appointment [ə'pɔɪntmənt]; (*Frist*) deadline ['dedlaɪn]
Terminal terminal ['tɜːmɪnl]
Terrakotta terracotta [ˌterə'kɒtə]
Terrasse terrace ['terəs]
Tetanus tetanus ['tetənəs]
teuer dear [dɪə], expensive [ɪks'pensɪv]
Theater theatre ['θɪətə]
Theatergruppe theatre group [θɪətə gruːp]
Theaterstück play [pleɪ]
Thermosflasche thermos flask ['θɜːməs flɑːsk]
Thriller thriller ['θrɪlə]
Thunfisch tuna ['tuːnə]
Thymian thyme [taɪm]
tief deep [diːp]; (*niedrig*) low [ləʊ]
Tier animal ['ænɪml]
Tintenfisch squid [skwɪd]
Tipp tip [tɪp]
Tisch table ['teɪbl]
Tischtennis table tennis ['teɪbl 'tenɪs]
Tischtuch tablecloth ['teɪblklɒθ]
Toast toast [təʊst]
Toaster toaster ['təʊstə]
Tochter daughter ['dɔːtə]
Toilette lavatory, toilet ['lævətrɪ, 'tɔɪlɪt]
Toilettenpapier toilet paper ['tɔɪlɪtˌpeɪpə]
Tomaten tomatoes [tə'mɑːtəʊz]
Ton sound [saʊnd]; (*Umgangston*) tone [təʊn]; (*Farbe*) shade [ʃeɪd]
tönen to tint [tɪnt]
Töpferei pottery ['pɒtərɪ]
Töpferwaren pottery ['pɒtərɪ]
Tor goal [gəʊl]
Tor gate [geɪt]
Torwart goalkeeper ['gəʊlˌkiːpə]
Tour tour [tʊə], excursion [ɪks'kɜːʃən], trip [trɪp]
Tourist/in tourist ['tʊərɪst]
Tracht (*Volkstracht*) national costume [ˌnæʃə'næl 'kɒstjuːm]
tragbarer CD-Spieler portable CD player ['pɔːtəbl 'siː'diː 'pleɪə]
tragen to carry ['kærɪ]; (*Kleidung*) to wear [weə]
Tragflügelboot jetfoil, hydrofoil ['dʒetfɔɪl, 'haɪdrəfɔɪl]
Tragödie tragedy ['trædʒɪdɪ]

trampen to hitchhike [ˈhɪtʃhaɪk]
Transferbus transfer bus [ˈtrænsfɜː bʌs]
Traum dream [driːm]
traurig sad [sæd]
treffen to meet [miːt]
Trekkingrad trekking bike [ˈtrekɪŋ baɪk]
Treppe stairs [steəz], staircase [ˈsteəkeɪs]; (*im Freien*) steps [steps]
Tretboot pedal boat [ˈpedlbəʊt]
trinken to drink [drɪŋk]
Trinkflasche baby's bottle [ˈbeɪbɪz bɒtl]
Trinkgeld tip [tɪp]
Trinkwasser drinking water [ˈdrɪŋkɪŋˌwɔːtə]
trocken (*Wein*) dry [draɪ]
trocknen to dry [draɪ]
Trödler second-hand shop [ˈsekndhænd ʃɒp]
Trommelfell eardrum [ˈɪədrʌm]
Tropfen drops [drɒps]
trotzdem nevertheless [ˌnevəðəˈles]
Tuch cloth [klɒθ]; (*Kopf~*) scarf [skɑːf]
tun to do [duː]
Tunnel tunnel [ˈtʌnl]
Tür door [dɔː]
Türbreite door width [dɔː wɪdθ]
Türcode door code [dɔː kəʊd]
türkis turquoise [ˈtɜːkwɔɪz]
Turm tower [ˈtaʊə]
Turnschuhe trainers [ˈtreɪnəz]
Türschwelle doorstep [dɔːstep]
Tüte bag [bæg]; (*Eis*) cornet [ˈkɔːnət]
Typhus typhoid [ˈtaɪfɔɪd]
typisch typical [ˈtɪpɪkl]

U

U-Bahn underground [ˈʌndəgraʊnd]
Übelkeit nausea [ˈnɔːsjə]
üben to practise [ˈpræktɪs]
über over [ˈəʊvə]
überall everywhere [ˈevrɪweə]
überbacken au gratin [ˌəʊˈgrætɛ̃ŋ]
Überfall attack, mugging [əˈtæk, ˈmʌgɪŋ]
Übergang crossing [ˈkrɒsɪŋ]; (*Wechsel*) transition [trænˈzɪʃn]
überholen to overtake [ˌəʊvəˈteɪk]
Überlandbus coach [kəʊtʃ]
übermorgen the day after tomorrow [ðə ˈdeɪ‿ˈɑːftə təˈmɒrəʊ]
übernachten to stay [steɪ], (*eine Nacht*) spend the night [ˈspend ðə ˈnaɪt]

Übernachtung overnight stay [ˈəʊvəˈnaɪt steɪ]
Überreste remains [rɪˈmeɪnz]
übersetzen to translate [trænsˈleɪt]
Überweisung transfer, remittance [ˈtrænsfɜː, rɪˈmɪtəns]
üblich usual [ˈjuːʒʊəl]
übrig bleiben to be left [left]
Ufer (*Fluss*) bank [bæŋk]; (*Meer*) shore [ʃɔː]
Uhrmacher watchmaker's [ˈwɒtʃˌmeɪkəz]
um (*herum*) around [əˈraʊnd]; (*Zeitangabe*) at [æt], (*gegen*) about [əˈbaʊt]
um diese Zeit about this time [əˈbaʊt ðɪs ˈtaɪm]
umbuchen to change the booking [tʃeɪndʒ ðə ˈbʊkɪŋ]
Umgebung surroundings [səˈraʊndɪŋz]
umgekehrt reverse [rɪˈvɜːs]
Umhängetasche shoulder bag [ˈʃəʊldə bæg]
umkehren to turn back [ˈtɜːn ˈbæk]
umtauschen to change [tʃeɪndʒ]
Umweg detour [ˈdiːtʊə]
Umwelt environment [ɪnˈvaɪərnmənt]
umziehen, s. ~ to change [tʃeɪndʒ]
unangenehm unpleasant [ʌnˈpleznt]
unbedingt *adv* really [ˈrɪəlɪ]; **~!** certainly! [ˈsɜːtnlɪ]
und and [ænd]
unentschieden draw [drɔː]
unerträglich intolerable [ɪnˈtɒlrəbl], unbearable [ʌnˈbeərəbl]
Unfall accident [ˈæksɪdənt]
ungeeignet unsuited [ˌʌnˈsjuːtɪd], unfit [ˌʌnˈfɪt]
ungefähr about [əˈbaʊt]
ungewöhnlich unusual [ʌnˈjuːʒʊəl]
unglaublich incredible [ɪnˈkredəbl]
Unglück (*Unfall*) accident [ˈæksɪdənt]; (*Unheil*) misfortune [mɪsˈfɔːtʃən]
Universität university [ˌjuːnɪˈvɜːsɪtɪ]
Unkosten expenses [ɪksˈpensɪz]
unmöglich impossible [ɪmˈpɒsəbl]
uns us [ʌs]
unser(e) our [ˈaʊə]
unten below [bɪˈləʊ]; **dort ~** down there [ˈdaʊn ˈðeə]

unter under ['ʌndə]; *(zwischen)* among [ə'mʌŋ]

unterbrechen to interrupt [ˌɪntə'rʌpt]

Unterführung subway ['sʌbweɪ]

unterhalb below [bɪ'ləʊ]

unterhalten, s. ~ to talk [tɔ:k]

Unterhaltung *(Gespräch)* conversation [ˌkɒnvə'seɪʃn]; *(Vergnügen)* entertainment [ˌentə'teɪnmənt]

Unterhemd vest [vest]

Unterhose (Damen) panties; [pæntɪz]; (Herren) pants [pænts]

Unterkunft accommodation [əˌkɒmə'deɪʃn]

Unterleib abdomen ['æbdəmən]

unterrichten to inform [ɪn'fɔ:m]; *(Schule)* to teach [ti:tʃ]

unterschreiben to sign [saɪn]

Unterschrift signature ['sɪgnɪtʃə]

Untersuchung examination [ɪgˌzæmɪ'neɪʃn]

Untersuchungshaft police custody [pə'li:s 'kʌstədɪ]

Untertasse saucer ['sɔ:sə]

Untertitel subtitles ['sʌbtaɪtlz]

Unterwäsche underwear ['ʌndəweə]

unterwegs on the way [ɒn ðə 'weɪ]

unverbindlich without obligation [wɪ'ðaʊt ˌɒblɪ'geɪʃn]

unverschämt impertinent [ɪm'pɜ:tɪnənt], cheeky ['tʃi:kɪ]

unwahrscheinlich unlikely [ʌn'laɪklɪ], improbable [ɪm'prɒbəbl]

unwichtig unimportant [ˌʌnɪm'pɔ:tənt]

Urin urine ['jʊərɪn]

Urlaub holidays ['hɒlədɪz], *(Am)* vacation [və'keɪʃn]

V

Varietee music hall, variety theatre ['mju:zɪkhɔ:l, və'raɪətɪ θɪ'etə]

Vase vase [vɑ:z]

Vater father ['fɑ:ðə]

Veganer/in vegan ['vi:gən]

Vegetarier/in vegetarian [ˌvedʒɪ'teərɪən]

vegetarisch vegetarian [ˌvedʒɪ'teərɪən]

Ventilator ventilator ['ventɪˌleɪtə]

Verabredung *(formell)* appointment [ə'pɔɪntmənt]; *(fam)* date [deɪt]

verabschieden, s. – to say goodbye [seɪ ˌgʊdˈbaɪ]
Veranstaltung event [ɪˈvent]
verantwortlich responsible [rɪsˈpɒnsəbl]
Verband dressing, bandage [ˈdresɪŋ, ˈbændɪdʒ]
Verbindung connection [kəˈnekʃn]
verboten forbidden [fəˈbɪdn], prohibited [prəˈhɪbɪtɪd]
Verbrechen crime [kraɪm]
Verbrennung burn [bɜːn]
Verdauung digestion [dɪˈdʒestʃn]
Verdauungsstörung indigestion [ˌɪndɪˈdʒestʃn]
verdorben spoiled [ˈspɔɪlt]; (*faul*) rotten [ˈrɒtn]; (*sittlich*) corrupt [kəˈrʌpt]
Verein association [əˌsəʊsɪˈeɪʃn], club [klʌb]
vereinbaren to agree on [əˈgriː‿ɒn]
Vergangenheit past [pɑːst]
vergessen to forget [fəˈget]
Vergewaltigung rape [reɪp]
Vergiftung poisoning [ˈpɔɪznɪŋ]
Vergnügen pleasure [ˈpleʒə]
Vergnügungspark amusement park [əˈmjuːzmnt pɑːk]
verhaften to arrest [əˈrest]
verheiratet (mit) married [ˈmærɪd] (to)
Verhütungsmittel contraceptive [ˌkɒntrəˈseptɪv]
verirren, s. – to lose one's way [ˈluːz wʌnz ˈweɪ], to get lost [get ˈlɒst]
verkaufen to sell [sel]
Verkehr traffic [ˈtræfɪk]
Verkehrsamt tourist information office [ˈtʊərɪst‿ˌɪnfəˈmeɪʃn‿ˌɒfɪs]
verlängern to extend [ɪkˈstend]
Verlängerungsschnur extension lead [ɪksˈtenʃən liːd]
Verlängerungswoche an extra week [ən‿ekstrə wiːk]
verlassen to leave [liːv]
verletzen hurt, injure [hɜːt, ˈɪndʒə]
Verletzte, der/die – injured person [ˈɪndʒəd ˈpɜːsn]
Verletzung injury [ˈɪndʒərɪ]
verlieren to lose [luːz]
Verlobte, der/die – fiancé/fiancée [fɪˈɑːnseɪ]
vermieten to let [let], to rent [rent]
Verpackung wrapping [ˈræpɪŋ], packing [ˈpækɪŋ]
verpassen to miss [mɪs]
Verpflegung food [fuːd]

verrechnen, s. ~ to miscalculate [ˌmɪsˈkælkjʊleɪt], to make a mistake [ˈmeɪk‿ə mɪsˈteɪk]
verreisen to go on a journey [ˈdʒɜːnɪ], to go away [ˈgəʊ‿əˈweɪ]
verrückt mad [mæd], crazy [ˈkreɪzɪ]
verschieben (*zeitlich*) to put off [ˈpʊt ˈɒf], to postpone [ˌpəʊsˈpəʊn]
verschließen to lock [lɒk]
verschreiben to prescribe [prɪsˈkraɪb]
Versichertenkarte medical insurance card [ˈmedɪkl‿ɪnˈʃʊərns ˈkɑːd]
Versicherung insurance [ɪnˈʃʊərns]
Verspätung delay [dɪˈleɪ]
verstaucht sprained [spreɪnd]
verstehen to understand [ˌʌndəˈstænd]
Verstopfung constipation [ˌkɒnstɪˈpeɪʃn]
versuchen to try [traɪ]; (*Speisen*) to taste [teɪst]
Vertrag contract [ˈkɒntrækt]
Vertrauen confidence [ˈkɒnfɪdəns]
verunglücken to have an accident [ˈæksɪdənt]
verursachen to cause [kɔːz]
Verwaltung administration [ədˌmɪnɪsˈtreɪʃn]
verwandt related [rɪˈleɪtɪd]
verwechseln to mistake for [mɪsˈteɪk fɔː]
verwitwet (Frau) widow [ˈwɪdəʊ], (Mann) widower [ˈwɪdəʊə]
Videofilm video film [ˈvɪdɪəʊfɪlm]
Videokamera video camera [ˈvɪdɪəʊˌkæmrə]
viel a lot of [ə ˈlɒt‿əv]; (*Frage, Verneinung*) much [mʌtʃ]
vielleicht perhaps [pəˈhæps], maybe [ˈmeɪbiː]
Villa villa [ˈvɪlə]
violett purple, violet [ˈpɜːpl, ˈvaɪəlɪt]
Virus virus [ˈvaɪərəs]
Visum visa [ˈviːzə]
Vogel bird [bɜːd]
Vogelschutzgebiet bird reserve [bɜːd rɪˈzɜːv]
Volk people [ˈpiːpl]
Völkerkundemuseum museum of ethnology [mjʊˈzɪəm‿əv eθˈnɒlədʒɪ]

Volksmusik traditional music [trə'dɪʃənl 'mju:zɪk]
Volksstück dialect folk play ['daɪəlekt fəʊk pleɪ]
voll full [fʊl]; (*überfüllt*) crowded ['kraʊdɪd]
Volleyball volleyball ['vɒlɪbɔ:l]
Vollkasko fully comprehensive insurance ['fʊlɪ 'kɒmprɪhensɪv‿ɪn'ʃʊərəns]
Vollpension full board ['fʊl 'bɔ:d]
vom Grill grilled [grɪld]
von (*Herkunft*) from [frɒm]; (*Passiv*) by [baɪ]
vor (*räumlich*) in front of [ɪn 'frʌnt‿əv]; (*zeitlich*) before [bɪ'fɔ:]
vor zehn Minuten ten minutes ago ['ten 'mɪnɪts‿ə'gəʊ]
Voranmeldung booking ['bʊkɪŋ]
Voraus, im ~ in advance [ɪn‿əd'vɑ:ns]
vorbereiten to prepare [prɪ'peə]
Vordruck form [fɔ:m]
vorgestern the day before yesterday [ðə 'deɪ bɪ'fɔ: 'jestədɪ]
vorher before [bɪ'fɔ:]
vorletzte(r, -s) last but one ['lɑ:st bʌt 'wʌn]
Vormittag morning ['mɔ:nɪŋ]
vormittags during the morning ['djʊərɪŋ ðə 'mɔ:nɪŋ]
vorn in front [ɪn 'frʌnt]
Vorname Christian name, first name ['krɪstjən neɪm, 'fɜ:st neɪm]
vornehm distinguished [dɪs'tɪŋgwɪʃt], posh [pɒʃ]
Vorort suburb ['sʌbɜ:b]
Vorrat stock [stɒk], store [stɔ:], provisions [prə'vɪʒəns]
Vorsaison low season ['ləʊ ˌsi:zn]
Vorschlag suggestion [sə'dʒestʃn]
Vorschrift rule [ru:l]
Vorsicht caution ['kɔ:ʃn]; **~!** look out! ['lʊk 'aʊt]
vorsichtig careful ['keəfʊl], cautious ['kɔ:ʃəs]
Vorspeise hors d'"uvre, starter [ɔ:'dɜ:vr, 'stɑ:tə]
Vorstellung introduction [ˌɪntrə'dʌkʃn]; (*Begriff*) notion ['nəʊʃn], idea [aɪ'dɪə]; (*Theater*) performance [pə'fɔ:məns]
Vorteil advantage [əd'vɑ:ntɪdʒ]
vorüber past [pɑ:st], over ['əʊvə], gone [gɒn]
Vorverkauf advance booking [əd'vɑ:ns 'bʊkɪŋ]

Vorwahlnummer area code ['eərɪə 'kəʊd]
vorwärts forward(s) ['fɔ:wəd(z)]
Vulkan volcano [vɒl'keɪnəʊ]

W

wach awake [ə'weɪk]
Wachablösung changing of the guard ['tʃeɪndʒɪŋ‿əv ðə 'gɑ:d]
Wagenheber jack [dʒæk]
Wagennummer coach number ['kəʊtʃ 'nʌmbə]
wählen to choose [tʃu:z]; *(Politik)* to vote [vəʊt]; *(tele)* to dial ['daɪəl]
wahr true [tru:]
während *prp* during ['djʊərɪŋ]; *conj* while [waɪl]
wahrscheinlich *adj* probable ['prɒbəbl]; *adv* probably ['prɒbəblɪ]
Währung currency ['kʌrənsɪ]
Wahrzeichen emblem, symbol, landmark ['embləm, 'sɪmbl, 'lændmɑ:k]
Wald woods, forest [wʊdz, 'fɒrɪst]
Wales Wales [weɪlz]
Waliser/in Welshman/ Welshwoman ['welʃmən/ 'welʃˌwʊmən]
walisisch Welsh [welʃ]
Wallfahrtsort place of pilgrimage [pleɪs‿əv 'pɪlgrɪmɪdʒ]
Wand wall [wɔ:l]
Wanderkarte hiking map ['haɪkɪŋ mæp]
wandern to hike [haɪk], to ramble ['ræmbl]
Wanderweg path [pɑ:θ]
wann when [wen]
warm warm [wɔ:m]
warmes Wasser hot water [hɒt 'wɔ:tə]
Warnblinkanlage hazard warning lights ['hæzəd 'wɔ:nɪŋ ˌlaɪtz]
Warndreieck warning triangle ['wɔ:nɪŋ 'traɪæŋgl]
warten (auf) to wait (for) [weɪt]
Wartesaal waiting room ['weɪtɪŋrʊm]
Wartezimmer waiting room ['weɪtɪŋrʊm]
was what [wɒt]; **~ für ein/eine ...?** what sort of ...? ['wɒt 'sɔ:t‿əv]
Waschbecken washbasin ['wɒʃˌbeɪsn]
Wäsche dirty washing ['dɜ:tɪ 'wɒʃɪŋ]
Wäscheklammern clothes pegs ['kləʊðz lpegz]

Wäscheleine clothes line [ˈkləʊðz laɪn]
waschen to wash [wɒʃ]
Wäscherei laundry [ˈlɔːndrɪ]
Waschlappen flannel [ˈflænl]
Waschmaschine washing machine [ˈwɒʃɪŋ məˈʃiːn]
Waschmittel detergent [dɪˈtɜːdʒnt]
Waschraum washroom [ˈwɒʃrʊm]
Waschsalon launderette [ˌlɔːndəˈret]
Wasser water [ˈwɔːtə]
Wasserfall waterfall [ˈwɔːtəfɔːl]
Wasserglas tumbler, glass [ˈtʌmblə, glɑːs]
Wasserhahn tap (*Am* faucet) [tæp, ˈfɔːsɪt]
Wasserkanister water canister [ˈwɔːtə ˈkænɪstə]
Wasserski water skiing [ˈwɔːtə skiːɪŋ]
Wasserverbrauch water consumption [wɔːtə kənˈsʌmpʃən]
Watte cotton wool [ˌkɒtnˈwʊl]
Wattestäbchen cotton buds [ˈkɒtn bʌdz]
Wechsel change [tʃeɪndʒ]; (*Austausch*) exchange [ɪksˈtʃeɪndʒ]
Wechselgeld change [tʃeɪndʒ]
wechselhaft changeable [ˈtʃeɪndʒəbl]
Wechselkurs exchange rate [ɪksˈtʃeɪndʒ ˌreɪt]
Wechselstube bureau de change [ˈbjʊərəʊ də ˈʃɔ̃ːnʒ]
wecken to wake [weɪk]
Wecker alarm clock [əˈlɑːm ˈklɒk]
Weg way [weɪ]; (*Pfad*) path [pɑːθ]; (*Straße*) road [rəʊd]
weg away [əˈweɪ]; gone [gɒn]
wegen because of [bɪˈkɒz‿əv]
weggehen to go away [ˈgəʊ‿əˈweɪ], to leave [liːv]
Wegweiser sign [saɪn]
weh tun, schmerzlich hurt, painful [hɜːt, ˈpeɪnfʊl]
weich soft [sɒft]
Weihnachten Christmas [ˈkrɪsməs]
weil because [bɪˈkɒz], since [sɪns]
Wein wine [waɪn]
Weinberg vineyard [ˈvɪnjəd]
weinen to cry [kraɪ]
Weinglas wineglass [ˈwaɪnglɑːs]
Weinhandlung wine merchant's [ˈwaɪn ˌmɜːtʃənts]
Weintrauben grapes [greɪps]

Weisheitszahn wisdom tooth ['wɪzdəm tu:θ]
weiß white [waɪt]
Weißbrot white bread ['waɪt ˌbred]
Weißwein white wine [waɪt waɪn]
weit (*nicht eng*) wide [waɪd]; (*Weg*) long [lɒŋ]; (*entfernt*) far [fɑ:]
Welt world [wɔ:ld]
wenig little ['lɪtl], few [fju:]; **ein ~** a little; **ein ~ von . . .** a bit of . . . [ə 'bɪt‿əv]
wenigstens at least [ət 'li:st]
wenn (*Bedingung*) if [ɪf]; (*zeitlich*) when(ever) [wen(evə)]
werden to become [bɪ'kʌm]
Werkstatt (*Auto~*) garage ['gærɑ:dʒ]
werktags on weekdays ['wi:kdeɪz]
Werkzeug tools [tu:lz]
Wertangabe declaration of value [ˌdeklə'reɪʃn‿əv 'vælju:]
wertlos worthless ['wɜ:θlɪs]
Wertsachen valuables ['væljuəblz]
Wespe wasp [wɒsp]
Weste waistcoat ['weɪskəʊt]
Western western ['westən]
westlich von west of [west‿əv]
Wettervorhersage weather forecast ['weðə ˌfɔ:kɑ:st]
Wettkampf contest, match ['kɒntest, mætʃ]
wichtig important [ɪm'pɒtnt]
Wickeltisch baby's changing table ['beɪbɪz tʃeɪndʒɪŋ teɪbl]
wie (*Frage*) how [haʊ]; (*Vergleich*) like [laɪk]
wieder again [ə'gen]
wiederholen to repeat [rɪ'pi:t]
wiederkommen to come back ['kʌm 'bæk], to return [rɪ'tɜ:n]
Wiese meadow ['medəʊ]
wild wild(ly) [waɪld(lɪ)]
Wildpark safari park [sə'fɑ:rɪ pɑ:k]
willkommen! welcome! ['welkəm]
Wimperntusche mascara [mæ'skɑ:rə]
Wind wind [wɪnd]
Windeln nappies (*Am* diapers) ['næpɪz, ('daɪəpəz)]
Windpocken chickenpox ['tʃɪkɪnpɒks]
Windschutzscheibe windscreen (*Am* windshield) ['wɪndskri:n, 'wɪndʃi:ld]
Windstärke wind-force ['wɪndfɔ:s]

windsurfen to windsurf [ˈwɪnd ˈsɜ:f]
Winter winter [ˈwɪntə]
Winterreifen winter tyres [ˈwɪntə ˈtaɪəz]
wir we [wi:]
Wirbelsäule spine [spaɪn]
wirklich real [rɪəl]; *(echt)* true [tru:]; *adv* really [ˈrɪəlɪ]
wissen to know [nəʊ]
Witz joke [dʒəʊk]
Woche week [wi:k]
Wochenendpauschale weekend rate [ˌwi:kˈend reɪt]
Wochenkarte weekly season ticket [ˈwi:klɪ ˈsi:zn ˌtɪkɪt]
Wochenpass week pass [wi:k pɑ:s]
wochentags on weekdays [ˈwi:kdeɪz]
wöchentlich *adj* weekly [ˈwi:klɪ]; *adv* once a week [ˈwʌns‿ə ˈwi:k]
wohnen to live [lɪv], to stay [steɪ]
Wohnmobil camper [ˈkæmpə]
Wohnort place of residence [ˌpleɪs‿əv ˈrezɪdəns]
Wohnung flat [flæt], *(Am)* apartment [əˈpɑ:tmənt]
Wohnwagen caravan [ˈkærəvæn]
Wohnzimmer living room [ˈlɪvɪŋrʊm]
Wolke cloud [klaʊd]
Wolldecke blanket [ˈblæŋkɪt]
Wolle wool [wʊl]
Wort word [wɜ:d]
Wunde wound [wu:nd]
wunderbar wonderful [ˈwʌndəfl], marvellous [ˈmɑ:vləs]
wundern, s. ~ (über) to be surprised (at) [səˈpraɪzd‿(ət)]
wünschen to want [wɒnt]; to wish for [wɪʃ]
Wurm worm [wɜ:m]
Wurst sausage [ˈsɒsɪdʒ]
Würstchen sausages [ˈsɒsɪdʒɪz]
würzen to season [ˈsi:zn]
wütend furious [ˈfjʊərɪəs]

Y

Yoga yoga [ˈjəʊgə]

Z

zäh tough [tʌf]
Zahl number [ˈnʌmbə], figure [ˈfɪgə]
zahlen to pay [peɪ]
zählen to count [kaʊnt]
Zahlung payment [ˈpeɪmənt]
Zahn tooth, (pl) teeth [tu:θ, ti:θ]

Zahnbürste toothbrush ['tu:θbrʌʃ]
Zahnfleisch gums [gʌmz]
Zahnpasta toothpaste ['tu:θpeɪst]
Zahnradbahn rack-railway [ræk 'reɪlweɪ]
Zahnschmerzen toothache ['tu:θeɪk]
Zahnstocher toothpick ['tu:θpɪk]
Zäpfchen suppository [sə'pɒzɪtrɪ]
zart tender ['tendə]
zärtlich tender ['tendə]
Zehe toe [təʊ]
Zeichen sign [saɪn]
Zeichensprache sign language [saɪn 'læŋgwɪdʒ]
Zeichentrickfilm cartoon [kɑ:'tu:n]
zeichnen to draw [drɔ:]
Zeichnung drawing ['drɔ:ɪŋ]
zeigen to show [ʃəʊ]
Zeit time [taɪm]
Zeitschrift magazine [ˌmægə'zi:n]
Zeitung newspaper ['nju:sˌpeɪpə]
Zeitungshändler newsagent's ['nju:zˌeɪdʒənts]
Zelt tent [tent]
zelten to camp [kæmp]
Zentimeter centimetre ['sentɪˌmi:tə]
zentral central ['sentrl]
Zentralheizung central heating ['sentrəl 'hi:tɪŋ]
Zentrum centre ['sentə], *(Am)* center ['sentə]
Zerrung pulled ligament/muscle ['pʊld 'lɪgəmənt/'mʌsl]
Zeuge/Zeugin witness ['wɪtnɪs]
ziehen to pull [pʊl]
Ziel aim [eɪm]; *(Reise~)* destination [ˌdestɪ'neɪʃn]
ziemlich fairly ['feəlɪ], rather ['rɑ:ðə], pretty ['prɪtɪ]
Zigarette cigarette [ˌsɪgə'ret]
Zigarillo cigarillo [ˌsɪgə'rɪləʊ]
Zigarre cigar [sɪ'gɑ:]
Zimmer room [ru:m]
Zimmermädchen (chamber) maid [('tʃeɪmbə)meɪd]
Zimmertelefon in-room telephone [ɪn ru:m telɪfəʊn]
Zirkus circus ['sɜ:kəs]
Zitronen lemons ['lemənz]
Zoll *(Amt)* customs ['kʌstəmz]; *(Gebühr)* duty ['dju:tɪ]
Zollerklärung customs declaration ['kʌstəmz ˌdeklə'reɪʃn]
zollfrei duty-free ['dju:tɪ 'fri:]